은혜와 회복

GENESIS

| 김영길 지음 |

쿰란출판사

추천사

감사한인교회를 개척하시고 지난 35년 동안 영감 있는 목회를 통해 한 번의 분열도 없이 건강한 교회성장을 이루신 김영길 목사님께서 우리 앞에 유익한 책을 내어놓으신 일을 진심으로 축하드립니다.

목사님께서 쓰신 《가슴으로 읽는 성경-은혜와 회복》은 틀에 박힌 설교 모음집이나 성경 해석이 아닙니다. 창세기를 떠받치고 있는 중요한 인물들에 대한 이야기를 매우 독특하면서도 사실적으로 풀어낸 책입니다. 아담과 하와의 이야기에서는 창조의 아름다움을 깊이 있게 만끽하게 하고, 홀대 당하던 하와의 입장을 재조명합니다. 노아의 이야기에서는 노아 당대의 무너진 사회를 심도 깊게 다룹니다. 아브라함의 이야기에서는 아브라함의 탁월한 믿음을 여러 각도로 흥미롭게 조명합니다. 야곱의 이야기에서는 야곱의 신앙을 재조명하여, 기존의 야곱에 대한 오해를 해소시켜 줍니다. 요셉의 이야기에서는 요셉의 견고한 신앙을 매우 세밀하게 파헤치고 있습니다.

아마도 이 책을 손에 들면 누구라도 쉽게 놓지 못하고 단숨에 읽어 내려가게 될 것입니다. 저는 목사님의 원고를 읽으면서, 너무나 익숙해서 더 이상 새롭지 않은 창세기의 이야기들 속으로 다시금 깊이 빨려 들어가는 느낌을 받았습니다. 책의 전개가 마치 동화 같았습니다. 이 책은 읽는 이들의 머릿속에 풍부한 상상력을 불어넣어줍니다. 그래서 마치 한 편의 영화를 보는 것 같습니다. 그뿐만 아니라 목사님께서 이야기를 풀어내시는 과정 내내, 마치 뛰어난 내레이터가 바로 곁에서 하나하나 설명해주는 느낌이 들게 합니다.

이 책의 특징은 관찰자의 시점(視點)과 성경 인물들의 시점 사이에 있는 경계선을 자유롭게 넘나든다는 점입니다. 모든 서술과 해석은 철저하게 성경적으로 객관화되어 있습니다. 그런데 그 속에 성경의 범주를 벗어나지 않으면서도, 독자의 고개를 끄덕이게 만드는 탁월한 이야기 속의 이야기가 숨겨져 있습니다. 책의 곳곳에서 성경 인물들의 내면세계를 엿볼 수 있는 기회를 제공해 주는 것이 이 책의 백미입니다. 누구든 책을 읽는 가운데, 성경 이야기에서 저자가 끄집어내는 진지한 교훈에 흠뻑 젖는다는 느낌을 지울 수가 없을 것입니다.

책을 읽다 보면, 저자의 세계관과 성품을 엿볼 수 있습니다. 이 책 전반에 흐르는 일관된 주제는 하나님의 은혜입니다. 저자이신 김영길 목사님께서는 35년 동안 강단에서 수많은 메시지를 전하셨습니다. 저도 그 유구한 세월 가운데 8년 동안 목사님을 모시고 사역하면서, 목사님의 설교 말씀으로 도전받고 회복되고 변화되어 왔습니다. 시간 시간마다 설교 말씀을 통해 다양한 감동과 교훈을 받았지만,

언제나 설교를 듣는 마지막에는 하나님의 은혜만을 기억하게 해주셨습니다. 하나님의 은혜만을 돌아보게 하시는 목사님의 설교 말씀 때문에 변화된 수많은 성도님들을 대표하여 다시 한 번 고개 숙여 깊이 감사의 말씀을 올립니다.

또한 이 책의 곳곳에는 성경 인물들 한 사람 한 사람을 더 깊이 이해하고 배려하고 존중하는 따뜻함이 배어 있습니다. 이러한 따뜻함은 저자이신 김영길 목사님의 성품을 엿볼 수 있게 합니다. 김영길 목사님은 마음이 참 따뜻하신 분입니다. 사람을 배려하고 긍휼히 여길 줄 아시는 분입니다. 한동안 한글을 사용하는 지방회에서 영어를 사용하는 지방회로 옮기는 과정에서 오해로 인한 갈등이 있을 때, 수많은 유언비어와 인신공격이 있을 때에도, 목사님께서는 단 한 번도 화를 내시거나 상대를 비방하지 않으셨습니다. 젊은 목회자인 저로서는 "어떻게 저렇게 인내하실 수 있을까?" 싶을 정도로 온유함을 유지하셨고, 결국은 승리하셨습니다. 사람을 아끼시는 목사님, 온유하신 목사님, 인자하신 목사님, 그런 목사님이 좋습니다. 그런 목사님을 존경합니다. 그런 목사님을 사랑합니다.

김영길 목사님은 이 시대에 특별히 이민교회의 탁월한 영적 지도

자입니다. 이제 곧 은퇴하시는 목사님, 그러나 앞으로 책을 30권 쓰기로 약속하신 목사님, 자비량으로 미자립 교회들을 돌보기로 약속하신 목사님, 끝까지 세계선교와 통일선교에 힘써주기로 약속하신 목사님, 앞으로 하나님 나라의 더 큰일에 쓰임 받으실 목사님을 기대하고 축복하고 사랑합니다.

2018년 3월, 따뜻한 봄날에

구봉주 목사(감사한인교회)

머리말

십수 년 전 송구영신 예배에서 "앞으로 10년 후에 보고 싶은 여러분의 모습을 적어보십시오" 하며 백지를 나누어준 적이 있습니다. 얼마 전에 한 젊은이의 부모가 저에게 말했습니다. "우리 아이가 대학생이었을 때에 목사님의 말씀을 듣고 10년 후의 자기 모습을 적었는데 지금 돌아보니 다 이루어졌다고 해요."

35년 전에 시작한 이민목회를 은퇴하면서 앞으로 15년 동안 내가 할 수 있는 일이 무엇인지 하나님께 물었습니다. 그랬더니 성령님께서 저의 가슴속에 손바닥만 한 구름이 떠오르게 하셨습니다. 그것은 저술활동이었습니다. 앞으로 강단에서 설교할 기회는 많지 않겠지만 글을 통해서 여전히 하나님의 말씀을 나눌 수 있다는 감동이 일었습니다. 그래서 가슴으로 성경을 읽어보기로 작정했습니다.

성경은 최대로 요약된 책입니다. 그래서 풀어가며 읽어야 합니다. 이 작업을 "성경해석"이라고 합니다. 바짝 말린 한약재들을 끓여내듯이 하나님의 말씀도 성령의 도우심을 받아 기도와 묵상 가운데 풀어내야 합니다. 그래야 깊은 은혜의 강물이 흘러나옵니다.

저는 이 책들을 통하여 하나님의 가슴속으로 들어가 보려고 합니다. 하나님의 가슴에서 들려오는 음성을 민낯으로 들어보려고 합니다. 그 일이 두려우면서도 흥분됩니다.

저는 이 책들을 통하여 성경 인물들의 가슴속으로 들어가 보려고 합니다. 성경에 기록되어 있지는 않지만 그들이 했을 법한 생각들, 그리고 변명하고 싶었던 말들과 뉘우쳤던 말들을 들어보려고 합니다.

저는 이 책들을 통하여 읽는 이들의 가슴속으로 들어가 보려고 합니다. 성도님들이 가슴으로 묻는 질문과 대답, 그것이 긍정이든 부정이든 가리지 않고, 여러분과 함께 여러분의 마음을 읽어보려고 합니다.

그래서 이 책의 부제를 "가슴으로 읽는 성경"이라고 잡았습니다. 이번에 출간하는 첫 번째 책의 제목은 《은혜와 회복》입니다. 창세기의 인물들을 중심으로 풀어갔습니다.

이 책을 쓰는 동안 저의 머릿속에는 벌써 여섯 번째 책까지 준비되어 가고 있습니다. 올해 하반기에 출간될 책은 마태복음입니다.

저는 어떻게 하든지 재미있는 책을 쓰려고 합니다. 어렸을 때에 저의 꿈이 동화작가가 되는 것이었습니다. 동화책에서는 무엇이든지 가능합니다. 저도 가슴으로 읽는 성경 시리즈에서 많은 상상력을 동원하려고 합니다. 그러나 성경의 범주 밖으로 나가지 않으려고 노력할 것입니다.

아무리 제 꿈이 야무져도 성령님의 도우심이 없으면 아무것도 아닙니다. 제 가슴을 열고 성경 속으로 들어가려면 성령님의 인도하심을 받아야 합니다. 절대로 성령님을 앞서지 않으려고 합니다. 저술하기 위해 책상에 앉을 때마다 의식적으로 성령님을 모셔 드릴 것입니다.

이 책들은 감사한인교회가 저의 은퇴 이후를 위하여 세워주신 "감사선교재단(Thanksgiving Mission Foundation, 약칭 TMF)"에서 후원하고 발간하게 됩니다. 그리고 모든 수익금들은 다시 그 재단으로 들어가 선교를 위해 사용될 것입니다.

은퇴하면서 처음 발간하는 이 책의 추천의 말씀을 누구에게 부탁할까 하고 생각하다가 저를 이어 감사한인교회를 섬겨주실 구봉주 목사님께 부탁드렸습니다. 물론 그 글을 받아내는 데 애 좀 썼습니다. 겸손하게 사양하셨기 때문입니다. 구 목사님은 하나님께서 우리 감사한인교회를 축복하기 위해 보내주신 존귀하신 하나님의 사자입니다. 저는 구 목사님을 통하여 영적으로 더욱 강하고 담대하게 될 성도들을 바라보며 무한한 감사를 하나님께 드리고 있습니다. 축복받는 하나님의 백성들 중에는 물론 저희 부부도 포함될 것입니다.

아직 은퇴도 하기 전에 이 책을 쓰느라 감사한인교회의 동역자들께 내가 짊어져야 할 짐까지 과중하게 넘겨드렸습니다. 고맙고 감사합니다. 또 앞으로 제가 책을 많이 쓸 것이라고, 언제나처럼 말로 먼저 세일즈 할 때에 "목사님은 정말로 그렇게 하실 수 있다"며 격려해 주셨던 장로님들과 성도님들에게 진심으로 감사드립니다. 앞으로도 계속해서 기도를 부탁드립니다.

또 몇 분의 성도님들과 동역자들께 제 원고를 미리 읽어보시게 하고 의견을 받아보았습니다. 정성을 다하여 읽어주시고 주옥같은 지혜를 나눠주신 분들께도 진심으로 감사를 드립니다. 하나님께서 여러분의 이름을 기억해 주실 줄 믿습니다.

많은 저자들이 머리글에 아내와 자녀들을 언급하며 감사드린다는 말을 합니다. 이제 아이들이 다 출가하였으므로 저는 아내에게만 진심으로 감사를 드려야겠습니다. 두 달 동안 틈만 나면 책상 앞에 앉아 있다 보니 또다시 아내를 혼자 있게 하는 것 같아 참 미안했습니다. 그래도 아내는 원고를 꼼꼼히 읽어보며 지혜로운 조언을 해주었습니다. 제 아내의 기도와 격려가 저에게 큰 축복이 되었습니다.

마지막으로 부족한 사람의 책을 멋있게 편집하고 출판해 주신 쿰란출판사의 이형규 사장님과 직원 여러분께 진심으로 감사드립니다.

그리고 저와 함께 가슴을 열고 하나님의 말씀 속으로 들어가실 여러분을 축복하며 사랑합니다.

감사합니다.

2018년 3월 11일 주일 오후에

김영길 목사

가슴으로 읽는 성경 1 GENESIS

은혜와 회복

목 차

천지창조, 그리고 아담과 하와

태초에

* * *

인간에게 가장 궁금하면서도 이해하기 어려운 일이 있다면 그것은 자기의 출생에 관한 비밀이다. 태어난 과정에 대한 생물학적 질문부터 태어난 이유에 대한 존재론적 질문에 이르기까지 우리의 출생은 깊은 비밀 속에 가려져 있다.

그보다 더 어려운 일은 천지창조에 대한 이해다. '이 세상은 어떻게 시작되었으며 왜 존재하는가?' 창세기 1장과 2장은 이 질문에 대한 대답이다. 천지가 지어진 과정과 목적에 대하여 가장 이해하기 쉽게 들려주신 하나님의 이야기이다.

모든 저자들은 책의 첫 문장과 첫 단락을 쓰는 데 어려움을 느낀다. 그런데 하나님께서는 그 문제를 간단하게 처리하셨다.

> 태초에 하나님이 천지를 창조하시니라(창세기 1:1).

하나님 자신이 이 세상을 지으셨다고 말씀하신다. 너무 짧아서 오히려 권위가 있다. 간단한 문장이지만 "어떻게요?"나 "왜요?"라는 질문을 던질 틈을 보이지 않는다. 이 말씀은 우리에게 이해가 아닌 믿음을 요구한다. 하나님의 말씀이 쉽게 믿어지지 않을 수도 있다. 어떤 사람은 절대로 믿지 않으려고 결심할 수도 있다.

그러나 성경 전체를 읽어 가면, 우리는 성경 속에 기록된 이야기들을 우리의 삶 속에서 비슷한 형태로 경험하게 되고, 마침내는 하나님께서 하늘과 땅과 그 가운데 있는 만물을 지으셨다는 확신에 이르게 된다. 성경이 우리를 믿음의 영역으로 인도한다. 하나님의 영께서 우리를 도와주시기 때문이다.

나는 물리학자가 아니다. 고고학자도 아니다. 생물학자나 동물학자도 아니다. 그렇다고 철학자도 아니다. 나는 단순한 피조물이다. 나는 내가 어떻게 존재하게 되었는지 알고 싶다. 그리고 왜 존재하는지도 알고 싶다. 나는 내 근원에 대하여 들어보고 싶다. 그런데 성경은 말한다.

태초에 하나님이 천지를 창조하시니라.

누가 그렇게 말했는가? 누가 이 말을 처음에 들었는가? 왜 이 말을 기록했는가? 이 말이 나와 무슨 관계가 있는가?

교회는 전통적으로 모세가 창세기, 출애굽기, 레위기, 민수기, 그리고 신명기를 기록했다고 우리에게 전해주고 있다. 그래서 모세오경이라고 부른다. 그렇다면 모세가 천지창조의 과정들을 눈으로 목격하고 우리에게 전해준 것일까? 그것은 분명히 아니다. 환상 가운데 보고 기록했을까? 그것도 개연성이 없다. 어디를 읽어보아도 그런 힌트가 없다.

성경을 읽으면서 가장 먼저 떠오르는 질문은 '누가 어떻게 기록했을까'와 '왜 기록했을까'이다. 그런데 그 질문에 대한 명확한 대답이 바울을 통하여 성경에 기록되어 있다.

> 모든 성경은 하나님의 감동으로 된 것으로 교훈과 책망과 바르게 함과 의로 교육하기에 유익하니 이는 하나님의 사람으로 온전하게 하며 모든 선한 일을 행할 능력을 갖추게 하려 함이라(디모데후서 3:16-17).

이 정도면 '어떻게'와 '왜'에 대한 충분한 대답이 주어진 셈이다. 성경은 하나님께서 택하신 사람을 감동시키셔서 기록하게 하신 책이다. 원 저자는 하나님이시다. 모세는 단순한 기록자이다. 물론 그의 문화적 배경과 언어를 사용하여 기록했지만 말씀의 핵심은 온전히 하나님께로부터 왔다.

하나님께서 성경을 저술하신 목적도 분명하다. 성경의 역할은 길에서 벗어난 자들에게 바른 교훈을 주고, 자기의 허물을 변명하는 자들을 책망하며, 구부러진 자를 바로 세우고, 악에 물든 자들에게 의롭게 사는 방식을 가르치시는 것이다.

성경을 가슴으로 읽어보려는 나의 의도 역시 분명하다. 나는 성경에서 하나님의 음성을 듣고자 한다. 나는 성경에서 나의 모습을 발견하려고 한다. 나는 성경에서 내 이웃들의 이해하기 어려운 행동양식에 대하여 지혜로운 설명을 들어보려고 한다. 내가 가슴으로 성경을 읽을 때, 나는 오직 믿음으로 읽을 것이다. 성경이 하나님의 말씀이라는 믿음, 성경은 우리의 유익을 위해 하나님께서 주신 지선(之善)의 선물이라는 믿음, 그리고 성경 속으로 내 자신을 밀어 넣을 때에 마치 용광로 속에 들어간 쇠가 녹아서 대장장이의 의도대로 변형되어 가듯이 내가 재창조되리라는 믿음을 가지고 읽을 것이다. 그것이 가슴으로 성경을 읽는 목적이다.

이런 목적이 이루어지려면 처음에 성경을 기록하도록 감동을 주셨던 성령님께서 동일한 사랑과 능력으로 나를 만져주셔야 한다. 그래서 나는 겸손한 마음으로 가슴을 열고 성경을 읽으려고 한다.

다시 성경의 첫 구절로 돌아가 보자.

> 태초에 하나님이 천지를 창조하시니라.

천지창조를 과학적으로 설명하려면 한계에 부딪히게 된다. 창조는 믿음의 영역이기 때문이다. 아무것도 없는 상태에서 말씀으로 무엇인가를 존재하게 하셨다면 그 말씀을 믿는 수밖에 없다. 말씀은 믿음의 세계로 들어가는 문이다. 우리는 하나님의 말씀을 믿는다. 믿음의 대상은 말씀으로 천지를 창조하신 하나님이다.

믿음은 허상이 아니다. 믿음은 설명할 수 없는 질문에 대한 도피처가 아니다. 믿음은 무책임한 삶에 대한 면책특권이 아니다. 결코 아니다. 믿음은 바라는 것들의 실상이요 보지 못하는 것들의 증거다. 좀 더 구체적으로 설명해 보자.

보편적으로 우리가 동경하고 사모하는 세계가 있다. 예를 들면 사람들이 서로에게 해를 끼치지 않는 세상, 서로를 존귀하게 여기는 세상, 여성을 성적 노리개가 아닌 존재적 파트너로 인정하고 감사하며 사는 세상, 부부가 서로 복종하고 섬기는 세상, 원수 맺지 않고 분내지 않으며 분열되지 않는 세상, 시기와 질투 대신 칭찬과 축복과 기쁨이 있는 세상, 술 취하고 필름이 끊겼다면서 폭력(언어를 포함해서)을 휘두르지 않는 세상, 자식들이 방탕하며 부모를 학대하고 끝까지 이용하려 들지 않는 세상, 죽음의 문턱에서도 의연하게 자기의 삶을 아름답게 정리하고 정돈하는 세상, 이런 세상이 과연 있을까? 분명히 있다. 성경 안에 있다. 하나님의 약속의 말씀 속에 있다. 그것이 실상이다. 오직 믿음으로만 들어갈 수 있는 특별한 세상이다.

그럼 이 세상에 그런 실상을 경험해본 사람이 있는가? 우리가 그 사람의 이야기를 다 들은 후에 "당신 말이 맞다"고 시인할 만한 증거가 있는가? 얼마든지 있다. 그런 증인을 불러오라면 헤아릴 수 없이 많이 있다. 성경 속에도 있고 역사 속에도 있다. 내 주변에도 많이 있다. 그리고 나도 그중의 한 사람이다. 믿음의 세계에서는 실상과 증거가 존재한다. 그래서 믿음의 세계는 과학의 세계보다 훨씬 더 분명하고 훨씬 더 정확하며 훨씬 더 광대하다.

아무것도 없이

* * *

창세기 1장 2절은 하나님께서 세상을 지으실 때의 정황이다.

> 땅이 혼돈하고 공허하며 흑암이 깊음 위에 있고 하나님의 영은 수면 위에 운행하시니라.

세상의 모든 신화는 누가 무엇을 가지고 어떻게 만들었다는 공식으로 풀어간다. 거기에 야망과 배신과 은원(恩怨)과 파괴와 투쟁이 가미된다. 진화론마저도 어떤 물질이 빅뱅으로 시작하여 오랜 과정을 거치는 동안 적자생존의 방식으로 오늘에 이르렀다고 말한다. 처음 물질이 없다면 진화론은 존재할 수 없다. 신화나 진화론이나 '있음(有)에서 있음'을 다루는 점에 있어서 같은 부류다.

그러나 창조론은 무(無)에서 시작한다. 하나님께서 땅을 지으셨다. 물도 지으셨다. 아무것도 없는 상태에서 그것들을 지으셨다. 하나님께서는 천지를 지으시기 위해 건축자재상에 물건을 주문하지 않으셨다. 그분은 창조하시기 위해 기존 재료를 필요로 하지 않으셨다. 창조는 '아무것도 없음에서 충만함'으로의 대전환이다.

하나님은 영원히 존재하신다. 그러나 세상은 창조되는 순간에 존재하게 되었다. 그래서 우리는 "천지 창조 이전의 세상은 어떠했나요?" 하고 물을 수가 없다. 그런 상상은 상상조차 할 수 없다. 창조는 시작이다. 창조 이전에 무엇이 있었다면 그것은 하나님의 사랑뿐이다. 바울은 에베소 교회 성도들에게 보낸 편지에서 그 점을 강조했다.

> 찬송하리로다 하나님 곧 우리 주 예수 그리스도의 아버지께서 그리스도 안에서 하늘에 속한 모든 신령한 복을 우리에게 주시되 곧 창세 전에 그리스도 안에서 우리를 택하사 우리로 사랑 안에서 그 앞에 거룩하고 흠이 없게 하시려고 그 기쁘신 뜻대로 우리를 예정하사 예수 그리스도로 말미암아 자기의 아들들이 되게 하셨으니 이는 그가 사랑하시는 자 안에서 우리에게 거저 주시는 바 그의 은혜의 영광을 찬송하게 하려는 것이라(에베소서 1:3-6).

이제부터 믿음의 영역에서 천지창조 이야기를 풀어가도록 해보자.

어느 날 아침 하나님께서 아담과 함께 에덴동산을 거닐고 계셨다. 눈부시게 밝은 빛을 보며 아담이 감탄하자 하나님께서 말씀하셨다.

"아담아, 내가 그 빛을 지었다."

사람들은 이해할 수 없고 감당할 수 없는 큰일을 경험하면 오히려 하나님에 대한 믿음을 상실한다. 일반적으로 과학자들은 우주의 크기를 150억 광년에서 500억 광년까지 본다(그 숫자를 어떻게 측정했는지 여전히 경이롭다). 1광년은 빛이 1년 동안 날아가는 거리다. 빛은 1초에 30만km를 날아간다. 이런 속도로 빛이 1년 동안 날아가는 거리가 9조 5천억km이다. 태양과 지구 사이의 거리는 약 1억 5천만km이다. 태양에서 떠난 빛이 지구에 도달하는 시간은 8분 30초에 불과하다. 그런데 빛의 속도로 150억 년 이상을 날아가는 저편까지 우주가 펼쳐 있다고 한다. 이런 광대한 우주를 보면서 사람들은 하나님이 존재할 수가 없다고 포기한다. 역설도 이런 역설이 없다. 어떤 실체가 너무 크거나 너무 빠르면 사람들은 믿을 수 없다고 말한다. 그것은 믿음이 아니고 이해력이다. 그들이 말하는 믿을 수 없다는 말은 이해할 수 없다는 말이다. 믿음과 이해는 같을 수 없다. 영역이 다르다.

우리가 빛의 속도로 평생 동안 달려간다면 어디까지 갈 수 있을까? 하나님께서 우리가 상상할 수도 없는 광대한 우주를 지으셨다. 어떻게 우리의 이해력으로 다 이해할 수 있겠는가? 그러나 믿음은 하나님의 선물이다. 믿을 수 있는 능력이다. 하나님께서 빛을 창조하셨다고 말씀하실 때에 아담은 믿음으로 받아들였다.

그렇다면 빛은 과연 좋은 것일까?

오래전에 서울에서 개인택시를 탔다. 나는 택시를 탈 때마다 운전하시는 분과 이야기하기를 좋아한다. 대화를 시작하면 거의 대부분의 기사 아저씨들(이런 호칭에 오해 없기를 바란다)은 즉시로 "외국에서 오셨군요" 하고 말한다. 그날도 그랬다. 내가 1981년에 미국에 들어갔다고 말하자 그분이 재미있는 이야기 한 토막을 들려주셨다. 그의 아들들 가운데 한 아들을 미국에 계시는 형님에게 오래전에 양자로 보냈다. 한번은 그 아들이 한국에 나왔는데 너무 반가워서 며칠 동안 일을 젖혀두고 남한 팔도에서 좋은 곳들을 다 보여주었다. 그런데 아이의 표정이 시큰둥했다. 어디를 가도 놀란 표정이 없었다. 나중에 물어보니 미국에는 더 큰 폭포도 있고 더 큰 계곡도 있다고 했다. 그래서 미국에서 방문한 관광객들에게는 제주도의 정방폭포를 보여주지 않고 패스하는가?

다시 빛의 이야기로 돌아가 보자. 빛이 얼마나 아름다울까? 얼마나 광대할까? 얼마나 힘이 있을까? 성경은 한마디로 끝낸다.

"그 빛이 하나님이 보시기에 좋았더라."

그 빛을 지으신 하나님께서도 보시고 좋아하셨다. 빛은 단순한 밝음이 아니다. 성경은 빛을 사랑과 대조시키고 있다. 사도 요한이 말했다.

> 빛 가운데 있다 하면서 그 형제를 미워하는 자는 지금까지 어둠에 있는 자요 그의 형제를 사랑하는 자는 빛 가운데 거하여 자기 속에 거리낌이 없으나 그의 형제를 미워하는 자는 어둠에 있고 또 어둠에 행하며 갈 곳을 알지 못하나니 이는 그 어둠이 그의 눈을 멀게 하였음이라(요한1서 2:9-11).

이 빛은 태양에서 뿜어 나오는 빛이 아니다. 그보다 더 본질적인 빛이다. 죄와 대조되는 빛이다. 미움이나 분열이나 착취가 없는 세계다. 하나님의 세계다. 예수님은 이 세상에 참 빛이 되어 오셨다. 하나님은 태초에 그의 빛을 이 세상에 존재하게 하셨다. 태양이나 별들은 일종의 크고 작은 등불들에 불과했다.

창세기 1장을 보면 하나님께서 이 세상을 말씀으로 존재하게 하신다.

"빛이 있으라."

"물과 물로 나뉘라."

"천하의 물이 한 곳으로 모이고 뭍이 드러나라."

"땅은 풀과 각기 종류대로 씨 맺는 채소와 각기 종류대로 씨 가진 열매 맺는 나무를 내라."

"하늘의 궁창에 있는 광명체들로 땅을 비추며 낮과 밤을 나누고 징조와 계절과 날과 해를 이루게 하라."

"물들은 생물을 번성케 하라. 땅 위 하늘의 궁창에는 새가 날으라."

마지막 여섯째 되는 날에 짐승들과 사람을 지으셨다.

"땅은 생물을 그 종류대로 내되 가축과 기는 것과 땅의 짐승들을 종류대로 내라."

> 하나님이 자기 형상 곧 하나님의 형상대로 사람을 창조하시되 남자와 여자를 창조하시고 하나님이 그들에게 복을 주시며 하나님이 그들에게 이르시되 생육하고 번성하여 땅에 충만하라, 땅을 정복하라, 바다의 물고기와 하늘의 새와 땅에 움직이는 모든 생물을 다스리라 하시니라(창세기 1:27-28).

아담이 하나님의 말씀을 제대로 이해했을까? 하나님께서 아담에게 들려주고 싶으신 가장 중요한 말씀은 "내가 너를 지었다"는 대목이었다. 아담은 피조물 중의 하나였다. 아담은 창조주 하나님으로부터 떨어질 수 없는 존재였다. 분리될 생각일랑 아예 하지 말아야 한다. 하나님과 분리되는 순간 그는 죽고 만다. 왜냐하면 그의 생명이 창조주 하나님께 연결되어 있기 때문이다. 그는 하나님과 완전한 관계를 유지하면서 하나님이 지으신 세계를 즐겨야 했다.

하나님의 창조세계에는 경이로움이 있다. 우리가 이해할 수 없는 신비로움이 있다. 우리 혈관이 10여만km(지구 둘레의 2바퀴 반)이며 그 길을 따라 막힘없이 피가 흐르고 있다는 사실이 우리를 놀라게 한다. 또 흙 1 밀리그램 속에 수억 마리의 미생물이 살고 있다. 이 미생물들이 식물과 나무를 자라게 하며 땅을 견고하게 붙들어 준다. 그런데 이 미생물들이 사는 지층의 두께가 겨우 60여cm에 불과하단다. 놀랍지 않은가?

하나님께서 인간을 위하여 지구를 지어주셨다. 태양을 중심으로 공전하고 자전하는 행성들도 여러 개 지으셨다. 그중에 금성이라는 행성이 있다. 태양에서 제일 가까운 별이 수성이고, 그다음이 금성이다. 금성은 지구보다 태양에 28%정도 더 가까이 있다. 그래서 금성의 평균 온도는 섭씨 462도나 된다. 지구의 날로 환산하면 금성의 1년은 225일이고 금성의 하루는 243일이다. 이 말은 금성이 태양을 한 바퀴 도는 시간보다 스스로 한 바퀴 도는 시간이 더 길다는 말이다. 그 결과 금성에서 하루 낮의 길이는 지구 시간으로 121일 반이 된다. 물론 밤의 길이도 121일 반이다. 이런 곳에서 산다고 한번 상상해 보라.

한편, 화성은 우리가 사는 지구보다 태양에서 약 50% 더 멀리 떨어져 있기 때문에 평균 온도가 섭씨 영하 62도이다. 금성이 너무 더워서 살 수 없다면 화성은 너무 추워서 살 수가 없다. 그런데 우리가 사는 지구는 평균 온도가 섭씨 22도, 봄 여름 가을 겨울의 사계절이 있고, 계절과 위치에 따라 조금씩 다르기는 하지만 밤낮이 대략 12시간으로 균등하게 나누어진다. 하나님께서는 가장 적절한 온도와 환경 가운데 우리를 창조하셨고 땅과 하늘과 바다를 우리에게 선물로 주셨다. 비록 지구가 태양 주위를 공전하지만 생명의 관점에서 보면 지구가 태양계의 중심이다. 그런가? 아니다. 그 이상이다. 성경의 관점에서 보면 지구는 우주의 중심이다.

하나님께서 천지와 만물을 지으시고 그 중심에 인간을 두셨다. 그래서 우리는 하나님께서 천지를 창조하셨다는 사실을 믿음으로 받아들이고 감사함으로 찬송한다. 시편을 읽어보라. 창조에 관한 이야기가 나올 때마다 찬송소리가 울려 퍼진다.

> 여호와여 주의 말씀은 영원히 하늘에 굳게 섰사오며 주의 성실하심은 대대에 이르나이다 주께서 땅을 세우셨으므로 땅이 항상 있사오니 천지가 주의 규례들대로 오늘까지 있음은 만물이 주의 종이 된 까닭이니이다(시편 119:89-91).

고위험군(高危險群) 투자

* * *

하나님의 창조 이야기 가운데 인간창조 부분이 가장 길고 세밀하며, 여자의 창조까지 포함하면 세 번이나 반복되어 있다.

> 하나님이 이르시되 우리의 형상을 따라 우리의 모양대로 우리가 사람을 만들고 그들로 바다의 물고기와 하늘의 새와 가축과 온 땅과 땅에 기는 모든 것을 다스리게 하자 하시고 하나님이 자기 형상 곧 하나님의 형상대로 사람을 창조하시되 남자와 여자를 창조하시고 하나님이 그들에게 복을 주시며 하나님이 그들에게 이르시되 생육하고 번성하여 땅에 충만하라, 땅을 정복하라, 바다의 물고기와 하늘의 새와 땅에 움직이는 모든 생물을 다스리라 하시니라(창세기 1:26-28).

나는 주식투자와 상관없는 사람이다. 그런데 "고위험군 투자"라는 용어는 대충 이해한다. 쉽게 말하면 "잘 되면 큰 수익을 낼 수 있지만 못 되면 크게 손해를 보는 투자"라는 뜻이다. 요즘엔 한 걸음 더 나가서 "초고위험군 투자"라는 말도 나왔다. 얼마나 위험한 투자이면 그런 식으로 명명(命名)했을까?

하나님께서 사람을 창조하실 때 흙으로 손수 지으시고 "충만하라, 정복하라, 다스리라"는 세 가지 사명을 주셨다. 인간을 만물의 영장으로 지으셨다. 가만 있자. 정말 우리가 만물의 영장인가? 하나님께서 주신 사명을 다했는가? 하나님께서는 우리를 그의 형상과 모양대로 지으셨다. 아이들의 표현을 빌리자면, 그렇게 하심으로 하나님 자신을 우리에게 초강력 접착제로 붙여놓으셨다. 떼려고 해도 뗄 수 없게 해놓으셨다. 그런데 하나님께서 어딘가 고위험군에 투자하신 느낌이다. 우리는 그렇게 신뢰받을 만한 존재들이 아니다. 혹시라도 우리가 저지르는 실수는 고스란히 하나님께서 갚으셔야 한다. 우리에게 갚을 능력이 없기 때문이다.

하나님께서 우리로부터 어떤 가능성을 보셨던가? 우리 자신도 알지 못하는 숨은 가치와 능력이 우리에게 있었는가? 인간이 생육하고 번성하여 세계 인구가 1000억쯤 되어 이 세계를 충만하게 덮으면 하나님께로 돌아가는 투자배분이 엄청나게 크게 될까? 높은 산들과 11,034 미터 깊이에 이르는 마리아나 해구(海丘)를 탐사하고, 화성을 정복하면 하나님의 배분율이 높아질까? 자연을 잘 다스리고 인간 사회를 잘 다스리며 인공지능계를 잘 다스리면 하나님께 돌아가는 배당이 엄청나게 커질까?

모두 부질없는 생각들이다. 하나님의 의도는 그것이 아니었다. 무엇보다도 우리에게는 하나님께서 그렇게 위험을 무릅쓰고 투자하실 만한 하등의 가치가 없다. 수명이 100세가 아니라 200세가 되어도 우리는 광대한 우주 속에서 초미세한 존재에 불과하다. 우리는 하나님의 투자대상이 아니다. 결코 아니다. 우리는 만물의 영장이 아니다. 하나님과 피조물 사이의 중간 계급층이 아니다. 그냥 피조물이다. 그러므로 우리는 먼저 교만의 바람을 빼야 한다.

그렇다면 왜 인간을 위험천만하게도 그의 형상과 모양대로 지으셨을까? 바울은 사랑 때문이라고 말했다. 우리가 알 수 없고, 측량할 수 없고, 감당할 수 없는 사랑 때문이라고 말한다. 아무도 끊을 수 없는 사랑 때문이라고 한다. 왜 하나님께서 우리를 그렇게 사랑하셨는지 우리는 모른다. 그 점이 우리를 끝없이 겸손하게 만든다. 그리고 하나님께 감사드리게 한다.

> 찬송하리로다 하나님 곧 우리 주 예수 그리스도의 아버지께서 그리스도 안에서 하늘에 속한 모든 신령한 복을 우리에게 주시되 곧 창세 전에 그리스도 안에서 우리를 택하사 우리로 사랑 안에서 그 앞에 거룩하고 흠이 없게 하시려고 그 기쁘신 뜻대로 우리를 예정하사 예수 그리스도로 말미암아 자기의 아들들이 되게 하셨으니 이는 그가 사랑하시는 자 안에서 우리에게 거저 주시는 바 그의 은혜의 영광을 찬송하게 하려는 것이라(에베소서 1:3-6).

언제라도 무너질 수 있는 위험천만한 존재임에도 불구하고 하나님은 아담에게 엄청난 신뢰를 보여주셨다. 그 말씀이 우리를 감격하게 한다.

> 여호와 하나님이 그 사람을 이끌어 에덴동산에 두어 그것을 경작하며 지키게 하시고 여호와 하나님이 그 사람에게 명하여 이르시되 동산 각종 나무의 열매는 네가 임의로 먹되 선악을 알게 하는 나무의 열매는 먹지 말라 네가 먹는 날에는 반드시 죽으리라 하시니라(창세

기 2:15-17).

사람들은 하나님께서 아담에게 지나친 신뢰를 보여주셨다고 생각한다. 그렇게 처참하게 무너질 줄 아시면서 왜 선악을 알게 하는 나무를 가까이에 두셨느냐고 하나님을 원망한다. 그러나 하나님의 사랑은 신뢰의 관계에 바탕을 두고 있다. 신뢰가 없는 관계는 존재하지 않는 관계이다. 지금도 하나님은 우리를 그렇게 사랑하시며 신뢰하신다.

왜 하나님께서 인간을 신뢰하시고 사명을 주셨을까? 우리는 아직도 고위험군에 속한다. 언제라도 넘어질 수 있는 연약한 존재들이다. 그런데 하나님께서 그의 강한 펴신 팔로 우리들을 붙들고 계신다. 하나님의 은혜가 우리에게 피할 길을 열어 주신다. 우리가 하나님의 사랑을 감사함으로 받아들이고 절대 신뢰함으로 그의 말씀에 순종하며 악한 길에서 벗어나 하나님의 길로 걸어가면, 우리는 항상 하나님의 은혜 아래 있게 된다. 그리고 다윗처럼 두려움을 이겨낼 수 있다.

여호와는 나의 빛이요 나의 구원이시니
내가 누구를 두려워하리요
여호와는 내 생명의 능력이시니
내가 누구를 무서워하리요
악인들이 내 살을 먹으려고 내게로 왔으나 나의 대적들,
나의 원수들인 그들은 실족하여 넘어졌도다

군대가 나를 대적하여 진 칠지라도
내 마음이 두렵지 아니하며
전쟁이 일어나 나를 치려 할지라도
나는 여전히 태연하리로다(시편 27:1-3).

주를 두려워하는 자를 위하여 쌓아 두신 은혜
곧 주께 피하는 자를 위하여 인생 앞에 베푸신 은혜가
어찌 그리 큰지요
주께서 그들을 주의 은밀한 곳에 숨기사
사람의 꾀에서 벗어나게 하시고
비밀히 장막에 감추사 말다툼에서 면하게 하시리이다
여호와를 찬송할지어다
견고한 성에서
그의 놀라운 사랑을 내게 보이셨음이로다(시편 31:19-21).

하나님의 근심

* * *

모국을 떠난 지 어느새 38년째다. 그동안 모국에는 새로운 용어들이 많이 등장했다. 그중의 하나가 '혼밥'이다. 쉽게 풀면 '혼자서 밥 먹는 사람'이다. 나는 모국을 방문할 때마다 뒷골목에 있는 작은 식당에 혼자 들어가서 비싸지 않은 밥을 사 먹는다. 아무에게 방해받지 않고 혼자서 밥을 먹는 시간에 나는 모국에 남겨둔 정겨운 추억들도 함께 먹는다. 그 즐거움이 보통이 아니다. 그러나 매일 혼자서 밥을 먹는 일은 결코 쉽지 않을 것이다. 가장 견디기 힘든 감정이 외로움이니까….

하나님께서 지으신 모든 세계가 하나님 보시기에 좋았다. 그런데 좋지 않은 점이 딱 하나 있었다. 만물에 짝이 있는데 오직 사람만 혼자였기 때문이다. 혼자 사는 아담이 하나님께는 근심거리였다. 어느 날 하나님께서 이런 생각을 하셨다.

"사람이 혼자 사는 것이 좋지 아니하니 내가 그를 위하여 돕는 배필을 지으리라"

하나님은 참 주도면밀하신 분이시다. 처음부터 남녀를 함께 지으시지 않으셨다. 이 점이 사람과 여타 피조물들과 다른 점이다. 하나님은 사람을 개별적으로 지으셨다. 우리 중 누구도 떠밀려 가는 집합체 중의 한 부분이 아니다. 그것은 하나님의 의도가 아니다. 아담은 아담처럼 지으시고 하와는 하와처럼 지으셨다. 아브라함은 아브라함처럼 지으시고 다윗은 다윗처럼 지으셨다. 다윗은 그 진리를 잘 알고 있었다. 다음에 나오는 그의 시에는 자기 자신을 가리키는 인칭대명사가 열세 번이나 나온다.

주께서 내 내장을 지으시며
나의 모태에서 나를 만드셨나이다
내가 주께 감사하옴은 나를 지으심이 심히 기묘하심이라

주께서 하시는 일이 기이함을 내 영혼이 잘 아나이다
내가 은밀한 데서 지음을 받고
땅의 깊은 곳에서 기이하게 지음을 받은 때에
나의 형체가 주의 앞에 숨겨지지 못하였나이다
내 형질이 이루어지기 전에 주의 눈이 보셨으며
나를 위하여 정한 날이 하루도 되기 전에
주의 책에 다 기록이 되었나이다
하나님이여 주의 생각이 내게 어찌 그리 보배로우신지요
그 수가 어찌 그리 많은지요
내가 세려고 할지라도 그 수가 모래보다 많도소이다
내가 깰 때에도 여전히 주와 함께 있나이다(시편 139:13-18).

하나님께서는 아담의 뒤를 이어 곧장 하와를 지으시지 않았다. 아담의 자손들이 땅에 충만하려면 반드시 하와가 있어야 했지만, 하나님께서는 사전(事前) 작업을 먼저 하셨다. 그렇게 하셔야 할 필요가 있었다.

하나님께서 흙으로 각종 들짐승과 공중의 각종 새를 지으시고 아담 앞으로 지나가게 하셨다. 물론 한 마리가 아니고 한 쌍씩이다. 아담이 무엇이라고 이름을 붙이는지 보고 싶으셨다. 아마도 아담은 짐승들과 새들의 이름을 처음부터 암수 각각 다르게 불렀을 것이다. 예를 들면, 암꿩(hen pheasant)과 수꿩(cock pheasant)의 이름이 다르고, 암소(cow)와 수소(bull)의 이름이 다르며, 암양(ewe)과 숫양(ram)의 이름이 다르고, 암퇘지(sow)와 수퇘지(hog)의 이름이 달랐다. 하나님께서는 아담으로 하여금 쌍쌍이 지나는 짐승과 새들을 보면서 특별한 감정을 갖도록 도와주셨다. 그것은 하나님께서 느끼셨던 "혼자 사는 것이 좋지 않다"는 감정이었다. 가만 있자, 우리가 너무 멀리 나갔는가?

그 후에 하나님께서 아담을 깊이 잠들게 하셨다. 세계 최초의 마취였다. 그리고 그의 갈비뼈 하나를 뽑아서 여자를 지으셨다. 혹시 이 대목에서 자기의 갈비뼈 수를 헤아려 보는 형제들이 있다면 이 점을 기억하자. 외과적 수술은 절대로 유전되지 않는 법이다. 아담이 깨어나 보니 한 아름다운 여인이 곁에 서 있었다. "아, 나도 드디어 짝을 가졌구나" 하고 생각하는 순간, 들려오는 하나님의 주례사는 짧고도 분명했다.

"이러므로 남자가 부모를 떠나 자기 아내와 합하여 두 사람이 한 몸이 될 것이다."

때때로 행복은 기다리는 시간과 정비례한다. 아담은 얼마나 행복했을까? 신랑과 신부의 만남은 언제 보아도 감격스럽다. 말로 표현할 수 없는 흥분이다. 부부생활은 그렇게 시작한다. "돕는 배필"이란 한 남자의 완성을 위하여 반드시 필요한 다른 부분이다. 그뿐만 아니라 "돕는 배필"은 상대를 도움으로써 비로소 자기도 완전하게 된다. 둘은 도움을 주고받는 과정을 통해서 영적으로, 기능적으로, 정서적으로 하나가 된다.

결혼은 배우자를 기쁨으로 섬기는 삶의 방식이다. 결혼은 상대방을 섬기느라 자기 자신은 기꺼이 잊어버리는 사람들의 사는 방식이다. 그런데 이런 삶의 방식이 일방통행으로만 흘러가면 머지않아 비극을 초래하게 된다. 사랑은 서로를 밀어올림으로써 유지된다. 한쪽이 그 역할을 포기하면 순식간에 무너진다.

결혼하기 위해 상담을 받으러 오는 젊은이들에게 나는 짓궂은 질문을 한다.

"데이비드, 왜 에스더와 결혼하려고 하지?"

데이비드는 얼마 동안 머뭇거리다가 겸연쩍은 얼굴로 대답한다.

"에스더가 저를 잘 이해해 주니까요."

글쎄다. 결혼해 봐라. 에스더가 너를 그렇게 잘 이해해 주는지 그때 가봐라. 이번에는 에스더가 대답할 차례다.

"오빠는요, (왜 요즘에는 오빠들하고 결혼하는지 이해할 수가 없다) 항상 저를 돌봐주고 기쁘게 해주거든요."

"정말로? 그걸 믿어? 그 꿈이 깨지는데 며칠 걸리는지 우리 내기해 볼까?"

나는 짐짓 엄한 얼굴을 하고 엄포를 놓으며 다시 물어본다.

"꿈들 깨! 평생에 그런 일은 없을 거야. 다시 한 번 묻는데 왜 결혼하려고 해? 올바른 대답을 하지 않으면 내가 결혼 주례 안 해줄 거야."

그런데 요즘 아이들은 영리하다. 내가 무슨 대답을 원하는지 즉시로 알아차린다. 아니면, 먼저 다녀간 아이들이 천기를 누설했거나, 둘 중 하나다.

"아, 예. 에스더를 사랑하기 때문에 결혼해요."

"사랑이 뭔데?"

"사랑은 상대방을 섬기는 겁니다."

"정말로?"

"예."

정답을 말했으니 결혼 주례는 해주겠지만 뭔가 꺼림칙해서 다시 한 번 강조한다.

"결혼은 말이야, '이 세상에 나만큼 당신을 사랑하는 사람이 없기 때문에 내가 당신에게 (혼인예식으로 묶여지는) 결혼을 한다'는 각오와 결심으로 하는 거야. 그리고 상대방을 사랑하기 때문에 한없이 섬기는 삶을 사는 거야. 알겠니?"

사람은 태생적으로 불완전한 존재이다. 그래서 아담에게 하와를 지어주셨다. 이제 둘은 절대로 나누어질 수 없다. 나뉘는 순간 둘 모두 불완전한 존재가 되기 때문이다. 하나님께서 그들을 하나 되게 하셨다. 그래야 완벽하게 된다. 너무 완벽하여 부모들조차 끼어들 자리가 없다. 우열(優劣)의식이 스며들 틈도 없다. 둘 사이에는 부끄러움도 존재하지 않는다. 훗날 예수님께서도 말씀하셨다.

> 그런즉 이제 둘이 아니요 한 몸이니 그러므로 하나님이 짝지어 주신 것을 사람이 나누지 못할지니라(마태복음 19:6).

대못 박는 소리

* * *

내가 어렸을 때, 동네 어른들은 부모에게 불효한 자식을 보고 이렇게 말했다.

"저놈, 제 부모 가슴에 못 박는 것 좀 봐. 천하에 못된 놈 같으니라고."

다른 사람들이 없는 말을 지어내고, 있지도 않았던 상황을 눈으로 보는 것처럼 악담하며 저주할 때, 우리 가슴에 못 박는 소리가 들린다. 한이 맺힌다. 그 못이 얼마나 깊이 박혔던지 오랜 세월이 지나도 여전히 아프다.

창세기 3장을 읽다 보면 대못 박는 소리가 들려온다. 하나님의 형상과 모양대로 지음 받은 아담과 하와가 하나님의 가슴에 반역의 대못을 박는 소리다. 우리는 고통당하시는 하나님의 모습을 본다. 그리고 그 고통스러운 모습을 훗날 갈보리 십자가 위에 달리신 하나님의 아들에게서 다시 보게 된다.

하나님께서 아담에게 얼마나 신신당부하셨던가.

"네가 동산에 있는 과일을 마음대로 먹을 수 있으나 단 한 가지 선악을 알게 하는 과일만은 먹지 말아라. 그것을 먹으면 네가 반드시 죽을 것이다."

아담의 가슴에 감사가 넘쳤더라면 이렇게 생각했을 것이다.

'그것 하나쯤 안 먹어도 좋다. 수없이 많은 더 좋은 과일들이 있으니까. 더구나 선악을 알게 하는 과일을 먹는 날에는 죽는다고 하셨다. 나는 순종함으로 살 것이다.'

그러나 마음에 탐욕이 들어오면 관점이 달라진다.

'만 가지 과일을 다 먹어도 저 선악을 알게 하는 과일을 먹지 못하면 먹으나 마나지. 전부 아니면 아무것도 아니야(All or nothing!). 저것부터 먹어야 해.'

뱀이 조용히 찾아와 하와의 가슴에 탐욕의 씨를 뿌렸다. 사탄은 절대로 자기 정체를 드러내지 않는다. "내가 이제부터 너를 파괴시키리라" 하고 위협하면서 다가오는 것이 아니다. 언제나 유익을 주는 척 위장하고 찾아온다. 죄를 범해도 끝까지 덮어주겠다고 거짓 신뢰를 심어준다. 들킬 줄 알면서 죄를 범하는 사람이 세상에 어디 있겠는가? 그러나 사탄은 절대로 믿을 만한 존재가 아니다. 범죄가 극치에 이르면 얼굴을 바꾸고 일시에 비밀을 폭로하기 시작한다. 그때가 되면 백약이 무효다. 죄의 결과는 파괴와 분열과 부끄러움이다. 죄의 결과를 예측하는 사람만이 죄를 멀리 할 수 있다.

하와는 사탄의 현란한 '말놀음' 앞에서 서서히 무너져 가기 시작했다.

(사탄) "하나님이 정말 너희에게 동산에 있는 모든 과일을 먹지 말라고 하셨느냐?"

(여자) "우리가 동산의 과일을 먹을 수 있으나 동산 중앙에 있는 과일은 하나님이 '먹지도 말고 만지지도 말아라. 그렇지 않으면 너희가 죽게 될 것이다'라고 말씀하셨다."

(사탄) "너희는 절대로 죽지 않을 것이다. 하나님이 너희에게 그렇게 말씀하신 것은 너희가 그것을 먹으면 눈이 밝아져서 하나님과 같이 되

어 선악을 분별하게 될 것을 하나님이 아셨기 때문이다"(창세기 3:4-5).

해석이 중요하다. 하나님의 편에서 성경을 해석하면 진리가 된다. 그러나 사람 편에서 해석하면 오류가 발생한다. 사탄이 그 말씀을 해석하면 저주가 된다. "하나님이 너희에게 그렇게 말씀하신 것은", 사탄이 하나님의 명령을 자의적으로 해석하기 시작했다. 사탄도 하나님이 계심을 부인하지 않았다. 하와는 하나님과 사탄이라는 두 권위자 앞에서 방황하기 시작했다. 기가 막힐 일이다. 어떻게 사탄을 하나님과 같은 권위자로 받아들일 수 있다는 말인가.

하와는 하나님의 명령과 사탄의 해석 사이에서 "어느 편이 나에게 더 유익한가?"를 저울질했다. 사람은 자기가 중심이 되는 순간 무너지기 시작한다. 하와는 사탄에게 속아 넘어갔다. 사탄의 해석을 진리로 받아들였다. 어떤 경우에도 우리의 해석이 하나님의 말씀을 앞서가면 안 된다. 말씀은 불변의 진리이지만 우리의 해석은 얼마든지 틀릴 수 있다. 말씀하신 분의 영이 우리를 도와주실 때에 비로소 바른 해석을 할 수 있다. 그러므로 해석자는 항상 겸손해야 한다.

여자가 그 나무의 열매를 보니 먹음직스럽고, 보기에 아름다우며, 지혜롭게 할 만큼 탐스러웠다. 여자는 사탄의 잘못된 해석에 자기 스스로 확신의 옷을 입혀주기 시작했다. 사기꾼은 거짓을 믿고 싶어 하는 열망만 심어주면 된다. 나머지는 속아 넘어가는 사람이 알아서 진행시킨다. 그 열매를 먹기만 하면 하나님처럼 될 수 있다는 뱀의 말에 여자가 권위를 부여해 주었다. 그러자 선악을 알게 하는 나무의 열매를 쳐다보면 볼수록 뱀의 해석에 더 신뢰가 갔다. 그리고 뱀의 말을 신뢰하는 순간 하나님의 말씀에 의심이 들어왔다.

'먹는다고 정말로 죽겠어? 먹으면 하나님처럼 될 수 있다는데. 그 정도라면 모험을 해볼 만하지.'

여자는 결국 뱀의 유혹에 넘어가 그 열매를 따먹었다. 그 순간, 아담과 하와를 사랑하고 신뢰하셨던 하나님의 가슴에 대못 박는 소리가 들려왔다.

사람들은 쉽게 말한다. 하나님께서 아예 그런 나무를 에덴동산에 두지 않으셨으면 그런 일이 없었을 것 아니냐고. 문제는 그 나무의 열매가 아니고 인간의 탐욕이다. 하나님처럼 되려고 하는 교만이다. 탐욕과 교만이 만나는 순간 인간은 하나님의 은혜 밖으로 뛰쳐나간다. 은혜라는 보호막(shield)을 떠나는 순간, 인간은 마치 뜨거운 여름에 아이스크림 녹아내리듯이 무너지고 만다. 하나님께서는 에덴동산에 반드시 그 선악을 알게 하는 나무를 심어놓으셔야 했다. 그것은 천애절벽 안쪽으로 세워놓은 보호 난간과 같은 역할을 했다. 벼랑 끝에 보호 난간이 없다면 어떻게 되겠는가?

하나님께서 하나님 자신을 제외하시고는 이 세상에 최고의 존재로 인간을 창조하셨다. 그래서 다윗을 이렇게 노래했다.

> 사람이 무엇이기에 주께서 그를 생각하시며 인자가 무엇이기에 주께서 그를 돌보시나이까 그를 하나님보다 조금 못하게 하시고 영화와 존귀로 관을 씌우셨나이다(시편 8:4-5).

아빠가 아들에게 풍선을 불어주고 있다. 안전을 생각하며 아빠는 적당히 말랑말랑하게 입김을 불어 넣었다. 그런데 아들이 "아빠 조금만 더, 조금만 더, 빵빵할 때까지" 하고 졸라댄다. 그래서 풍선이 곧 터질 것처럼 되었다. 좋아하며 풍선을 들고 달려가는 아이에게 아빠가 소리친다.

"조심해라. 잘못하면 터진다."

하나님께서도 우리를 그렇게 지으셨다. 하나님보다 조금 못하지만 그래도 빵빵하게 지으셨다. 최대의 걸작으로 지으셨다. 그리고 나무 한 그루를 가리키면서 말씀하셨다.

"저 열매는 먹지 말라. 항상 내 은혜 아래 머물러 있어라. 교만하면 터진다."

여기까지 성경을 읽다 보면 한 가지 궁금증이 일어난다.

뱀이 여자를 유혹할 때에 아담은 어디에 있었을까?

혼자서

* * *

여자가 에덴동산에서 뱀에게 유혹을 당하고 있을 때 분명히 그녀는 혼자였을 것이다. 그리고 여자가 단 한 번의 유혹에 넘어가지도 않았을 것이다. 여자를 가리켜 "이는 내 뼈 중의 뼈요 살 중의 살이구나! 남자에게서 나왔으니 이를 여자라고 부르리라" 하며 감격했던 아담은 그 어디에 있었을까? 그 시간에 무엇을 하고 있었을까?

의식주의 문제가 완결된 에덴동산이었기 때문에 일하러 가지 않았을 것이다. 하늘 아래 사람이라고는 단 둘이었기 때문에 다른 사람을 만나러 가지도 않았을 것이다. 요즘처럼 주말부부가 되어야 할 이유도 없고 기러기 아빠가 될 일도 없었을 것이다. 아담은 어디에 있었을까? 살이 어떻게 살로부터 떨어져 나가며 뼈가 어떻게 뼈로부터 분리될 수 있었을까? "둘이 한 몸이 될지니라"는 하나님의 주례사는 잉크가 마르기도 전에 잊혔는가.

선악을 알게 하는 나무 앞에 여자 혼자 서 있다. 만일 아담이 항상 여자와 함께 있었더라면 결과는 어떻게 되었을까? 아담이 여자에게 하나님의 경고의 말씀을 상기시키며 적극적으로 말렸더라면 어떻게 되었을까? '만일'이라는 낱말은 과거를 향해서는 무용지물이다. 그러나 미래를 향해서는 유익한 단어이다.

결혼한 지 12년쯤 되었을 무렵, 갑자기 아내가 울먹이며 말했다.

"여보, 당신 그거 알아? 나 혼자라는 거?"

왜 혼자라고 생각하는지 이해가 되지 않았다. 적어도 나만큼 자기를 사랑하는 사람이 없다고 자부했는데, 틈만 나면 나는 자기를 생각했는데, 왜 자기가 혼자라고 생각하며 눈물을 짓는지 알 수가 없었다. 차마 "왜 혼자라고 생각해?"하고 물어볼 용기가 나지 않았다. 그때 이후로 나는 마음에 한 가지 목표를 세웠다.

"이제부터는 내 아내가 혼자라는 생각을 하지 않도록 하자."

결혼한 지 오랜 세월이 지났다. 지금도 그때 했던 결심을 문득문득 되돌아본다. 내가 그 결심을 충분히 이행했을까? 아직까지 자신감이 없어서 아내에게 물어보지는 못했다. 그러나 여전히 궁금하다. 아직도 자기를 혼자라고 생각하고 있는지…. 언젠가는 용기를 내어 한번 물어보려고 한다.

인생을 살다 보면 혼자 있다가 실수한 일들이 적지 않다. 함께 있었다면 넉넉히 이겨낼 수 있는 일들이다. 갑자기 사업을 파산 선고한 남편 곁에서 "왜 미리 나에게 알려주지 않았어요?" 하며 슬피 울던 자매님을 잊을 수 없다. 남편이 해야 할 가장 중요한 일은 아내에게 자기 자신을 의식적으로 묶어두는 일이다. 남편은 아내와 영적으로, 기능적으로, 정서적으로 함께 있어야 한다. 어떤 일이 있어도 아내 혼자 있게 하면 안 된다. 남편의 삶 속에 아내가 모르는 부분이 있어도 안 된다. 남편은 아내에게 자신을 다 내어 주어야 한다. 남편은 아내에게 자기가 지금 정서적으로 어디에 있는지도 알려주어야 한다. 부부는 그렇게 살도록 지음 받았다.

> 남편들아 아내 사랑하기를 그리스도께서 교회를 사랑하시고 그 교회를 위하여 자신을 주심 같이 하라(에베소서 5:25).

전혀 다른 환경에서 자란 남녀가 한 가정을 이루고 사는 모습을 보면 신비롭다. 그들은 자식을 낳고 잘 기른다. 열심히 일해서 살림살이도 늘어간다. 살면서 아쉬운 점도 있고 가끔은 못마땅한 점도 있지만 중년을 지날 때까지는 다른 생각을 할 여유가 없다. 그러다가 자녀들이 출가하고 떠나면 비좁던 집이 갑자기 썰렁해진다. 그리고 나이가 들어간다. 둘이 하나인 줄 알고 살았는데 어느 날 돌아보니 하나가 아니고 둘이다. 그럼 이전에는 과연 하나였던가? 간격이 있었지만 살펴볼 여유가 없었다. 생각해 보니 넓고도 오래된 간격이었다. 자식도 다 떠났는데 아예 이참에 갈라서고 말까.

하나가 둘이 되면 행복은 바닥나고 비난만 쌓여간다.

당신 탓이야!

* * *

그 나무의 열매 맛이 정말로 좋아서였을까, 아니면 죄책감을 나누기 위해서였을까? 먼저 그 열매를 먹은 여자는 함께 있던 남편에게도 주어서 먹게 했다. 성경에 아담이 머뭇거렸다는 흔적이 없다. 여자가 먼저 먹었으니 이제 끝장났다고 포기했을까? 아마도 처음부터 아담은 그 나무의 열매에 대하여 경계심이 부족했을지도 모른다. 어쨌든 아담은 망설이지 않고 받아먹었다. 그러자 사탄의 말처럼 눈이 밝아졌다. 그 눈으로 처음 본 광경은 상대방의 벌거벗은 모습이었다. 부끄러웠다. 너무 부끄러워서 나뭇잎으로 옹색하게 자기를 감추었다.

선악과를 따먹기 전에도 그들은 벗고 살았다. 그러나 부끄러움이라는 감정이 없었다. 그런데 왜 갑자기 부끄러울까? 죄가 들어왔기 때문이다. 벌거벗은 상태가 그들을 부끄럽게 한 것이 아니다. 그들이 저지른 죄가 그들을 부끄럽게 한 것이다. 죄는 엄청난 쓰레기더미를 끌고 다닌다. 수치, 두려움, 탐욕, 다툼, 분노, 비난, 거절 등 이런 것들은 빙산의 일각이다.

죄는 본질적으로 불신앙과 불순종이다. 우리가 짓는 모든 죄의 대상은 하나님이시다. 그래서 용서도 하나님께서만 하실 수 있다. 우리가 다른 사람을 용서하는 그 용서는 우리의 진유물이 아니다. 그것은 하나님의 용서하심에 대한 우리의 동의(同意)와 믿음과 순종이다. 그래야 진정한 용서가 가능해진다.

하나님께서 아담과 하와를 찾아오셨다. 그러자 그들은 재빨리 나무 사이로 숨어들어갔다. 죄를 범하면 쫓아오는 사람이 없어도 도망간다. 그러나 그것은 착각이었다. 하나님을 피하여 숨을 수 있다는 생각은 참으로 어리석은 착각이었다.

하나님과 아담 사이에 경직된 대화가 오고 갔다.

"아담아, 네가 어디 있느냐?"

"내가 동산에서 하나님의 소리를 듣고 내가 벗었으므로 두려워하여 숨었나이다."

"누가 너의 벗었음을 네게 알렸느냐? 내가 네게 먹지 말라 명한 그 나무 열매를 네가 먹었느냐?"

그 다음에 아담의 입에서 나온 말이 곁에 숨어 있던 여자의 마음에 깊은 생채기를 냈다.

"하나님이 주셔서 나와 함께 있게 하신 여자 그가 그 나무 열매를 내게 주므로 내가 먹었나이다"(창세기 3:12).

하나님께서 아담이 지금 어디에 숨어 있는지 정말로 몰라서 물으셨을까? 아니다. 하나님의 질문은 숨어 있는 지리적 위치가 아니고 관계에서의 위치였다. 하나님과의 관계와 아내와의 관계에서 그가 있어야 할 자리에 있는지 물으셨다. 그러나 아담은 하나님의 질문하신 의도를 알 수가 없었다. 죄를 범하고 나면 대화도 막힌다.

아담은 정신적으로 어린아이 같았다. 궁지에 몰리자 그는 하나님을 원망했다. 나 혼자 살게 그냥 두셨더라면 이런 일이 일어나지 않았을 것이라고 항변했다. 나를 돕기 위해 지어주신 여자가 오히려 나를 망하게 했으니 하나님의 책임이라고 전가(轉嫁)했다. 세상에, 어떻게 하나님을 원망할 수 있단 말인가. 아무리 여자가 권해도 먹지 말았어야 했다. 펄펄 뛰면서 하나님을 찾았어야 했다. 책임에서 벗어나기 위해 남을 원망하는 일보다 더 후안무치(厚顔無恥)한 경우도 없다. 아담만 두고 하는 이야기가 아니다. 우리 모두가 아담이니까.

그때까지만 해도 여자는 이름이 없었다. 여자는 히브리어로 '잇샤'이다. 이는 남자를 뜻하는 '이쉬'에서 파생된 단어이다. 그래서 아담은 자기 아내를 "이 여자, 저 여자" 하고 불렀다. 지금도 어떤 분들은 자기 아내를 그렇게 부른다. 그런 호칭을 좋아할 부인들이 세상 어디에 있겠는가?

"저 여자가 내게 주므로 내가 먹었나이다."

여자는 아담의 말을 들으면서 어떤 느낌을 가졌을까? 물론 잘못은 자기가 저질렀다. 변명의 여지가 없다. 그래도 아내는 남편을 의지하고 싶었다. 무슨 일을 저질러서 가슴이 콩알만 해지면 울면서 남편부터 찾는다. 다 그렇다는 말이 아니고 대부분의 아내들이 그렇다는 말이다. 아담의 여자도 남편이 넓은 가슴으로 자기를 보호해 주리라 기대했을 것이다. 한 가정의 대표자로서 하나님 앞에 나가, "다 저의 책임입니다. 다 저의 잘못입니다" 하며 용서를 구하리라고 생각했을 것이다.

그런데 아담의 입에서 나온 말은 비성했다. "내 뼈 중의 뼈, 내 살 중의 살"이라는 지상 최고의 고백은 어느새 사라지고, "저 여자 때문에"라며 손가락질 했다. 아담은 간단하게 그 여자를 옆으로 밀쳐냈다. 자기 인생에 존재해서는 안 될 여자라고 생각했다. 살다 보면 서로를 거절하고 밀어낼 때가 있다. 그때마다 부부 중에 한 사람은 '우리가 과연 하나였나?' 하고 스스로에게 물어본다.

이번에는 하나님께서 여자에게 물으셨다.

"네가 어찌하여 이렇게 하였느냐?"

"뱀이 나를 꾀므로 내가 먹었나이다"(창세기 3:13).

이렇게 말하는 여자의 마음이 얼마나 착잡했을까. 뱀이 자기를 꾀었다는 말이 틀린 말은 아니다. 그러나 하와가 다른 말을 할 수는 없었을까? 섭섭한 감정대로 말한다면 "내 남편 아담이 나에게 충분히 경고하지 않아서 그랬습니다" 하고 반박할 수 있었을 것이다. 누구에게나 하고 싶은 말이 있다. 그래서 우리는 가끔 "누구는 입이 없어서 가만히 있는 줄 아느냐?"고 격정을 터트린다.

사람이 사람에게 책임을 묻는 것은 사과와 보상을 바라기 때문이다. 뱀에게서는 보상을 바랄 수 없다. 결국 여자는 아담을 비난하고 싶은 말을 꿀꺽 삼켰다. 가끔 남자의 마음보다 여자의 마음이 더 넓다는 생각을 할 때가 있다. 세상에서 가장 억울한 사람들이 여성들이라는 생각이 들 때도 있다. 자식 잘못 기른 것도 여자 책임, 살림 잘못한 것도 여자 책임, 집안에서 일어나는 불상사를 미리 막아내지 못한 것도 여자 책임이라며 몰아붙인다. 가정에서 여자들은 마지막 책임을 지는 보루가 되어준다. 고마우신 우리 어머니들….

이 사건으로 인하여 뱀은 저주를 받아 배로 기어 다니고 흙을 먹는 형벌을 받았다. 여자에게는 임신하는 고통과 해산의 수고가 더해졌다. 그리고 아담은 자기의 죄 때문에 땅이 저주 받는 모습을 보아야 했다. 그리고 평생 이마에 땀을 흘려야 겨우 먹고 살 수 있었다. 무엇보다도 두려운 형벌은 흙으로 돌아가야 하는 죽음이었다.

네 후손이 이기리라

* * *

이야기는 여기에서 끝나지 않는다. 죄책감으로 얼굴을 들지 못하고 서 있는 여자에게 하나님께서 놀라운 예언의 말씀을 해주셨다.

> 내가 너로 여자와 원수가 되게 하고 네 후손도 여자의 후손과 원수가 되게 하리니 여자의 후손은 네 머리를 상하게 할 것이요 너는 그의 발꿈치를 상하게 할 것이니라(창세기 3:15).

여자의 후손은 예수 그리스도를 가리킨다. 예수님은 아버지 없이 처녀 마리아에게 성령으로 잉태되어 사람이 되신 하나님의 아들이다.

뱀의 후손은 사탄이다. 사탄이 사람들을 충동하여 예수님을 십자가에 못 박게 했다. 예수님의 발뒤꿈치를 문 셈이다. 그러나 예수님은 십자가 위에서 사탄의 머리를 깨뜨리셨다. 그리고 죽은 자 가운데서 사흘 만에 다시 살아나셨다. 예수님은 완승하셨고 사단은 완패했다.

이런 일이 여자를 통하여 일어나게 하시겠다고 하나님께서 약속하셨다. 아담이 아니고 여자에게 주신 약속이다. 여자는 자식을 낳을 때마다 이중적인 고통을 당했다. 범죄로 인한 마음의 고통과 육체의 고통이었다. 그런데 하나님께서 여자에게 죄로 인한 고통을 이기게 해주시겠다고 약속하셨다. 죄가 큰 곳에 은혜가 넘쳤다.

> 율법이 들어온 것은 범죄를 더하게 하려 함이라 그러나 죄가 더한 곳에 은혜가 더욱 넘쳤나니 이는 죄가 사망 안에서 왕 노릇 한 것같이 은혜도 또한 의로 말미암아 왕 노릇 하여 우리 주 예수 그리스도로 말미암아 영생에 이르게 하려 함이라(로마서 5:20-21).

하나님의 형상과 모양을 따라 지음 받은 사람들이 하나님의 가슴에 못을 박았다. 선을 악으로 갚았다. 사랑을 미움으로 되돌려 주었다. 하나님께서 그들을 심판하신 후에 그냥 떠나셔도 그만이다. 그런데 하나님께서 그들에게 용서와 회복의 길을 열어주셨다. 포기하지 않으시고 새로 시작하셨다. 성경에는 하나님께서 가슴에 박힌 못을 스스로 빼내실 뿐만 아니라 못 박은 자들을 용서하시고 치료하시는 내용들로 가득 차 있다.

우리 하나님, 은혜와 긍휼이 풍성하신 좋으신 하나님!

가죽 옷 두 벌

* * *

그 후에 아담은 여자에게 이름으로 지어주었다.

> 아담이 그의 아내의 이름을 하와라 불렀으니 그는 모든 산 자의 어머니가 됨이더라(창세기 3:20).

하와는 '살아 있는'(living)이라는 뜻이다. 모든 자식들은 어머니를 통해 생명을 얻고 세상에 태어난다. 하와는 만인의 첫 어머니가 되었다. 아담이 자기 아내를 처음으로 "하와여!" 하고 불렀다. 더 이상 '그 여자'가 아니다. 그때부터 아담은 하와를 '모든 산 자의 어머니'로 존중했다. 하와는 아담이 그동안에 지은 이름들 중에 가장 아름다운 이름이 되었다.

비 온 뒤에 땅이 굳어진다고 아담과 하와는 비로소 완전한 부부가 되었다. 깊은 상처에도 불구하고, 감출 수 없는 부끄러움에도 불구하고, 아담과 하와는 서로를 용납하며 감싸주는 부부가 되었다. 그들은 하나님의 은혜로 새로운 삶을 살기 시작했다. 은혜는 상처를 치료해 주는 명약이다. 은혜는 장벽을 허무는 능력이다. 은혜는 나누어진 것을 하나 되게 하는 강력한 접착제이다. 아가페 사랑은 은혜에서 시작된다. 마침내 감당할 수 없는 하나님의 은혜가 그들에게 임했다.

> 여호와 하나님이 아담과 그의 아내를 위하여 가죽옷을 지어 입히시니라(창세기 3:21).

신학대학에 들어갈 무렵 생애 처음으로 양복을 지어 입었다. 양복점을 운영하는 집사님이 나를 위해 정성껏 만들어준 양복이었다. 겉저고리의 안쪽 주머니에는 내 이름이 새겨져 있었다. 내 몸에 꼭 맞는 옷이었다. 소위 맞춤 양복이었다. 시골 청년의 가슴이 부풀어 올랐다. '옷이 날개'라는 말이 실감났다.

그날에도 하나님께서 손수 아담과 하와를 위해 가죽옷을 지어주셨다. 아담과 하와를 이모저모로 눌러보시고 그들의 몸매에 쏙 맞게 맞춤옷을 지어주셨다. 단순한 가죽옷이 아니었다. 피 묻은 가죽옷이었다. 가죽옷을 지으려면 먼저 짐승을 죽여야 한다. 그들은 자기들에게 옷을 지어 입히시기 위해 짐승을 죽이시는 장면을 보았을 것이다. 짐승을 잡는 광경을 나는 여러 번 보았다. 차마 볼 수 없는 광경이다. 아담과 그의 아내도 같은 느낌이었을 것이다. 그 짐승의 가죽이 그들의 부끄러움을 덮어주었다.

가죽옷은 예수님의 죽으심을 의미한다. 십자가 위에서 죽으신 예수님께서 그의 피로 우리의 죄를 덮어주셨다. 우리의 죗값을 대신 지불해 주셨다. 이를 두고 '대속(代贖)의 죽음'이라고 한다. 구약시대에는 죄인들이 소나 양을 가지고 성전에 와서 그 머리 위에 손을 얹고 자기의 죄를 고백한 후에 자기 손으로 잡아 죽였다. 신약시대에는 이런 제사를 더 이상 드리지 않아도 된다. 예수님께서 우리의 죄를 짊어지시고 단번에 죽임을 당하셨기 때문이다.

> (하나님의) 이 뜻을 따라 예수 그리스도의 몸을 단번에 드리심으로 말미암아 우리가 거룩함을 얻었노라(히브리서 10:10).
> 인자가 온 것은 섬김을 받으려 함이 아니라 도리어 섬기려 하고 자기 목숨을 많은 사람의 대속물로 주려 함이니라(마가복음 10:45).

하나님께서 손수 가죽옷을 지어 입혀 주셨다. 하나님의 사랑이 우리를 강권하여 예수님을 구원자와 주님으로 믿게 해주셨다. 성령님께서 우리를 도와주셨다. 성령으로 하지 아니하고는 아무도 예수님을 주라고 고백할 수가 없다. 하나님께서 우리에게 예수님을 입혀주셨다. 그것이 은혜다. 예수님을 믿는 사람들은 예수님으로 옷 입은 사람들이다. 바울은 말했다.

> 너희가 다 믿음으로 말미암아 그리스도 예수 안에서 하나님의 아들이 되었으니 누구든지 그리스도와 합하기 위하여 세례를 받은 자는 그리스도로 옷 입었느니라(갈라디아서 3:26-27).

아담과 하와가 유니폼을 입었다. 유니폼은 '우리는 하나'라는 표현이다. 그들은 다시 하나가 되었다. 다시는 분리되지 않을 것이다. 다시는 서로에게 책임을 전가시키거나 비방하지 않을 것이다. 하나님께서 그들을 다시 하나가 되게 해주셨다.

모든 그리스도인들은 예수님으로 옷 입고 사는 거룩한 성도들이나. 그 옷이 우리의 부끄러움을 가려준다. 그 옷이 우리를 죄와 사망의 권세로부터 보호해 준다. 그 옷 때문에 우리가 거칠고 사악한 세상을 이기며 살아간다. 무엇보다도 그 옷이 우리를 아름답게 꾸며준다. 그리스도의 신부가 되게 한다. 우리 부부들이 하나 될 수 있는 비결은 우리가 입고 있는 유니폼, 곧 우리 주 예수 그리스도 그분 때문이다.

비록 아담과 하와가 죄를 범하고 에덴동산에서 쫓겨났지만 하나님의 은혜가 그들을 떠난 것은 아니었다. 가죽 옷은 여전히 그들과 함께하시는 하나님의 은혜를 기억나게 하는 축복이었다.

죄가 문에 엎드렸다

* * *

살다 보면 자식 문제보다 더 큰 문제도 없는 것 같다. 그래서 자식 때문에 가슴앓이를 하는 부모들은 "죽일 수도 없고 살릴 수도 없는" 애증(愛憎)으로 괴로워한다. 분명히 자식은 하나님께서 주신 축복이다. 그런데 여러 가지 이유로 자식이 축복처럼 느껴지지 않는 경우도 있다. 부모의 잘못 때문일 수도 있고 부모와 상관없는 본인들의 잘못일 수도 있다. 자기 자식 자랑하는 부모 곁에서 입도 벙끗 못하고 숨을 죽이는 부모들이 이 세상에 훨씬 더 많다.

자식 하나가 잘못되어도 가슴 아프지만 자식들이 서로 앙숙이 될 때마다 부모의 가슴은 몇 갑절이나 더 아프다. 타이르다가 이제 지쳤다. 왜 한 배에서 태어났는데 저렇게 원수처럼 사는지, 도무지 알 수가 없다. TV에서 독수리가 새끼를 기르는 장면을 본 적이 있다. 엄마 독수리가 자리만 뜨면 새끼들끼리 자리다툼이 벌어진다. 결국에는 힘센 녀석이 약한 녀석을 둥지에서 밀어 떨어뜨린다. 독수리의 세계에서는 그런 일이 아무렇지도 않은 하나의 관습이 되었을까?

아담과 하와가 첫 아들을 낳았다. 이름을 가인이라고 불렀다. 둘째 아들을 낳고 아벨이라고 불렀다. 얼마나 행복했을까. 그런데 어느 날 작은 아들이 앉아야 할 식탁의 자리가 비어 있었다. 그 다음날에도 비어 있었다. 가인이 아벨을 죽였기 때문이다. 가인이 동생을 죽인 이유가 특별했다. 서로 언쟁하다가 죽인 것이 아니었다. 실수로 죽인 것도 아니었다. 갑자기 쳐 죽였다. 왜 죽였을까?

가인은 농사지으며 살았고 아벨은 양을 치며 살았다. 어느 날 두 형제가 각각 하나님께 제사를 드렸다. 가인은 땅의 소산물을 제물로 드렸고 아벨은 양의 첫 새끼와 그 기름으로 드렸다. 그런데 하나님께서 아벨과 그의 제물은 받으셨으나 가인과 그의 제물은 받지 않으셨다. 받으시고 받지 않으심을 어떻게 알았을까? 하늘에서 불이 내렸을까? 어쨌든 가인과 아벨이 그 사실을 알게 되었다.

왜 하나님께서 아벨의 제사를 받으셨을까? 목축업이 농업보다 더 훌륭해서일까? 말도 안 되는 소리이다. 그런데 아벨의 제사는 무엇인가 좀 색다르다. 새끼 양을 잡아서 기름과 함께 제사로 드렸다. 피 흘림이 있는 제사였다. 기름은 성경에서 향기로운 제물로 여겨졌다. 아벨의 제사가 훗날 이스라엘의 제사와 유사한 점이 있다. 창세기는 독립된 책이 아니다. 출애굽기, 레위기, 민수기, 그리고 신명기와 연결되어 있다. 모세를 통해서 세우신 제사법의 뿌리도 창세기에 있다. 그것이 바로 아벨의 제사였다.

> 제사장은 그 피를 회막 문 여호와의 제단에 뿌리고 그 기름을 불살라 여호와께 향기로운 냄새가 되게 할 것이라(레위기 17:6).

제사의 목적은 죄의 대속(代贖)에 있었다. 죗값은 사망이기 때문에 내 죄를 대신해서 제물 하나가 죽어야 했다. 그래서 피를 뿌렸다. 피에 생명이 있으니까. 훗날 히브리서 기자는 피 흘림을 죄 사함과 연결시켰다.

> 율법을 따라 거의 모든 물건이 피로써 정결하게 되나니 피흘림이 없은즉 사함이 없느니라(히브리서 9:22).

그래서 예수님께서도 자신의 피를 제자들의 죄 사함에 연결시켜 주셨다.

> 또 잔을 가지사 감사기도 하시고 그들에게 주시며 이르시되 너희가

다 이것을 마시라 이것은 죄 사함을 얻게 하려고 많은 사람을 위하여 흘리는 바 나의 피 곧 언약의 피니라(마태복음 26:27-28).

피 뿌림의 제사법은 모세가 제정한 것이 아니다. 오래전에 하나님께서 제정해 두신 법이다. 하긴 모세가 세운 회막도 하늘에 있는 성전의 모형에 불과했으니까. 어쨌든 가인과 아벨 시대 이전에 하나님께서 제사의 방식을 세워 두셨음이 분명하다. 그래서 아벨은 양의 첫 새끼를 잡아 기름과 함께 하나님께 제사를 드렸다. 그러나 가인은 그 법도를 무시했다.

여기에서 우리의 관심을 끄는 장면이 나온다. 하나님께서 "가인과 그의 제물"은 받지 않으시고 "아벨과 그의 제물"은 받으셨다는 구절이다. 제물 못지않게 중요한 요소가 제물을 드리는 사람이다. 아벨은 하나님의 용서의 은혜에 감사하는 마음을 가졌지만 가인은 그러지 않았다. 아마도 가인은 "하나님, 뭘 그렇게 까다롭게 하세요. 대충 아무 것으로나 받으세요" 하는 심정으로 제사를 드렸을 것이다. 그래서 그와 그의 제물은 열납이 되지 못했다. 곡식이 우리의 죄를 대신하여 죽을 수 없으니까.

가인은 선택의 길목에서 서성거렸다. 회개하고 다시 제사를 드릴 것인가, 아니면 고집부리고 떠나갈 것인가? 마음이 복잡했다. 얼굴은 마음을 들여다볼 수 있는 창문이다. 하나님께서 가인에게 경고하셨다.

네가 분하여 함은 어찌 됨이며 안색이 변함은 어찌 됨이냐 네가 선을 행하면 어찌 낯을 들지 못하겠느냐 선을 행하지 아니하면 죄가 문에 엎드려 있느니라 죄가 너를 원하나 너는 죄를 다스릴지니라(창세기 4:6-7).

모든 죄에는 회개할 수 있는 기회가 있다. 돌아서서 용서받고 다시 시작할 수 있는 기회가 있다. 하나님께서 가인에게 회개의 기회를 주셨다. 분을 내고 안색을 바꾼다고 될 일이 아니었다. 즉시로 돌아가서 아벨처럼 양을 준비해 가지고 와서 다시 제사를 드리면 끝날 일이었다. 그런데 불행하게도 가인은 죄가 들어오도록 문을 열어주었다. 우리에게는 죄를 다스릴 수 있는 능력이 있다. 그러나 죄에게 문을 열어주면 그때부터는 죄가 우리를 다스리기 시작한다.

가인이 그의 아우 아벨에게 말하고 그들이 들에 있을 때에 가인이 그의 아우 아벨을 쳐죽이니라(창세기 4:8).

무슨 말인가? 이런 일이 있었을 것이다. 가인이 아벨에게 '하나님께서 내 제사를 받지 않으셨다'고 분을 내며 말했을 것이다. 아벨이 뭐라고 대답했을까? 왜 그런 식으로 제사를 드렸느냐고, 형이 잘못한 것이라고, 지금이라도 다시 하나님께서 원하시는 제사를 드리라고, 아마도 형을 사랑했기 때문에 어느 정도 다그치며 권했을 것이다. 아벨의 말들이 가인을 더 화나게 했을까? 가인은 아무도 없는 들에서 갑자기 동생을 쳐 죽였다. 이 대목에서 힘센 독수리 새끼가 자기보다 몸집이 작은 새끼를 둥지에서 밀어내던 장면이 겹쳐온다. 그렇게 해야 할 이유가 무엇일까? 단 두 형제뿐인데….

하나님께서 가인에게 물으셨다.

"네 아우 아벨이 어디 있느냐?"

"내가 알지 못하나이다. 내가 내 아우를 지키는 자니이까?"

사람들은 곧 드러날 비밀인데도 끝까지 모른 체한다. 어리석기가 짝이 없다.

> 네가 무엇을 하였느냐 네 아우의 핏소리가 땅에서부터 내게 호소하느니라 땅이 그 입을 벌려 네 손에서부터 네 아우의 피를 받았은즉 네가 땅에서 저주를 받으리니 네가 밭을 갈아도 땅이 다시는 그 효력을 네게 주지 아니할 것이요 너는 땅에서 피하며 유리하는 자가 되리라(창세기 4:10-12).

가인이 뻔뻔스럽게 대답했다.

> 내 죄벌이 지기가 너무 무거우니이다 주께서 오늘 이 지면에서 나를 쫓아내시온즉 내가 주의 낯을 뵈옵지 못하리니 내가 땅에서 피하며 유리하는 자가 될지라 무릇 나를 만나는 자마다 나를 죽이겠나이다(창세기 4:13-14).

자기가 죽는 것은 두렵고 아벨이 죽는 것은 두렵지 않았던가? 그런 말을 어떻게 할 수 있단 말인가. 참으로 뻔뻔스러운 사람이 아닌가?

그러나 하나님은 여전히 은혜로우시다. 너무 은혜로우시다.

> 여호와께서 그에게 이르시되 그렇지 아니하다 가인을 죽이는 자는 벌을 칠 배나 받으리라 하시고 가인에게 표를 주사 그를 만나는 모든 사람에게서 죽임을 면하게 하시니라(창세기 4:15).

그 후에 가인의 가문에는 폭력이 난무했고 여기저기 핏자국이 남아 있었다. 한편 하나님은 아담과 하와에게 아벨을 대신하여 셋을 주셨다. 셋이 장성하여 아들 에노스를 낳을 때에 사람들이 비로소 여호와의 이름을 부르기 시작했다. 인류의 역사는 언제나 두 갈래 길로 나누어진다.

하나님께서 창조하신 세계를 바라보면 세 가지의 주제가 떠오른다. 생명과 질서와 아름다움이다. 이 세 가지는 하나님의 성실하심과 연결되며 우리에게 주시는 축복과도 연결된다.

생명

* * *

하나님께서 지으신 세계에는 생명이 있다. 물속의 고기들과 하늘의 새들과 식물들과 동물들에게 하나님께서 생명을 주셨다. 겨울에 죽은 듯 잠들었던 나뭇가지가 봄에 새순을 내미는 장면은 언제 보아도 신비롭다. 태어난 지 두세 달도 되지 않은 아이들을 안아볼 때, 그리고 그 아이의 고사리손이 우리의 손가락을 붙잡을 때, 그 감격은 말로 표현할 수가 없다.

지금까지는 지구 밖에 생물체가 존재하고 있다는 증거가 없다. 그러나 지구에는 사람의 발이 닿지 않은 오지(奧地)에도 수많은 생명체들이 존재하고 있다. 하나님은 이 지구를 생명으로 가득 채워 놓으셨다. 지구는 거대한 생명덩어리다.

이처럼 온 세상에 생명으로 충만하게 하신 하나님께서 사람에게 그의 생명을 주셨다. 흙으로 사람을 지으시고 그 코에 생명의 바람을 불어넣으셔서 살아 있는 사람이 되게 하셨다. 사람은 단순히 생명을 가진 존재가 아니다. 하나님의 생명을 나누어 가진 존재다. 하나님의 영이 함께 하시는 존재다.

예수님을 믿으면 거듭난다. 성령으로 다시 태어나서 하나님의 생명을 소유하게 된다. 거듭난다는 말은 이전에 죽었다는 말이다. 아담과 하와가 하나님의 명령을 거역하고 죄를 범한 이후부터 모든 사람들은 다 죽었다. 죽은 우리들을 살리기 위해 예수님이 오셨다. 예수님은 하나님을 가리켜 "죽은 자의 하나님이 아니시고 산 자의 하나님"이라고 말씀하셨다. 그래서 하나님의 자녀들은 죽음을 생각하지 않고 사는 것을 생각한다.

아마도 대부분의 남편들은 아내들의 갱년기 고통을 이해하지 못할 것이다. 왜 그렇게 힘들어 하는지, 왜 입만 열면 죽겠다고 하는지,

왜 갑자기 신경이 날카롭게 되었는지, 그리고 왜 그런 모든 일들이 하루아침에 자기 아내에게 일어났는지, 대부분의 남편들은 이해하지 못한다. 나도 그랬으니까….

생년기를 지나면서 응급실에 실려 간 분들에게 비하면 내 아내는 그래도 나은 편이었다. 그런데도 자주 침대에 누워 지냈다. 자신이 곧 죽으리라는 말을 자주 했다. 가끔 눈물을 흘리면서 "여보, 내가 죽으면…" 하고 슬픈 이야기를 자주 했다. 그런 말을 듣는 중년의 남편들 중에 마음이 불편하지 않는 사람이 누구겠는가? 갱년기를 지나는 아내를 잘 돌보아주는 남편은 극상품 남편이다. 나는 그러지 못했다. 아내의 심정을 충분히 이해할 수가 없었다. 손을 잡고 기도해 주거나 위로의 말을 해주는 것이 전부였다.

그러던 어느 날이었다. 아내가 성경 두 구절을 큰 글씨로 써서 화장실 거울과 냉장고에 붙여놓았다. 그리고 오가면서 그 구절을 읽었다.

> 내가 산 자들의 땅에서 여호와의 선하심을 보게 될 줄 확실히 믿었도다(시편 27:13).
>
> 내가 죽지 않고 살아서 여호와께서 하시는 일을 선포하리로다(시편 118:17).

그러더니 몇 개월 후에 갱년기로부터 멋있게 빠져나왔다. 하나님께서는 우리에게 생명을 주셨을 뿐만 아니라 생명을 향한 강렬한 소원도 주셨다. 살기로 작정한 사람에게는 하나님께서 더 풍성한 생명을 주신다.

> 도둑이 오는 것은 도둑질하고 죽이고 멸망시키려는 것뿐이요 내가 온 것은 양으로 생명을 얻게 하고 더 풍성히 얻게 하려는 것이라(요한복음 10:10).

생명은 하나님께서 세우신 질서 안에서 더 건강해진다.

질서

* * *

하나님께서 세상을 창조하실 때에 자연법칙이라는 질서를 세워놓으셨다. 과학자들의 사명은 하나님의 질서를 발견하는 것이다. 하늘로 인공위성을 올려 보내서 다른 별들을 탐사하는 우주과학자들이나, 사람의 몸속에서 일어나는 현상을 연구하는 인체과학자들이나, 모두 하나님께서 만드신 질서를 발견하기 위해 수고한다. 날씨를 연구하고 예측하는 기상과학자들도, 우리가 사용하는 물건들을 더 견고하고 값싸게 만들기 위해 연구하는 실용과학자들도, 모두 하나님께서 만들어 두신 신비하고 놀라운 질서를 발견하기 위해 애쓴다. 그러나 아무도 하나님께서 세워 두신 질서 밖으로 넘어갈 수는 없다.

인간관계에도 하나님께서 부여하신 질서가 있다. 그 질서를 따라 살면 평화롭고 안전하다. 하나님께서 사람들을 위하여 세워 놓으신 질서의 본질은 사랑이다. 서로 사랑하면 행복하게 된다. 반면에 사랑 결핍증을 앓고 있는 사람은 행복할 수가 없다.

건강한 사회에는 실서가 있다. 부모들이 사녀들을 잘 양육하고, 자녀들은 부모님을 공경한다. 사장은 직원들을 자기 가족처럼 대하고, 직원들은 회사의 일을 하나님의 일 하듯 한다. 정직함과 성실함이 기초를 이루는 사회, 자기 욕심만을 채우려고 하지 않고 서로 나누는 사회, 공권력을 가진 사람이 시민을 보호하고, 시민들이 공권력을 가진 사람들을 존중히 여기는 사회, 이런 사회는 건강한 사회이다.

전도서의 저자는 하나님께서 만드신 이 세상의 질서를 때와 연결시켰다.

범사에 기한이 있고 천하만사가 다 때가 있나니
날 때가 있고 죽을 때가 있으며,
심을 때가 있고 심은 것을 뽑을 때가 있으며,
죽일 때가 있고 치료할 때가 있으며,
헐 때가 있고 세울 때가 있으며,
울 때가 있고 웃을 때가 있으며,
슬퍼할 때가 있고 춤출 때가 있으며,
돌을 던져 버릴 때가 있고 돌을 거둘 때가 있으며,
안을 때가 있고 안는 일을 멀리 할 때가 있으며,
찾을 때가 있고 잃을 때가 있으며,

지킬 때가 있고 버릴 때가 있으며,
찢을 때가 있고 꿰맬 때가 있으며,
잠잠할 때가 있고 말할 때가 있으며,
사랑할 때가 있고 미워할 때가 있으며,
전쟁할 때가 있고 평화할 때가 있느니라(전도서 3:1-8).

하나님과 우리 사이에도 영적인 질서가 있다. 하나님의 형상과 모양대로 지음 받은 우리는 하나님께 예배하며 영광을 돌려드려야 한다. 하나님께서 명령하시는 말씀에 순종해야 한다. 하나님께서 우리들에게 은혜를 베푸시고 우리는 그 은혜에 감사해야 한다. 하나님은 우리들에게 이 세상을 맡기셨고 우리는 성실함으로 이 세상을 돌보아야 한다. 이 모든 일들이 영적인 질서이다.

질서 앞에는 순종과 불순종의 갈림길이 있다. 질서를 무시하면 재난이 일어난다. 중력의 질서를 무시하고 산에서 뛰어내리면 목숨을 잃는다. 하나님의 질서는 우리에게 겸손을 요구한다. 하나님께서 세워 두신 질서를 따라 겸손하게 살아갈 때 우리는 하나님께서 우리를 위하여 예비하신 축복을 최대한으로 누릴 수 있다. 그러나 그 질서를 무시하면 우리는 육신의 건강에서부터 인간관계와 사회생활, 그리고 하나님과의 영적인 관계에 이르기까지 상실과 슬픔과 고통을 당하게 될 것이다.

질서는 축복이다. 그리고 질서의 열매는 아름다움이다.

아름다움

* * *

하나님께서 지으신 이 세상은 언어로 다 표현할 수 없는 아름다움이 가득 차 있다. 성경을 보면, 하나님께서도 그가 지은 그 아름다운 세계를 보시며 스스로 "보시기에 좋았더라"고 기록하고 있다. 예술가들은 하나님께서 지으신 아름다운 세계를 표현하는 특별한 능력을 지니고 있다. 예술 작품을 통하여 아름다움을 느낄 때마다 나는 그 작품을 만든 분에게 감사한다. 예술가가 아니더라도 우리는 오감(五感)을 통하여 아름다운 세계를 접할 수 있다.

헨리 블랙커비와 클로드 킹이 지은 《하나님을 경험하는 삶》을 공부하노라면, 한 가지 숙제가 나온다. 그것은 30분 동안 자기 주변에 있는 자연을 관찰하는 숙제다. 언젠가 이 숙제를 마친 성도가 감격에 겨워하며 이렇게 말했다.

"내 사무실로 들어가는 입구에 있는 조그마한 화단이 있습니다. 나는 그 곁에 앉아서 그 화단에 있는 꽃 한 송이를 30분 동안 관찰했습니다. 그랬더니 꽃잎의 배분(配分), 앞면과 뒷면의 색깔, 줄기와 꽃의 오묘한 연결 등등, 하나같이 아름다운 조화를 이루고 있었습니다. 그때 이후로 자연을 보는 눈이 열렸습니다. 하나님께서 지으신 세계가 너무나 아름답습니다."

조화는 다양성과 균형과 아름다움을 의미한다. 사철에 조화가 있고, 밤낮에 조화가 있고, 크고 작은 것들 사이에 조화가 있으며, 봉우리와 계곡에 조화가 있다. 하나님은 이 세상에서 가장 위대한 설계가요, 미술가요, 조각가요, 작곡가이시다.

우리 집 부엌 창문 밖에 아내의 정원이 있다. 기껏 두 평 정도의 크기지만 화분에 심겨진 여러 종류의 선인장들과 꽃들이 있다. 날카로운 선인장 가시 사이로 피어오르는 부드러운 연분홍 꽃잎들을 보면 숨이 막히도록 아름답다. 우리는 세상의 근심거리에 짓눌린 채 하나님께서 만드신 경이로운 세계를 무심코 지나친다. 그러나 예수님은 무엇을 먹을까, 무엇을 마실까, 무엇을 입을까 하고 걱정하는 사람들에게 하늘을 나는 새와 들에 피어있는 백합화를 보라고 하셨다. 시선의 방향을 바꾸면 새로운 세계가 보인다.

어렸을 때, 5월 초순이면 온 교회가 야외예배를 드렸다. 그때마다 불렀던 찬송이 "참 아름다워라 주님의 세계는"(478장)이었다. 그런데 번역된 찬송을 원문으로 읽고 들어보면 느낌이 새로워진다. 시간을 내어서 다음 유튜브에 들어가 은혜로운 찬송가를 한 번 들어보라(https://www.youtube.com/watch?v=EaahM8h09iU). 옛날의 기억이 새로워질 것이다.

하나님께서 창조하신 세계를 보고 있노라면 주님의 영광이 보인다. 세상을 다스리시는 하나님의 공의(公義)가 보인다. 인간의 가치가 깨달아진다. 하나님께서 창조하신 세계를 향한 우리의 책임이 느껴진다.

아름다움은 자연에만 있는 것이 아니다. 인생의 계절을 지날 때에도 우리는 하나님께서 예비해 두신 아름다움을 볼 수 있다. 혹한의 어려운 시절에 오히려 가족의 따뜻한 사랑을 새삼스럽게 발견할 수 있다. 모든 것이 넉넉한 인생의 봄과 여름을 지날 때에는 다른 사람을 돕고 섬기는 아름다운 여유를 누릴 수 있다. 인생의 가을에는 많은 열매를 거두고 그 열매들을 후손에게 물려주는 황혼의 아름다움이 있다. 사는 것은 아름다운 일이나.

어느 금요일 저녁에 나는 뜻밖의 전화 한 통을 받았다.

"목사님, 우리 엄마 아빠가 이번 토요일에 결혼 25주년(Silver Anniversary)을 맞아요. 그런데 목사님 그날 좀 와 주실 수 있으세요?"

내가 대답할 틈도 주지 않고 그 아이는 말을 계속했다.

"목사님, 우리 엄마는 아빠를 만난 지 5일 만에 결혼을 했대요. 그래서 우리 엄마가 맨날 목사님 결혼 주례하시는 것을 볼 때마다 우신대요. 그러면서 '나도 저렇게 결혼해봤으면 좋겠다'고 하세요. 이번에 우리 외할머니 댁에서 저와 제 남동생이 엄마 아빠의 결혼 25주년을 위해 서프라이즈(surprise) 파티를 해드리려고 해요. 목사님 오셔서 이렇게, 그 뭐냐, 결혼식 다시 하는 것처럼 말이지요, 그렇게 해주실 수 있어요? 그런데 15분 안에 끝내주셔야 해요."

하필 그날 스케줄이 꽉 차 있었다. 그러나 그 아이의 간청을 거절할 수가 없었다. 나와 아내는 그 아이의 명령(?)대로 부모들보다 15분 먼저 약속 장소에 도착했다. 외할머니 집 뒤뜰에 있는 조그마한 파티오(patio)가 오렌지색 물방울무늬의 천으로 화려하게 장식되어 있었다. 가까운 친척들 열대여섯 명이 기다리고 있었고, 두 마리의 강아지들도 같은 물방울무늬의 보타이(bow tie)를 목에 매고 있었다. 얼마 후에 차에서 내린 엄마 아빠를 아이들이 천으로 눈을 가린 채 뒷

마당으로 인도해 왔다. 그리고 눈에서 천을 풀어주면서 모두 "Happy Anniversary" 하고 외쳤다. 어리둥절하던 두 부부는 우리를 발견하고 놀라더니 이내 부인이 울기 시작했다. 나는 그날 에베소서 5장 22절 이하를 읽고 결혼식 설교를 했다. 그 후에는 그 부부들이 미리 준비해 온 서로에게 보내는 아름다운 편지들을 읽었다. 그 중에 부인이 쓴 편지를 여기에 옮겨 본다.

사랑하는 ○○씨에게
언제 25년이란 세월이 흘렀을까? 처음 당신을 만났을 때를 생각하면, 바로 일주일 전 같은데, 그 일주일이 이렇게 길었나 봐요. 우리가 얼렁뚱땅 결혼한 것 같지만, 사실은 하나님이 짝 지어주신 천생연분이지요. 미국에 처음 와서 글렌데일 아파트에 갔을 때, 겨우 우리에게 있는 거라곤 냄비 몇 개와 숟가락, 젓가락, 그리고 침대였지요. 밥상도 없어서 며칠은 그냥 바닥에서 먹었는데 우리 살림이 이렇게 많아지고 부자가 되었네요. 그것보다 더 신기한 것은 ○○라는 한 남자와 ○○라는 한 여자가 만나서 두 아이가 태어난 것이지요. 첫 아이를 가졌을 때, 당신이 내 배를 쓰다듬으며 하나님께서 하신 일을 신기해하고 그 아이가 태어나기를 기다리던 때가 참 행복했어요. (아마도 자기네 목사가 거기 와 있으리라고 생각했다면 이런 글을 준비하기 어려웠을 것이다.) 둘째를 가졌을 때에도 그랬지요. 열심히 마켓을 하면서 다리가 퉁퉁 부었던 생각이 나네요. 내가 안쓰러웠던지 당신이 늘 나보고 집에 빨리 들어가라고 할 때마다 참 고마웠어요.

사랑하는 여보, 나랑 같이 이제까지 함께해 주어서 고마워요. 살면서 참 여러 가지 일이 있었지만, 그것들을 모두 감당하며 살 수 있었던 것은 당신이 있었기 때문이에요. 부지런하고 열심인 당신, 참 고마워요. 아낄 줄 알고, 또 줄 때 줄 줄 아는 당신, 참 고마워요. 애들에게 재미있는 아빠, 책임 있는 아빠여서 참 고마워요. 그리고 나에게 늘 고맙다고 말해줘서 고마워요. 나의 좋은 점들을 말해 주고, 칭찬해 주고, 용기 주는 당신을 사랑해요. 요즘 교회에서 맡은 직분을 잘 감당해 보려고 애를 쓰는 당신을 보면, 뿌듯하고 자랑스러워요. 사람들의 장점을 보고 그 장점을 세워주는 당신, 그것이 바로 당신의 장점이에요. 여보, 무엇보다 건강하게 살아줘서 감사해요."

하나님의 창조에는 생명이 있다. 질서가 있다. 그리고 그 생명과 질서가 조화를 이룰 때에 아름다움이 있다. 가장 큰 아름다움은 가정에서 발견된다. 전영택 목사가 작사하고 구두회 장로가 곡을 붙인 찬송가 559장(통 305)은 이렇게 시작한다.

사철에 봄바람 불어 잇고
하나님 아버지 모셨으니
믿음의 반석도 든든하다
우리 집 즐거운 동산이라.

나는 이 찬송을 부를 때마다 깊은 감동을 받곤 한다. '사철에 봄바람 불어 잇고', 봄바람은 봄에만 불어온다. 여름에는 더운 바람이 불고, 가을에는 산들바람이 불며, 겨울에는 눈보라가 친다. 그런데 예수님을 섬기는 집에는 봄, 여름, 가을, 겨울 할 것 없이 봄바람만 불어온다. 예수님을 모신 가정만이 부를 수 있는 노래이다.

대못 빼는 소리

* * *

못 박는 일과 못 빼는 일 중에 어떤 편이 더 쉬울까? 못 박기가 훨씬 더 쉽다. 그냥 망치로 때리기만 하면 되니까. 못이 구부러지는 것을 개의치 않고 박기만 한다면 그보다 더 쉬운 일도 없다. 그러나 못을 빼는 일은 어렵다. 망치로 힘껏 내려쳐서 못의 머리가 판자의 표면으로부터 2mm 쯤 들어가 있다면, 그리고 그 나무의 재질이 강하다면, 박힌 못을 빼기가 쉽지 않다. 못 빼는 소리는 못 박는 소리 못지않게 요란하다. 더 가슴을 아프게 하는 소리다.

예수님께서 갈보리 언덕 위에서 십자가에 못 박히셨다. 당시의 로마 정부는 로마 시민 외의 죄수들을 사형시킬 때에 십자가를 사용했다. 십자가형은 인간이 고안해 낸 사형제도 중에서 가장 고통스러운 제도이다. 그러나 그것이 전부였을까? 나는 그 일을 이렇게 묵상해 본다. 예수님은 하나님의 가슴에 박힌 못을 빼시기 위해 못에 박히셨다고. 아담과 하와, 그리고 헤아릴 수 없이 많은 그들의 후손들이 하나님의 가슴, 특별히 '사랑'이라고 쓰인 부분에 불신과 불순종의 대못을 박았다. 그의 백성들이 죄를 짓고 고통을 당할 때마다 하나님의 가슴이 아프셨다.

다음은 예레미야가 탄식하는 노래이다. 하나님께서 가슴 아파하시는 애가(哀歌)이기도 하다.

> 슬프고 아프다 내 마음속이 아프고 내 마음이 답답하여 잠잠할 수 없으니 이는 나의 심령이 나팔 소리와 전쟁의 경보를 들음이로다 패망에 패망이 연속하여 온 땅이 탈취를 당하니 나의 장막과 휘장은 갑자기 파멸되도다 내가 저 깃발을 보며 나팔 소리 듣기를 어느 때까지 할꼬 내 백성은 나를 알지 못하는 어리석은 자요 지각이 없는 미련한 자식이라 악을 행하기에는 지각이 있으나 선을 행하기에는 무지하도다(예레미야 4:19-22).

예수님은 하나님의 슬픔과 분노와 심판을 해결하기 위하여 이 세상에 오셨다. 하나님의 가슴에 박혀 있는 대못을 빼내시기 위해 오셨다. 그리고 십자가를 향해 걸어가셨다. 예수님의 손과 발에 15cm 길이의 쇠못이 박힐 때에 하나님의 가슴에 박혀 있던 대못이 빠져나가기 시작했다. 하나님께서 그 하나뿐인 아들을 십자가에 내어 놓으심으로 자기 가슴에 박혀 있는 못을 뽑아 내셨다. 대못을 박는 소리 못지않게 그 못을 빼는 소리가 크고 날카로웠다.

제구 시에 예수께서 크게 소리 지르시되 엘리 엘리 라마 사박다니 하시니 이를 번역하면 나의 하나님, 나의 하나님 어찌하여 나를 버리셨나이까 하는 뜻이라(마가복음 15:34).

예수님께서 마지막 한 마디를 하시고 운명하셨다.

"다 이루었다."

아담과 하와의 이야기를 마치면서 중년의 위기를 벗어나 그리스도 안에서 다시 하나 된 부부의 간증을 소개하려고 한다. 본인이 직접 쓴 내용이다.

어느 남편의 간증

* * *

나는 1980년, 열두 살 되던 해에, 부모님을 따라 동부에 있는 오하이오 주의 클리블랜드로 이민을 왔다. 그 당시에는 동양인이 많지 않아 많은 핍박과 인종 차별을 받으며 온 가족이 힘든 이민 생활을 시작해야 했다. 그곳은 교회를 가야만 한국 사람 몇 가정을 만날 수 있는 외진 곳이었다. 우리 식구들은 한인이 그리워 주일마다 1시간 넘게 운전을 하여 교회에 다녔다.

너무도 힘이 들고 외로워하시던 부모님은 결국 4년 만에 로스앤젤레스로 이사를 왔다. 로스앤젤레스에서는 교회에 안 나가도 한인들을 만날 수 있었다. 그래서인지 부모님들은 나보다 더 빨리 새로운 환경에 잘 적응하셨다.

동부에서 4년을 살다보니 나는 영어는 빨리 배웠지만 한국말도 그만큼 빨리 잊어버리게 되었다. 새 학교에는 한국 학생들이 많았지만 내가 한국말을 못하다 보니 내 편에서 그들을 멀리하게 되었다. 그리고 공부만 열심히 했다. 그 결과 좋은 성적으로 고등학교를 졸업하고, 대학도 전액 장학금을 받고 다녔다.

졸업 후에는 대학 생활 중에 아르바이트를 한 경험을 인정받아 남들보다 빨리 직장도 얻을 수 있었다. 남들은 겨우 직장을 찾아다닐 때 어린 나이로 나는 많은 돈을 벌기 시작하였고, 2년 뒤에는 훨씬 더 좋은 대우를 받고 다른 회사로 스카우트되어 갔다. 나는 그곳에서도 열심히 일을 배웠다. 뭐든지 열심히 하여 미국 사회에서 성공해 보겠다고 16살 때 내 자신과 약속했었기 때문이다.

그러던 어느 날, 친구 소개로 장차 아내가 될 자매를 만나게 되었다. 나는 그녀가 다니는 교회에 열심히 나가기 시작했다. 그때까지 별 신앙도 없던 나는 청년부 임원으로 섬기던 자매를 따라 청년부를 섬기게 되었고, 목사님의 인도로 성경 공부와 기도모임 등에 참석하면서 예수님을 영접하게 되었다. 그 다음해에 우리는 결혼을 했다. 가정을 이룬 나는 나름대로 더 큰 꿈을 가지고 열심히 살았다.

결혼 후에 나는 이른 나이에 내 개인 사업을 시작했다. 사업이 너무 잘 되어, 결혼한 지 1년도 안 되어서 많은 해외 출장을 다니게 되었다. 안 가본 나라가 거의 없을 정도였다. 그러다 보니 다른 업체들보다 더 좋은 공급자들과 구매자들을 만나게 되었다.

출장을 안 가는 날에도 많은 사람들을 만나야 하는 등, 바쁘게 지내다 보니 집은 그저 잠만 자는 곳이 되었다. 당연히 교회 나가는 날보다 빠지는 날이 더 많아졌다. 우리 부부도 같이 있는 시간보다 떨어져 있는 시간이 더 많아졌고, 대화를 나눌 시간은 점점 사라져 갔다. 바쁜 회사일과 잦은 출장 때문에 집안의 모든 행사들은 아내 혼자서 담당해야 했다. 시간이 없다는 핑계로 아내와 한 약속들은 제대로 지킬 수가 없었다. 어느새 나는 아내와 가족들에게 신용을 잃어가고 있었다.

아내는 나에게서 받는 스트레스를 쇼핑과 돈을 쓰는 것으로 해결해 보려고 했다. 그러나 정말 아내가 원하는 것은 남편인 내가 그녀의 곁에 함께 있어주는 것이었다. 아내는 내가 주는 풍족한 돈보다 나의 사랑을 받으면서 사는 것을 더 원했다. 나는 그런 아내의 마음을 이해할 수가 없었다. 매일 바쁘게 일하며 돈도 많이 벌어다 주는 남편을 왜 좀 이해 못해 주느냐고 짜증 섞인 불평을 하며 아내를 더 멀리했다.

큰아이가 두 살이 되던 해, 아내는 둘째를 가지게 되었다. 둘째를 가진 아내는 나에게 가정을 택하든지 아니면 일을 택하든지 하라고 대들었다. 한 달에 3주는 출장을 다니느라 거의 집을 비우고, 그나마 집에 있는 한 주는 외부 사람들을 만나며 생활을 하다 보니, 아내나 식구들이 뭘 원하고, 뭘 필요로 하는지에 대해서 전혀 신경 쓰지 않고, 모든 것을 돈으로만 해결하려고 하는 나의 생활을 아내는 더 이상 참아낼 수 없다고 했다. 일중독과 물질만능주의에 빠져 신앙도 가정도 팽개친 나를 더 이상 용납하지 못하겠다며 아내는 이혼을 요구했다.

그 당시 나는 '어떻게 하면 좀 더 좋은 거래처들을 찾아 더 많은 수익을 올릴 수 있을까'를 생각해 본 적은 있었어도 '어떻게 하면 더 좋은 남편이 되고 아버지가 될 수 있는가'에 대해서는 한 번도 생각해 본 적이 없었다. 아내가 이혼을 거론하자 정신이 번쩍 들었다.

이렇게 헤어질 수는 없다고 생각하며 그동안 내가 아내와 아이들에게 무슨 짓을 하고 있었는지 곰곰이 생각해 보기 시작했다. 결혼하기 전에 '이제 결혼하면 서로 사랑하고 기쁨과 즐거움이 넘치는 행복한 가정을 이루며 좋은 남편과 아빠가 되어 주겠다'고 꿈에 부풀었는데, 그동안 내 자신이 너무 많이 변질되어 있었음을 깨닫게 되었다.

무너진 가정에 대한 책임을 깊이 느끼며 너무나 미안했다. 나는 가정을 다시 회복시켜야겠다는 결심을 하게 되었다. 그제야 가정 세미나와 부부 클리닉들을 찾아다니기 시작했다. 어떻게 해서라도 나의 가정에 대한 결혼 전의 꿈을 되찾고 싶었다. 세미나에서 배운 대로 아내와 여행을 가보기도 하고, 대화의 시간을 갖기 위해 함께 좋은 곳을 찾아가기도 하고, 주말 저녁에는 외식을 하며 잃어버렸던 시간들을 다시 찾아보려고 노력했다. 그러나 이런 시간들을 통해 우리 부부의 문제들이 조금씩 해결되는가 했지만, 우리의 근본적인 문제는 해결해 주지 못했다.

그리고 많은 시간이 흘러갔다. 우리 부부 사이는 좋아질 기미가 보이지 않았다. 이런 엉거주춤한 상황 가운데 실망에 빠져 이제는 정말 가정을 포기해야 하나 하는 생각으로 마음이 우울해져 있을 때, 나의 삶을 정리하고 조용한 시간을 갖기 위해 1999년에 우리 교회에서 운영하는 감사 뜨레스 디아스 20기에 참석하게 되었다. 그리고 그 자리에서 나는 가정을 지켜야 한다는 주님의 음성을 들으며, 깊은 회개의 눈물을 흘리게 되었다.

그동안 열심히 쫓아다녔던 가정 세미나와 부부 클리닉들이 제시해 준 세상적인 방법들이 비교적 많은 도움은 되었지만 우리 가정을 완전히 회복시키는 진정한 길이 될 수는 없었다. 아내와 식구들이 내게 원했던 것은 함께 여행하며 좋은 식당에서 외식하는 것이 아니었다. 나를 사랑하시는 예수 그리스도 안에서 그분이 베푸신 축복에 감사하며, 겸손히 사람들을 대하고, 아이들과 아내를 위해 기도하고 사랑하며 경건한 삶을 살아가는 제사장 같은 남편과 아버지가 되어 주는 것이었다.

그 후부터 나는 출장 횟수를 줄이고 집에서 사랑하는 아내와 아이들과 함께 더 많은 시간을 보내고 있다. 매일 하나님의 말씀을 묵상하고 아내와 아이들을 위해 기도하며, 가족들을 주님의 사랑으로 사랑하는 것을 배워가는 나의 변화된 모습을 본 아내와 아이들은, 나를 다시 남편과 아빠로 인정하며 신뢰하고 있다.

올해로 결혼 25주년을 맞은 우리 부부는 여전히 서로 사랑하고 신뢰하며 행복하게 살아가고 있다.

노아의 침묵

심판, 은혜의 회수(回收)

* * *

노아 이야기는 창세기 6장부터 11장에 걸쳐 기록되어 있다. 6장 첫머리에 하나님의 아들들과 사람의 딸들에 관한 이야기가 나온다. 이 말씀을 어떻게 이해해야 할까? 지금까지도 수많은 주장들과 논쟁들이 계속되고 있다. 하나님의 아들들은 타락한 천사들이라는 설에서부터 셋의 후손들이라는 설까지 수많은 갈래로 나누어진다. 사람의 딸도 '일반적인 딸들'이라는 설과 '가인의 딸들'이라는 설로 나누어진다.

예수님께서는 "부활 때에는 장가도 아니 가고 시집도 아니 가고 하늘에 있는 천사들과 같으니라"고 말씀하셨다(마태복음 22:30). 그러므로 하나님의 아들들이 천사들을 가리키지 않음은 확실하다. 타락한 천사들이 사람이 될 수도 없다. 그들은 영적인 존재들이다. 사람은 하나님께서 흙으로 지으신 사람들에게서 태어나야 사람이다. 그래서 예수님도 처녀 마리아를 통하여 사람으로 태어나셨다. 그 선을 넘어가면 신화가 된다. 정직하게 이야기하자면 이 부분은 우리가 완전하게 이해할 수가 없다. 이해할 수 없는 부분은 그냥 지나가자. 성경에 그런 부분들이 가끔 등장한다.

노아의 이야기에서 가장 중요한 점은 모든 사람들이 부패하고 추락하기 시작했다는 사실이다. 부패의 근원은 욕심이었다. "자기들이 좋아하는 모든 여자를 아내로 삼은지라." 무슨 뜻인가? 교만과 방종을 의미한다. 절제와 자족과 감사가 사라졌다. "자기들이 좋아하는", 이 말속에 무서운 독소가 들어 있다. 지금도 이 독소 때문에 가정이 해체되고 사회가 분열된다. 이 독소를 제거하는 해독제는 '하나님을 기쁘시게 하는 삶'이다.

> 너희가 전에는 어둠이더니 이제는 주 안에서 빛이라 빛의 자녀들처럼 행하라 빛의 열매는 모든 착함과 의로움과 진실함에 있느니라 주를 기쁘시게 할 것이 무엇인가 시험(발견)하여 보라(에베소서 5:8-10).

교만과 방종의 결과는 죄와 악이다. 그래서 노아 시대의 모든 사람들은 마음으로 죄지을 생각을 하고 그 계획을 추악한 행동으로 옮겼다. 그들은 하나님을 잊어버렸다. 하나님을 피했다. 하나님을 떠나는 삶은 짐승과 다를 바가 없다. 썩어서 악취가 난다. 자기의 욕심을 채우기 위해 폭력을 사용하고 대를 물려 원수가 되었다. 그런 모습을 보시고 하나님께서 땅 위에 사람 지으셨음을 한탄하셨다. 하나님께서 지으신 사람들이 도리어 근심거리가 되었다. 마침내 하나님께서 심판의 날을 정하시고 말씀하셨다.

> 여호와께서 이르시되 나의 영이 영원히 사람과 함께 하지 아니하리니 이는 그들이 육신이 됨이라 그러나 그들의 날은 백이십 년이 되리라 하시니라(창세기 6:3).

세상은 하나님의 은혜로 유지되어 왔다. 하늘 저편에 있던 물이 거기 그대로 있고, 하늘 이편에 있던 물도 여기 그대로 있다. 하나님의 은혜가 사람뿐만 아니라 만물을 견고하게 붙들고 있었다. 하나님의 은혜가 임하는 곳에는 질서가 유지된다. 아담과 하와의 범죄로 세상이 잠시 삐걱거리기는 했지만, 그리고 그 결과로 땅이 저주를 받고 사람들은 먹고 살기 위하여 평생토록 수고해야 했지만, 아직도 세상은 하나님의 은혜 가운데 창조 질서를 유지하고 있었다.

그런데 사람들이 계속하여 죄를 범하고 악을 행하였다. 아담과 하와에게서 시작된 죄는 가인을 거쳐 라멕에게로, 그리고 모든 사람들에게로 퍼져나갔다. 라멕의 노래는 당시의 사회가 얼마나 살벌해졌는지 단적으로 보여주고 있다.

> 라멕이 아내들에게 이르되 아다와 씰라여 내 목소리를 들으라 라멕의 아내들이여 내 말을 들으라 나의 상처로 말미암아 내가 사람을 죽

였고 나의 상함으로 말미암아 소년을 죽였도다 가인을 위하여는 벌이 칠 배일진대 라멕을 위하여는 벌이 칠십칠 배이리로다 하였더라(창세기 4:23-24).

가인을 해치는 자에게 벌이 칠 배라면, 자기를 해치는 자에게는 벌이 칠십칠 배란다. 하나님을 경외하는 마음은 찾아볼 수도 없고 양심은 바위처럼 굳어졌다.

하나님은 사랑이시다. 그러나 사랑하시기 때문에 심판도 하신다. 자식을 사랑하지 않는 부모는 회초리를 들지 않는다. 이 말을 오해하지 마시기 바란다. 막대기나 허리띠만 회초리 역할을 하는 것은 아니니까.

하나님의 심판은 세상의 질서를 유지하고 있던 그의 은혜를 거두시는 행위이다. 하나님께서 은혜를 거두시면 하늘 저편의 물과 하늘 이편의 물이 땅에 쏟아질 수밖에 없다. 땅 속에 있던 샘의 근원들도 터져서 솟구쳐 오르게 된다. 그래서 일주일 후에는 온 땅이 물속에 잠기게 된다. 그러면 죄 없는 동식물들까지 사람들과 함께 모두 죽게 된다. 대홍수는 바로 하나님께서 그의 은혜를 회수하실 때 일어난 현상이었다. 하나님의 은혜를 거두시는 심판이 가장 무서운 심판이다. 그래서 다윗은 밧세바의 일로 회개할 때에 가장 먼저 하나님의 은혜를 구하였다.

하나님이여 주의 인자를 따라 내게 은혜를 베푸시며 주의 많은 긍휼을 따라 내 죄악을 지워 주소서 나의 죄악을 말갛게 씻으시며 나의 죄를 깨끗이 제하소서 무릇 나는 내 죄과를 아오니 내 죄가 항상 내 앞에 있나이다(시편 51:1-3).

하나님께서 변덕스러우셔서 세상을 심판하신 것이 아니다. 인간이 자초한 것이다. 홍수는 무서운 심판이지만 그렇다고 파멸은 아니었다. 심판은 끝이 아니라 시작을 의미한다. 때때로 심판은 분노가 아닌 사랑의 표출일 때가 있다. 대홍수는 하나님께서 사람들을 떠나신 이야기가 아니다. 오히려 떠나셨던 하나님께서 다시 돌아오신 이야기이다. 그것은 사랑의 심판이셨다. 왜냐하면 인류를 아주 없애버리시지 않았기 때문이다. 왜냐하면 다시 한 번 새롭게 해주셨기 때문이다. 솔로몬 왕은 이런 교훈을 남겼다.

아들아 여호와의 징계를 경히 여기지 말라 그 꾸지람을 싫어하지 말라 대저 여호와께서 그 사랑하시는 자를 징계하시기를 마치 아비가 그 기뻐하는 아들을 징계함 같이 하시느니라(잠언 3:11-12).

한탄하시는 하나님

* * *

여호와께서 사람의 죄악이 세상에 가득함과 그의 마음으로 생각하는 모든 계획이 항상 악할 뿐임을 보시고 땅 위에 사람 지으셨음을 한탄하사 마음에 근심하시고(창세기 6:5-6).

우리가 살던 집 건너편에 백인 부부가 살고 있었다. 하루는 길가에서서 이런저런 이야기를 나누다가 그들에게 자녀가 없다는 사실을 알게 되었다. 그래서 얼른 "무자식이 상팔자입니다"라고 말하려다가 움찔하고 놀랐다. 그런 말을 해서는 안 되기 때문이 아니라 어떻게 영어로 표현해야 할지 말문이 막혔기 때문이다. 이민 1세들은 영어를 해도 일단 머릿속에서 먼저 번역하는 작업을 하기 때문에 여러 가지로 제약을 받는다. 결국 머뭇거리다가 돌아서고 말았다.

무자식이 상팔자라, 맞는 말일까? 자녀가 없는 분들은 도저히 이해할 수 없는 말일 것이다. 그렇다면 자식을 둔 사람들은 이해할 수 있을까? 말은 그렇게 해도 정말로 하나님께서 그들의 자식들을 데려가시겠다고 하면 펄쩍 뛸 것이다. 그래서 자식들을 애물단지라고 한다.

여기 어떤 부모가 있다고 가정해 보자. 나이 들어서 아들 하나를 보았다. 눈에 넣어도 아프지 않을 자식이다. 애지중지하며 길렀다. 부모들은 못 먹고 못 입으면서도 그 아이가 원하는 것은 다 해주었다. 혹시 마음에 상처가 될까봐 큰소리 한 번 치지 않고 곱게 길렀다. 인격적으로 대하고 완전한 자유도 부여했다. 이웃들이 그 사실을 누구보다 더 잘 알고 있었다. 그런데 사춘기를 지나면서 그 아이가 잘못된 길로 들어섰다. 부모에게 막말을 하며 대들었다. 거짓말을 밥 먹듯 했다. 부모뿐만 아니라 동네 사람들의 골칫거리가 되었다. 그러자 사람들이 돌아서서 한탄했다.

"부모가 그렇게 잘 해주었는데 왜 저렇게 못된 짓만 골라가며 할까?"

하나님께서 땅 위에 사람 지으셨음을 한탄하셨다. 하나님께서 하신 '한탄'을 완벽하게 묘사할 만한 비유를 찾기가 쉽지 않다. 하나님께서 사람들에게 모든 것을 다 주셨다. 부족함이 없게 해주셨다. 완전한 자유도 허락하셨다. 그것은 일종의 위험한 투자였다. 그래도 하나님께서 사람들을 사랑하시고 최고의 피조물로 인정하셨다. 그들이 선하고 유익한 선택을 하기를 원하셨다. 하나님께서 그들을 사랑하시는 만큼 그들도 하나님을 사랑하기를 기대하시고 바라셨다. 그러나 사람들은 하나님을 실망시켜 드렸다.

> 여호와께서 사람의 죄악이 세상에 가득함과 그의 마음으로 생각하는 모든 계획이 항상 악할 뿐임을 보시고.

동네 사람들이 탄식했던 것처럼 하나님도 탄식하셨다. 그러나 동네 사람들의 탄식과 하나님의 탄식은 본질적으로 다르다. 동네 사람들의 탄식 속에는 기대감이 없다. 아무리 속이 상해도 남의 자식이다. 그러나 하나님의 탄식 속에는 인내와 기다림이 있다. 하나님의 자녀들이기 때문이다. 집 나간 작은 아들이 돌아오기를 기다리던 아버지처럼 하나님은 죄인들이 돌아오기를 기다리셨다. 동네 사람들은 그 탕자를 사랑한 적이 없다. 그러나 하나님은 그의 형상과 모양대로 지은 사람들을 사랑하셨다. 그래서 돌아오기를 기다리시며 한탄하셨다.

"내가 너희를 그렇게 창조하지 않았는데, 왜 너희는 마음으로 생각하는 모든 계획이 그렇게 항상, 예외 없이, 언제나 악한 것뿐이냐?"

노아는 하나님의 한탄 속에서 하나님의 절규를 들었다. 그것은 가슴이 찢어지는 듯한 사랑의 절규였다. 하나님의 한탄은 단순한 자책감, 그와 같이 반역하고 배신하는 사람들을 내가 왜 창조하였던가 하는, 그런 종류의 감정표현이 아니었다. 그들이 죄를 지었음에도 불구하고 여전히 사랑하시는 하나님의 고통스러운 신음소리였다. 버리시겠다는 한탄이 아니고 버리지 않으시겠다는 한탄이었다.

하나님의 한탄 소리를 듣고 나니 드릴 말씀이 없었다. 그래서 노아는 침묵했다. 침묵 가운데 순종했다. 하나님께서 심판하시려는 것을 알고도 끼어들지 않았다. 하다못해 "하나님, 그렇게 다 죽이시면 안 되잖아요. 가장 악한 자 5%만 본보기로 처치하시면 안 될까요? 10%만 하시든지요.", 이런 간언(諫言)이라도 드릴 수 있으련만, 노아는 일체 잠잠했다. 120년 동안이나 잠잠했다. 노아의 마음이 편했을까? 그럴 리가 없다. 돌아보니 자기 주변에 있는 사람들도 하나님을 가슴을 아프게 하고 있었다. 가까운 친척들과 형제들도 마찬가지였다. 돌아서라고 책망을 해도 귀를 기울이지 않았다. 가슴이 쓰라렸다. 노아는 그렇게 120년 동안 하나님의 절규에 침묵으로 동참하고 있었다.

가장 인기 있는 관광지

* * *

하나님께서 노아에게 말씀하셨다.

> 하나님이 노아에게 이르시되 모든 혈육 있는 자의 포악함이 땅에 가득하므로 그 끝 날이 내 앞에 이르렀으니 내가 그들을 땅과 함께 멸하리라 너는 고페르 나무로 너를 위하여 방주를 만들되 그 안에 칸들을 막고 역청을 그 안팎에 칠하라(창세기 6:13-14).

고페르 나무는 사이프러스(Cypress) 과에 속하는 나무이다. 개역성경에는 잣나무로 번역되어 있다. 이 나무는 곧고 단단하며 쉽게 썩지 않아서 배를 짓기에 안성맞춤이었다. 노아가 지은 배의 크기는 대략 길이가 135미터, 넓이가 22.5미터, 높이가 13.5미터로서 내부는 3층이었다. 배의 설계가들은 이를 두고 가장 이상적인 비율이라고 말한다.

하나님께서 그 배 안으로 노아네 여덟 식구와 각종 짐승들 암수 한 쌍씩을 들어가게 하시고, 그들이 먹을 양식도 저축하라고 지시하셨다. 세상 돌아가는 모습을 보면서 어떤 극단적인 변화가 곧 일어나고야 말리라고 예상했지만, 하나님께서 이렇게 무서운 심판을 계획하고 계시리라고는 상상하지 못했다. 너무나 큰 충격이었다.

노아는 그 세대에 의로운 사람이었다. 하나님의 은혜를 입은 사람이었다. 이 두 가지 표현으로 볼 때에 노아는 틀림없이 당대에 존경받는 지도자였을 것이다. 분쟁이 일어날 때마다 사람들은 노아를 찾아왔다. 그리고 노아의 지혜로운 말을 듣고 화목하게 되었다. 다른 사람의 말은 절대로 듣지 않는 망나니라도 노아를 만나고 나면 변화되었다. 가난한 사람이 노아를 찾아오면 절대로 빈손으로 돌아가는 법이 없었다. 그래서 사람들이 악한 생각과 계획을 가지고 살면서도 노아에게 희망을 걸었다. 한밤중의 등불처럼 노아는 맑고 착한 정신을 가지고 거기 살고 있었다. 노아는 그 시대의 희망이었다.

그런데 노아가 갑자기 변했다. 제정신이 아닌 것 같았다. '사람이 너무 착하면 저렇게 정신이 이상하게 되는가?' 사람들은 고개를 갸웃거렸다.

노아는 산 중턱에 꽤 넓은 평지를 준비했다. 적어도 2에이커 이상, 3천여 평은 되어 보였다. 처음에는 농사를 지으려고 그러는 줄 알았다. 그래도 그렇지, 왜 물도 끌어오기 힘든 산 중턱에 농지를 마련하느냐며 사람들은 노아를 이상하게 생각했다. 그런데 시간이 지날수록 점점 더 가관(可觀)이었다. 커다란 통나무들을 베어다 쌓아놓기 시작했다. 사람들은 후한 품삯을 받고 산에 들어가서 벌목을 해왔지만 무엇에 쓸려고 이렇게 많은 나무를 베어오는지 알 수가 없었다. 마침내 한 사람이 용기를 내어 물었다.

"노아 아저씨, 뭐하려고 이렇게 많은 나무들을 모으세요?"

"응, 앞으로 120년 후에 큰 홍수가 올 거야. 그러면 모든 사람들이 다 죽게 돼. 그래서 방주를 지으려고 그래. 하나님께서 나더러 방주를 지으라고 하셨어. 자네들도 모두 들어와."

그날로 노아의 정신이 이상하게 되었다고 온 동네에 소문이 쫙 돌았다. 햇볕이 쨍쨍 내려쬐는 날씨에 노아가 산 중턱에서 배를 짓고 있단다. 그런데 막상 찾아와서 얘기를 걸어보면 정신 나간 사람은 아니었다. 사리가 분명했다. 남에게 해를 끼치지도 않았다. 대홍수가 온다는 말만 하지 않으면 정상적인 사람이었다. 혼란에 빠진 것은 노아가 아니고 동네 사람들이었다.

방주는 점점 윤곽을 드러냈다. 바닷가의 고깃배들과는 조금 다른 점이 있었지만 그래도 배는 배였다. 다만 항해하려면 외모가 유선형으로 민첩해야 하는데 너무 무뎌 보였다. 어쨌든 그렇게 큰 배는 처음 보았다. 입소문이 무섭게 퍼져나갔다. 사람들이 노아의 방주를 보기 위해 모여들었다. 방주 안에도 들여다보고 밖에도 둘러보았다. 왜 이렇게 낳은 방들을 배 안에 만들었느냐고 관광객들이 물었다. 그랬더니 짐승들을 종류대로 넣어두기 위해서라고 했다. 한편으로 보면 위대한 인물인 것 같기도 하고 다른 편으로 보면 한참 모자란 인물인 것 같기도 했다. 그렇게 해서 노아의 방주는 이름난 관광코스가 되었다.

그것은 보통 비가 아니었다

* * *

하나님은 은혜로우셨다. 즉시 심판하시지 않고 120년 동안 연기하셨다. 그 120년은 단순히 심판을 준비하시기 위해 필요한 시간이 아니었다. 한 사람이라도 더 구원하시기 위해 지체하시는 은혜의 시간이었다. 반면에 사람들은 하나님의 은혜를 외면하고 더욱 악해져 갔다. 하나님께서 말씀하셨다.

> 이르시되 내가 창조한 사람을 내가 지면에서 쓸어버리되 사람으로부터 가축과 기는 것과 공중의 새까지 그리하리니 이는 내가 그것들을 지었음을 한탄함이니라 하시니라(창세기 6:7).
> 그러나 노아는 여호와께 은혜를 입었더라(창세기 6:8).

하나님께서 노아의 의로움을 보셨다. 악한 세상에서 바르게 살려고 하는 그의 간절함을 보셨다. 그러나 노아는 그의 의로움 때문에 구원받은 것이 아니다. 하나님의 은혜로 구원받은 사람이다. 다시 말하지만 그의 행위가 의로워서가 아니다. 하나님께서 그를 선택하시고 그의 집에 구원의 은혜를 베푸셨기 때문이다. 신구약 전체가 선포하는 진리는 이 세상 아무도 자기의 의로움으로 구원받을 사람이 없다는 사실이다.

> 모든 사람이 죄를 범하였으매 하나님의 영광에 이르지 못하더니(로마서 3:23).

하나님께서 하신 말씀이 노아의 가슴에 긴 여운을 남겼다.

> 내가 홍수를 땅에 일으켜 무릇 생명의 기운이 있는 모든 육체를 천하

에서 멸절하리니 땅에 있는 것들이 다 죽으리라 그러나 너와는 내가 내 언약을 세우리니 너는 네 아들들과 네 아내와 네 며느리들과 함께 그 방주로 들어가고 혈육 있는 모든 생물을 너는 각기 암수 한 쌍씩 방주로 이끌어들여 너와 함께 생명을 보존하게 하되 새가 그 종류대로, 가축이 그 종류대로, 땅에 기는 모든 것이 그 종류대로 각기 둘씩 네게로 나아오리니 그 생명을 보존하게 하라(창세기 6:17-20).

'멸하겠다'는 말씀과 '생명을 보존하게 하라'는 말씀이 묘한 대조를 이루고 있다. 하나님의 본심은 생명의 멸망이 아니고 보존이었다. 끝이 아니고 시작이었다. 절망을 도려내고 소망을 심으시려는 계획이었다. 성경에 기록된 하나님의 구속의 역사에서 반복적으로 나타나는 하나님의 '거룩한 선택'이었다.

어느덧 하나님께서 정하신 120년째가 다가오고 있었다. 베드로는 이렇게 기록했다.

옛 세상을 용서하지 아니하시고 오직 의를 전파하는 노아와 그 일곱 식구를 보존하시고 경건하지 아니한 자들의 세상에 홍수를 내리셨으며(베드로후서 2:5).

노아는 하나님의 말씀을 믿었다. 홍수를 대비하여 하나님께서 지시하신 대로 배를 지었다. 노아는 배만 짓지 않았다. 틈틈이 사람들에게 하나님의 심판과 구원을 외쳤다. 베드로는 노아가 의를 전파했다고 했다. 노아는 사람들에게 하나님이 의를 전파하며 회개를 외쳤다. 노아는 '오직 믿음으로 의롭다 하심을 얻는 복음과 구원'을 외치는 설교가였다. 그러나 사람들은 노아의 말에 손사래를 치며 지나갔다. 맑은 하늘에 무슨 홍수냐고, 설사 홍수로 물이 범람하더라도 높은 지대에 피하면 될 것 아니냐고, 아직 나이도 많지 않은 사람이 웬 헛소리를 하느냐고, 노아를 비웃고 비난하며 측은히 여겼다. 노아는 950세까지 살았고 이때는 500세를 막 넘어섰을 때이니 아직은 중년이었다. 사람들은 이 세상을 영원한 곳으로 생각했다. 그리고 자기들이 세상의 주인이라고 생각했다. 어리석기 짝이 없었다.

마침내 비가 내리기 시작했다. 이전에 본 적이 없던 엄청난 굵기의 비였다. 비가 내리자 하나님께서 서둘러 노아와 그의 가족들을 방주 안으로 들어가게 하셨다. 배 안에는 각종 짐승들과 그의 아내, 세 아들들의 부부까지 모두 8명뿐이었다. 120년 동안 노아가 그렇게 외쳤건만 한 사람도 더 들어오지 않았다. 그해는 노아의 나이 6백세가 되던 해였다.

잠깐 상상력을 동원하여 방주 밖으로 나가 보자. 방주 밖에서는 어떤 일이 일어나고 있었을까? 사흘 동안 계속해서 비가 내리자 겁에 질린 사람들이 수군거리기 시작했다.

"정말로 노아가 얘기한 것처럼 대홍수가 오는 건 아니겠지?"

옆에 있는 사람이 눈을 흘기며 핀잔을 주었다.

"쓸데없는 소리. 곧 날이 갤 거야. 그리고 막말로 비가 좀 많이 와서 홍수가 나면 어때? 잠시 높은 지대로 피했다가 돌아오면 돼. 걱정

좀 붙들어 매, 이 사람아."

그러자 다른 사람들이 각기 한 마디씩 했다.

"바닷가에 가서 배를 탑시다."

"노아네 방주만한 큰 뗏목을 만듭시다."

"산꼭대로 올라갑시다."

"내가 좋은 동굴 하나 봐뒀으니 그곳으로 들어갑시다."

"그러지 말고 노아네 방주로 가서 좀 태워달라고 합시다."

그 말을 듣자 사람들이 우르르 노아네 방주가 있던 곳으로 올라갔다. 그러는 사이에 수면의 높이도 점점 사람들을 따라오고 있었다. 누군가 외쳤다. "저 작은 산만 넘으면 된다." 빗길이라 미끄러웠다. 그들은 기다시피 하며 올라갔다. 그러는 동안에 시간이 좀 지체되었다. 산마루에 올라서니 노아의 방주가 보이지 않았다. 분명히 그 자리에 있어야 하는데 없어졌다. 그리고 흙탕물만 넘실거리고 있었다.

"저기다. 저기 방주가 있다."

멀리 수백 미터 물 가운데 방주가 떠 있었다. 그 주위로 죽은 가축들의 시체가 떠다니고 있었다. 그 후에는 어떻게 되었을까? 이쯤에서 상상의 창문을 닫고 커튼을 내리자. 그리고 다시 성경으로 돌아가 보자.

무지개 언약

* * *

그것은 평범한 비가 아니고 물벼락이었다. 하늘에서 물이 쏟아져 내리고 땅에서 물기둥이 솟아올랐다. 그렇게 7일이 지나니까 온 땅이 물에 잠겼다. 말 그대로 물바다가 되었다. 땅 위에 사는 모든 짐승들과 새들이 죽었다. 40일째 되어서야 비가 그쳤다. 그때에는 땅의 가장 높은 산도 5미터 정도 수면 아래로 가라앉았다. 이 정도 깊이의 수압(水壓)은 우리의 상상을 초월한다. 더구나 그 많은 물이 110일 동안 땅의 전후좌우 상하를 덮고 있었다. 시작부터 계산하면 150일이나 된다.

물이 땅에서 물러가는 기간도 150일이나 걸렸다. 노아가 땅을 다시 보게 된 때는 비가 오기 시작하던 날부터 307일이 지나서였다. 그리고도 70일이 더 지난 후에야 땅이 말랐다. 마침내 377일 만에 노아의 식구들이 방주에서 나왔다. 노아는 아라랏 산에 얹혀 있는 방주를 뒤돌아보았다.

배를 만드는 설계가들은 노아의 방주를 두고 최적의 설계라고 극찬한다. 그렇다면 노아의 방주는 과연 안전했을까? 물이 불어날 때에 산모퉁이에 솟아오른 바위에 부딪쳐도 안전했을까? 급히 빠져나가며 소용돌이치는 물길에서도 안전했을까? 암초를 만났을 때도 안전했을까? 방주 자체는 약하기 짝이 없었다. 더구나 수많은 동물들과 그들의 먹거리들로 인하여 과적(過積)된 상태였다. 정성스럽게 역청을 안팎으로 발랐지만 물이 한 방울도 새어 들어오지 않으리라는 보장도 없었다. 방주 자체는 믿을 수가 없었다.

방주는 믿음의 대상이 아니고 믿음의 방식이다. 오직 하나님께 맡기고 의지하는 믿음의 방식이다. 그래서 하나님은 방주 처마 밑에 창문을 만들게 하시고 하나님만 쳐다보게 하셨다. 만일 창문이 배의 옆구리에 있었더라면 매일같이 물바다를 내다보면서 슬픔과 두려움 가운데 살아갔을 것이다. 방주를 보호하시고 붙들어 주신 분은 하나님이시다. 방주가 아닌 하나님을 보아야 했다. 노아는 방주를 의지하지 않았다. 구원해 주실 하나님만을 바라보았다.

크고 영롱한 무지개가 건너편 하늘에 걸렸다. 그리고 하나님의 음성이 들려왔다.

> 내가 너희와 언약을 세우리니 다시는 모든 생물을 홍수로 멸하지 아니할 것이라 땅을 멸할 홍수가 디시 있지 아니하리라 하나님이 이르시되 내가 나와 너희와 및 너희와 함께 하는 모든 생물 사이에 대대로 영원히 세우는 언약의 증거는 이것이니라 내가 내 무지개를 구름 속에 두었나니 이것이 나와 세상 사이의 언약의 증거니라(창세기 9:11-13).

무지개는 은혜의 회복을 의미한다. 사람들이 또 죄를 범하더라도 다시는 홍수로 멸하지 않으시겠다는 언약의 증표다. 노아의 후손들의 DNA가 바꾸어졌기 때문이 아니다. 그들은 여전히 죄 가운데 있었다. 무지개는 하나님의 은혜가 세상에 다시 임하였다는 선포다. 다시는 그의 은혜를 거두어가지 않으시겠다는 약속이다. 죄로 망가진 세상을 회복시키시겠다는 선언이다.

노아는 방주에서 나와 제일 먼저 제사를 드렸다. 해외로 이민 온 동포들은, 만일 그들이 예수님을 믿는 사람들이라면, 제일 먼저 교회를 세운다. 어느 건물 모퉁이라도 빌려서 함께 예배를 드린다. 그러다가 여력이 생기면 자체 교회 건물을 마련한다. 내가 섬겨온 감사한인교회도 3가정으로 시작해서 6년 만에 자체 성전을 마련했다. 그러나 성전 마련이 곧 '제사드림'은 아니다. 하나님의 임재하심을 간절히 구하는 예배가 진정한 '제사드림'이다. 노아는 홍수 후에 첫 제사를 드리면서 하나님의 임재하심을 간절히 구했다. 하나님께서 그 제물을 받으시고 이렇게 말씀하셨다.

> 여호와께서 그 향기를 받으시고 그 중심에 이르시되 내가 다시는 사람으로 말미암아 땅을 저주하지 아니하리니 이는 사람의 마음이 계획하는 바가 어려서부터 악함이라 내가 전에 행한 것같이 모든 생물을 다시 멸하지 아니하리니 땅이 있을 동안에는 심음과 거둠과 추위와 더위와 여름과 겨울과 낮과 밤이 쉬지 아니하리라(창세기 8:21-22).

그리고 창세기 1장에서처럼 다시 한 번 "생육하고 번성하여 땅에 충만하라"고 축복해 주셨다. 배에서 나온 후의 삶은 그 이전과 전혀 달랐다. 지형도 변했지만 무엇보다도 사람들을 만날 수가 없었다. 다행히 노아의 아버지 라멕은 홍수가 있기 4년 전에 세상을 떠났고 가장 오래 살았던 므두셀라도 홍수가 있던 해에 세상을 떠났다. 그러나 노아의 가까운 형제들과 친척들은 모두 홍수로 생을 마감했다. 아무리 둘러보아도 사람 그림자 하나 없었다. 얼마나 허전하고 쓸쓸했을까?

하나님께서 노아네 여덟 식구만을 구원하셨다. 어떤 사람은 왜 그렇게 작은 숫자만 구원하셨냐고 항의할 수도 있다. 그러나 은혜 아래 사는 사람은 그렇게 많은 사람을 구원하신 하나님께 감사를 드릴 것이다. 은혜를 입은 사람은 언제나 하나님의 선하심을 찬양한다. 시편 100편을 기록한 시인은 이렇게 노래했다.

온 땅이여 여호와께 즐거운 찬송을 부를지어다
기쁨으로 여호와를 섬기며 노래하면서
그의 앞에 나아갈지어다
여호와가 우리 하나님이신 줄 너희는 알지어다
그는 우리를 지으신 이요 우리는 그의 것이니
그의 백성이요 그의 기르시는 양이로다
감사함으로 그의 문에 들어가며
찬송함으로 그의 궁정에 들어가서
그에게 감사하며 그의 이름을 송축할지어다
여호와는 선하시니
그의 인자하심이 영원하고
그의 성실하심이 대대에 이르리로다.

믿음의 유산

* * *

세월이 흘러 노아에게 손자들이 태어났다. 노아는 포도 농사를 시작했다. 홍수가 지나간 땅은 비옥하게 된다. 몇 해 후에 추수한 포도로 술을 담가 마셨다. 그리고 과음한 탓에 옷을 다 벗고 정신을 놓은 채 누워 있었다. 그 모습을 함이 보고 와서 셈과 야벳에게 들려주었다. 셈과 야벳은 뒤로 걸어 들어가서 아버지의 벗은 몸을 덮어주었다. 잠에서 깨어난 노아는 일의 전말을 알고 난 후에 셈과 야벳을 축복했다. 그러나 함과 그의 아들 가나안에게는 저주를 내렸다. 왜 노아의 손자 가나안이 저주를 받았을까? 아마도 가나안이 할아버지의 벌거벗은 모습을 보고 아버지에게 알렸던 것은 아닐까? 어린 아들의 말을 듣고 함이 형제들에게 아버지의 흉을 보았을 것이다. 우리가 상상할 수 있을 만한 범위에 속한 이야기이다.

노아는 홍수 이후에 350년을 더 살면서 자손들을 보았다. 그러나 사람이 오래 살면 못 볼 꼴을 본다고 했던가. 노아는 또다시 그의 후손들 대부분이 하나님을 떠나 죄악의 세상으로 떠나가는 모습을 보아야 했다. 말도 안 되는 소리로 사람들을 충동하며 바벨 탑을 쌓다가 뿔뿔이 흩어지는 장면도 보아야 했다. 믿음을 후손에게 물려주는 일이 왜 이렇게 힘들까?

그렇다. 믿음을 유산으로 남기는 일은 쉬운 일이 아니다. 사람들마다 개별적인 인격을 지니고 있기 때문이다. 하나님의 은혜는 언제나 동일하다. 모든 사람들에게 은혜의 문이 똑같이 열려 있다. 다만 어떤 사람은 자기의 문을 닫고 어떤 사람은 활짝 열어 둔다. 인간을 이해하는 일이 그래서 어렵다. 물론 부모의 무관심과 불찰로 자녀들이 신앙을 떠나는 경우도 있다. 그러나 본인들이 부모의 교훈에 귀를 막고 세상으로 달려 나가는 경우가 더 많다. 그때마다 부모는 비통에 잠기고 탄식하지만 속수무책이다. 남은 것은 죄책감과 무기력증뿐이다.

부모들이여, 마음을 바꾸고 최선을 다하자. 아직도 얼마든지 기회는 있다. 자녀들에게 예수님을 믿는 삶이 얼마나 복되고 가치 있는지 증명해 주자. 무엇보다도 부모들이 서로 존중하며 사랑하고 섬기는 모습을 보여주자. 하나님 앞에 겸손하게 기도하는 모습도 보여주자. 그 기도가 응답되면 간증도 들려주자. 아직 응답되지 않았지만 계속 기도하는 인내를 보여주자.

소망을 가지고 적극적으로 살아가는 모습도 보여주자. 이웃의 허물을 덮어주고 비난을 자제하며, 여전히 선한 일이 일어나기를 기대하는 아름다운 마음씨도 보여주자. 교회의 부정적인 이야기들은 자녀들 앞에서 되도록 삼가자. 그리하여 우리 자녀들이 다른 성도들을 사랑하고 이웃과 선한 관계를 맺어갈 수 있도록 도와주자.

아무리 바쁘더라도 시간을 내어 진지하게 하나님의 말씀을 읽고 공부하는 모습을 보여주자. 거룩한 예배를 드리는 모습도 보여주자. 그리고 무엇보다도 자녀들에게 하나님의 이야기를 들려주자. 적어도 하루 세 번 이상 자녀들의 이름을 부르며 기도하자. 우리의 기도가 자녀들의 가슴에 연결되도록 하자. 기도로 자녀들과 우리를 단단하게 묶어놓자.

그리고 하나님의 은혜를 구하자. 은혜가 아니면 아무 일도 일어나지 않는다. 우리 자녀들에게 하나님의 은혜가 덧입혀지도록 간구하자. 자식은 우리가 낳고 기르지만 그 아이들을 하나님께로 인도해 주시는 분은 하나님 자신이다. 하나님은 반드시 우리의 기도에 응답하실 것이다.

바벨 탑

* * *

노아의 후손들이 점점 동쪽으로 이주해 갔다. 그리고 시날 평지, 후에 바벨론이라고 알려진 땅에 정착했다. 인구는 점점 늘어갔다. 노아의 후손들은 흩어지기를 싫어했다. 땅에 충만하기를 거절했다. 강력한 중앙권력 아래 모여서 살기를 원했다. 그러자 강력한 지도자가 나타났다. 사람들이 그에게 모여들었다. 어느 날 그는 연단에 올라서서 감동적인 연설을 했다.

"자, 벽돌을 만들어 견고히 굽자. 벽돌로 돌을 대신하며 역청으로 진흙을 대신하고, 자, 성읍과 탑을 건설하여 그 탑 꼭대기를 하늘에 닿게 하여 우리 이름을 내고 온 지면에 흩어짐을 면하자."

원래 지도자는 이보다 훨씬 더 많은 말을 했을 것이다. 그래야 사람들을 설득할 수 있을 테니까. 우리의 상상력을 동원하여 그의 요약된 연설문을 풀어보자.

“자, 여러분, 우리의 숫자가 많아졌습니다. 잘못하면 뿔뿔이 흩어지게 됩니다. 우리에게 구심점이 있어야 합니다. 큰 성읍과 높은 탑을 건설하십시다. 우리에게는 유명한 건축가들이 있습니다. 마음만 먹으면 얼마든지 높은 탑을 건설할 수 있습니다. 그 꼭대기가 하늘에 닿게 쌓을 수도 있습니다. 기초를 튼튼히 하고 하중을 견딜 수 있도록 견고한 벽돌을 구워냅시다. 진흙보다는 역청이 훨씬 더 튼튼합니다. 역청은 우리가 사는 이 지역에 얼마든지 있습니다. 여러분, 이렇게 해서 우리들의 이름을 온 지면에 알리도록 합시다. 우리는 할 수 있습니다. 우리는 우리 인생의 주인이 될 수 있습니다. 함께 탑을 쌓아 올립시다. 하늘까지 이르게 합시다. 얼마나 멋있는 일입니까?”

그런 지도자 곁에는 언제나 나팔 불고 북치는 사람들이 있기 마련이다.

“옳소. 지도자의 말이 맞습니다. 지금 당장 시작하십시다. 우리는 할 수 있습니다.”

그들은 하늘에 닿을 만한 탑을 세우기로 결의했다. 이름을 바벨탑이라고 붙였다. 분위기가 이 정도면 섣불리 반대하다가는 반사회적 인물로 낙인이 찍힌다. 동참하든지 아니면 그저 조용히 침묵을 지키는 편이 상책이다.

바벨 탑이 점점 높아져갔다. 높아질수록 기초도 넓어져 갔다. 대단한 공사였다. 사람들은 자기들이 하는 일을 자랑스럽게 생각했다. 모이기만 하면 바벨 탑 이야기를 했다. 요즘 아이들의 말을 빌리자면, “정말로 대단하다. 아무도 우리를 이길 사람이 없어. 우리는 천하무

적이야."(Great! Unbeatable! Invincible!) 이런 표현을 사용했다. 얼마나 대단한 공정이었으면 하나님께서 직접 확인하시기 위해 땅으로 내려오셨겠는가? 내려와 보시니 과연 대단한 일이 진행되고 있었다.

> 여호와께서 사람들이 건설하는 그 성읍과 탑을 보려고 내려오셨더라 여호와께서 이르시되 이 무리가 한 족속이요 언어도 하나이므로 이같이 시작하였으니 이후로는 그 하고자 하는 일을 막을 수 없으리로다 자, 우리가 내려가서 거기서 그들의 언어를 혼잡하게 하여 그들이 서로 알아듣지 못하게 하자 하시고(창세기 11:5-7).

하나님께서는 그들을 흩으시기로 작정하셨다. 하나님께서 사용하실 수 있는 방법은 여러 가지였다. 지진이나 강풍이나 회오리바람도 효과적일 것이다. 혹한이나 혹서, 혹은 번개와 벼락 한두 번으로도 충분히 흩으실 수 있었다. 그런데 하나님은 '언어의 혼잡'이라는 조용한 방법을 사용하셨다. 얼마나 자비로우신가?

결국 사람들은 언어별로 이합집산의 과정을 거쳤다. 화성에서 온 사람들과 금성에서 온 사람들처럼 서로가 서로에게 이방인이 되었다. 말이 통하지 않으니까 오해와 다툼이 생겼다. 피곤하고 일의 능률도 오르지 않았다. 더 이상 공사를 진행할 수가 없었다. 그런데도 말이 통하는 사람들이 바벨 탑 비슷한 것들을 쌓았다. 지금도 그 지역에는 '지구라트'(Ziggurat)라는 탑의 유적지들이 남아 있다.

왜 하나님께서 바벨 탑을 멈추게 하셨을까? 사람들이 바벨 탑을 쌓는 모습을 보시면서 위기의식을 느끼셨을까? 시편 기자는 사람들의 하는 일이 아무리 대단해도 하나님의 뜻을 거스르면 하나님께서 비웃으신다고 노래했다.

> 어찌하여 이방 나라들이 분노하며 민족들이 헛된 일을 꾸미는가
> 세상의 군왕들이 나서며 관원들이 서로 꾀하여
> 여호와와 그의 기름 부음 받은 자를 대적하며
> 우리가 그들의 맨 것을 끊고 그의 결박을 벗어버리자 하는도다
> 하늘에 계신 이가 웃으심이여 주께서 그들을 비웃으시리로다
> (시편 2:1-4).

그럼 무엇 때문에 하나님께서 이 대대적인 바벨 탑 공사를 멈추게 하셨을까? 사람들의 위대함이 하나님의 시기심을 일으켰을까? 하나님께서 원래 그렇게 능력 있는 인간을 창조하지 않으셨던가. 도대체 바벨 탑을 쌓는 일이 하나님 앞에서 왜 죄가 되는 걸까? 하나님께서는 모든 사람들이 한 가지 언어를 사용하는 것을 싫어하셨던가?

아니다. 인간이 하나의 언어를 사용하도록 하나님께서 지으셨다. 인간의 언어를 종족별로 나누시는 것이 원래 하나님의 의도가 아니었다. 만일 지금까지 한 언어만 사용해 왔다면 선교사님들이 성경을 번역하느라 수고하지 않아도 되었을 것이다. 어떤 부족을 위해서는 아예 통째로 글자를 만들어 주어야 한다. 만일 온 세계가 지금까지 한 가지 언어만 사용한다면 얼마나 편리하겠는가. 외국어 과목도 없

어지겠지.

그런데 무엇 때문에 하나님께서 언어를 나누시고 대혼란이 일어나게 하셨을까?

이유는 아주 단순했다. 너무 단순했다. 너무 단순해서 사람들은 그것이 문제가 되리라고 생각하지도 못했다. 하나님의 형상과 모양을 따라 지음 받은 인간들이 바벨 탑이라는 걸작을 만들고 있는데 왜 하나님께서 방해하시는지 이해할 수가 없었다. 그런데 단서는 지도자의 연설문에 있었다. 그 연설문에는 '하나님'이 생략되었다. 그 대신에 '우리'가 들어갔다.

그들의 문제는 '하나님 없는 삶'이었다. 옛날에는 개인이 하나님 없이 살아보려고 했다. 하와와 가인과 라멕이 그랬다. 그런데 이번에는 달랐다. 집단적으로 하나님 없는 삶을 살려고 했다. 하나님의 도움 없이 자기들의 지혜와 능력만으로도 하늘에 닿을 만한 바벨 탑을 쌓을 수 있다고 생각했다. 바벨 탑은 하나님처럼 될 수 있다는 교만의 상징이 되었다. 하와가 선악을 알게 하는 나무의 열매를 따먹던 행위와 꼭 닮았다.

계몽주의와 함께 17세기에 영국에서 이신론(理神論)이 시작되었다. 이신론자들은 하나님이 계시다는 사실은 믿었다. 그러나 인간은 이성을 지닌 탁월한 존재이기 때문에 더 이상 하나님께서 인간사에 시시콜콜 개입하지 않으셔도 된다고 주장했다. 결국 하나님이 필요 없는 사회, 인간이 주인이 되는 사회를 만들고 싶어 했다. 바벨 탑은 하나님 없이 인간이 주인이 되려는 시도였다. 이는 하나님께서 절대로 용납하실 수 없는 근본적인 죄다.

하나님을 그 마음에 모시고 살지 않는 사람은 신뢰할 수가 없다. 그들은 언제든지 말을 바꿀 수 있다. 언제든지 약속을 폐기처분할 수 있다. 그들은 하나님의 심판을 두려워하지 않는다. 사람을 속이면서도 눈썹 하나 까딱하지 않는다. 악을 행하면서도 부끄러운 줄 모른다. 자기의 잘못이 드러나면 가인처럼 "내가 아벨을 지키는 자입니까?" 하고 대든다. 바벨 탑은 하나님 없는 사람들의 작품이었다. 하나님 없이도 얼마든지 살 수 있다는 교만의 극치였다. 그래서 하나님께서 사람들의 언어를 혼잡하게 하셨다. 교만을 깨뜨리셨다.

노아 이후에 많은 사람들이 하나님을 떠나갔다. 그리고 우상을 만들고 숭배했다. 물론 다 그런 것은 아니었다. 하나님께서 선택하신 거룩한 소수가 남아 있었다. 그 중의 한 가문이 아브라함의 소상들이었다. 족보를 거슬러 올라가면 아브라함은 노아의 세 아들 중 셈의 9대 후손이다.

이제 아브라함의 이야기를 들어보도록 하자.

하나님의 은혜, 양 한 마리

네 독자를 번제로 드리라

* * *

그것은 상상 속에서 일어난 일이 아니었다. 천지와 만물을 지으신 분, 말씀하신 후에는 반드시 성사되게 하시는 분, 일단 뜻을 정하시면 변치 않으시는 분, 그 하나님께서 한밤중에 아브라함을 불러 깨우셨다. 그리고 청천하늘에 날벼락 같은 말씀을 하셨다.

"아브라함아."

"내가 여기 있나이다."

"네 아들, 네 사랑하는 독자, 이삭을 데리고 모리아 땅으로 가서, 내가 네게 일러 준 한 산 거기서, 그를 번제(燔祭)로 드리라."

뒤이어 창세기 저자의 무심한 서술(narration)이 이어진다.

> 아브라함이 아침에 일찍이 일어나 나귀에 안장을 지우고 두 종과 그의 아들 이삭을 데리고 번제에 쓸 나무를 쪼개어 가지고 떠나 하나님

이 자기에게 일러 주신 곳으로 가더니 제삼일에 아브라함이 눈을 들어 그곳을 멀리 바라본지라(창세기 22:3-4).

성경은 이 사건의 전반부를 위해 겨우 4절만 할애하고 있다. 엄청난 사건이었지만 너무 요약되어서 일말의 감정적인 미동(微動)도 읽어낼 수가 없다. 수많은 질문이 마음에 떠오르지만 너무 생략되고 함축되어 마치 비석에 새겨진 글처럼 느껴진다. 그것도 오랜 세월의 풍상에 마모되어 겨우 읽을 수 있는 글자처럼…. 그래서 우리는 별 생각 없이 이 네 구절을 단숨에 읽고 지나간다.

그날 밤 아브라함도 그런 식으로 하나님의 말씀을 들었을까? 아니다. 숨이 멎는 것 같았다. 귀를 의심했다. 잠은 천 리 밖으로 달아나고 정신은 바늘 끝처럼 일어섰다. 아브라함은 깊은 충격 가운데 그 밤을 꼬빡 새웠다. 그동안에 있었던 일들이 창밖의 풍경처럼 스쳐 지나갔다. '그날도 어젯밤처럼 하나님께서 말씀하셨지.'

너는 너의 고향과 친척과 아버지의 집을 떠나 내가 네게 보여줄 땅으로 가라 내가 너로 큰 민족을 이루고 네게 복을 주어 네 이름을 창대하게 하리니 너는 복이 될지라 너를 축복하는 자에게는 내가 복을 내리고 너를 저주하는 자에게는 내가 저주하리니 땅의 모든 족속이 너로 말미암아 복을 얻을 것이라(창세기 12:1-3).

살다 보면 이사하는 일이 가장 머리가 무겁다. 고향을 떠나는 일은 더더구나 어려운 일이다. 그런데 하나님께서 아브라함에게 고향뿐만 아니라 친척과 아버지의 집을 떠나라고 하셨다. 이 말씀은 단순히 물리적인 이사에서 그치지 않고 정신적이고 영적인 단절을 의미한다. 누가 그분의 명령 앞에서 “아니요” 할 수 있겠는가?

아버지 데라는 70세에 첫 아들 아브라함을 낳고 뒤이어 나홀과 하란을 낳았다. 막내 하란은 롯을 낳은 후에 아버지 데라보다 먼저 세상을 떠났다. 데라는 가족을 데리고 가나안 땅으로 이주하는 것이 꿈이었다. 그래서 먼저 갈대아 우르를 떠나 서쪽에 있는 하란으로 이주했다. 그러나 무슨 연유였는지 그는 이주의 꿈을 포기했다. 하란이 좋아보였을까? 그는 205세에 하란 땅에 묻혔다.

아브라함이 하나님의 음성을 들었던 때가 75세, 그의 아버지 데라는 145세였다. 앞으로 대가족을 이끌어 갈 집안의 장남이 고향과 친척과 아버지의 집을 떠나는 일이 어디 쉬운 일인가. 데라는 어떤 반응을 보였을까? 가족들이 벌떼처럼 일어나서 그를 말렸으리라. 가본 적도 없는 먼 나라이다. 교통과 치안이 안정된 지금도 쉽지 않는 길이다. 그러나 아브라함에게는 ‘충성’이라는 특별한 성품이 있었다. 충성은 명령을 받은 자가 명령하는 자에게 보이는 신실함이다. 훗날 느헤미야는 왜 하나님께서 아브라함을 택하셨는지, 그 숨은 비밀을 우리에게 들려주고 있다.

주는 하나님 여호와시라 옛적에 아브람을 택하시고 갈대아 우르에서
인도하여 내시고 아브라함이라는 이름을 주시고 그의 마음이 주 앞

에서 충성됨을 보시고 그와 더불어 언약을 세우사 가나안 족속과 헷 족속과 아모리 족속과 브리스 족속과 여부스 족속과 기르가스 족속의 땅을 그의 씨에게 주리라 하시더니 그 말씀대로 이루셨사오매 주는 의로우심이로소이다(느헤미야 9:7-8).

아브라함은 "큰 민족, 창대한 이름, 복의 근원"이 되리라는 약속의 말씀을 믿었다. 그리고 충성스러운 마음으로 고향을 떠났다. 가는 곳마다 위험이 도사리고 있었지만 하나님께서 그의 가족과 롯의 식솔들을 보호해 주셨다. 가뭄을 피하여 애굽에 내려갔을 때는 하마터면 아내를 바로 왕에게 넘겨줄 뻔했다. 그때 하나님께서 개입하시고 그의 아내를 돌려보내게 하시지 않았더라면 어떻게 되었을까? 오래 살다 보면 기억하고 싶지 않은 일들이 한두 가지가 아니다.

가나안 땅에 정착한 지 수년 후, 이번에는 사랑하는 조카 롯이 자기의 집을 세우겠다면서 뒤도 돌아보지 않고 떠나갔다. 하기 쉬운 말로 "너 보기에 좋은 곳을 택하라"고 했지만, 마음속에서는 한쪽 가지가 뚝 하고 부러지는 소리가 들렸다. 객지에서 살붙이라고는 그 녀석 하나뿐이었는데, 롯의 식구들이 떠난 자리가 너무 커 보였다. 그날, 아브라함은 온종일 머리를 떨구고 앉아 있었다. 누군가의 위로가 필요한 시간이었다. 그때 하나님께서 찾아오셨다. 그리고 아브라함에게 일어나라고 하셨다.

롯이 아브람을 떠난 후에 여호와께서 아브람에게 이르시되 너는 눈을 들어 너 있는 곳에서 북쪽과 남쪽 그리고 동쪽과 서쪽을 바라보라 보이는 땅을 내가 너와 네 자손에게 주리니 영원히 이르리라 내가 네 자손이 땅의 티끌 같게 하리니 사람이 땅의 티끌을 능히 셀 수 있을진대 네 자손도 세리라 너는 일어나 그 땅을 종과 횡으로 두루 다녀 보라 내가 그것을 네게 주리라(창세기 13:14-17).

그 땅을 종과 횡으로 다니려면 적어도 며칠은 집을 떠나야 한다. 때로는 행동이 생각을 이끌어 간다. 그래서 고요한 오솔길을 걸어보는 것만으로도 마음의 상처를 치유 받을 수 있다. 하나님께서 아브라함의 상처 받은 마음을 그렇게 치료해 주셨다. 더 나아가서 주거환경도 변화시켜 주셨다. 헤브론으로 장막을 옮기고 거기에서 여호와를 위하여 제단을 쌓게 하셨다. 그러나 아브라함은 하나님께서 왜 그의 주변을 그렇게 정리해 가시는지, 당시에는 깨닫지 못하고 있었다.

멜기세덱의 떡과 잔

* * *

롯이 아브라함을 떠난 지 얼마나 지났을까. 창세기 12장에 아브라함이 고향을 떠나는 장면이 나오고, 13장에서 롯이 아브라함을 떠나는 장면이 나오며, 14장에서 롯이 잡혀간 장면이 나온다. 그때는 아직 이스마엘이 태어나기 전이다. 그러므로 길어봐야 롯이 아브라함을 떠난 지 2년 전후가 될 때였다. 롯이 북쪽에서 내려온 왕들에게 사로잡혀 갔다는 소식이 들려왔다.

그 당시 사해의 동남쪽에는 소돔과 고모라를 중심으로 여러 작은 부족 국가들이 자리 잡고 있었다. 그들은 12년 동안 북쪽에 있는 엘람 왕 그돌라오멜에게 조공을 바쳐오다가 13년째에 엘람 왕을 배반했다. 그러자 엘람 왕은 자기 이웃에 있는 세 왕들을 끌어다가 남쪽의 다섯 왕들을 쳤다. 물론 엘람 왕은 다른 세 왕들에게 군대를 일으키는 비용뿐만 아니라 전리품도 가져가도록 약속했을 것이다. 그 세 왕 중의 하나는 시날 왕 아므라벨이었는데, 시날은 바벨론의 다른 이름이었다.

조카 롯이 사로잡혀갔다는 말을 듣고 아브라함은 자기 집에서 훈련해 온 318명을 무장시켰다. 평소에 동맹을 맺어왔던 아모리 족 에스골과 아넬 형제의 사람들도 합세했다. 아브라함은 그들과 함께 북쪽에서 내려온 네 왕의 군사들을 단까지 쫓아 올라갔다. 아브라함이 살던 헤브론에서부터 단까지는 150마일, 240km, 6백 리 길이다. 여러 날 걸려서 쫓아갔다. 적들은 많은 숫자였고 아브라함의 사람들은 적은 숫자였기 때문에 이동하는 속도가 빨랐지만 그래도 따라잡으려면 밤길도 마다하지 않고 달려야 했다. 아브라함의 사람들은 일단 뒤처진 적들을 단에서 쳐부수었다. 그러나 그 중에는 롯이 없었다. 그래서 다시 100마일 160km, 4백 리 길을 달려 다메섹 북쪽에 있는 호바까지 따라갔다. 부산에서 서울까지 달려 올라갔다는 말이다. 그리고 거기서 네 왕들의 군대를 치고 빼앗겼던 모든 재물과 조카 롯과 여인들과 친척들을 남김없이 되찾아 왔다. 사해 남쪽 다섯 왕들의 백성들도 모두 구출해 왔다.

아브라함의 구출작전은 하루 이틀 사이에 산 한두 개 넘어 옆 고을에 다녀온 이야기가 아니다. 오늘 같으면 적어도 1억이 넘는 영화관객들을 불러 모을 만한 대서사시였다. 다윗이 맨손으로 사자와 곰을 쳐 죽였던 이야기보다 더 극적인 이야기이다. 그렇게 적은 숫자로, 그렇게 멀리까지 쫓아올라가서, 그렇게 많은 군대를 대상으로, 그렇게 번개처럼 작전을 끝내고 돌아올 수 있는 담력과 지혜와 체력이 아브라함에게 있었다.

아브라함은 여러모로 우리 그리스도인들의 모범이다. 그리스도인들은 유약한 사람들이 아니다. 성경에 나오는 하나님의 사람들은 한결같이 강하고 담대했다. 바울은 우리에게 전신갑주를 입고 손으로 칼을 들라고 했다. 그리스도인은 뒤로 숨지 않고 전면에 나서는 하나님의 영적인 군대다. 특히 사탄의 세력과 싸울 때는 눈에서 불꽃이 튀어나와야 한다. 한 사람이 천을 쫓고 두 사람이 만을 쫓는 위대한 전사(戰士)들이 되어야 한다.

아브라함이 롯을 비롯하여 포로로 잡혀갔던 모든 사람들을 재물들과 함께 데리고 내려올 때 소돔 왕이 그를 영접하였다. 아마도 예를 갖추어 극진히 맞이했을 것이다. 그런데 소돔 왕 옆에 (예루)살렘 왕 멜기세덱이 떡과 포도주를 가지고 서 있었다. 그는 지극히 높으신 하나님의 제사장이었다. 그가 먼저 아브라함을 축복했다.

그가 아브람에게 축복하여 이르되 천지의 주재이시요 지극히 높으신 하나님이여 아브람에게 복을 주옵소서 너희 대적을 네 손에 붙이신 지극히 높으신 하나님을 찬송할지로다(창세기 14:19-20).

아브라함은 그 자리에서 무릎을 꿇고 축복을 받은 후에 떡과 잔을 먹고 마셨다. 어떻게 교만하게 선 채로 그 축복의 떡과 잔을 받을 수 있겠는가.

"지극히 높으신 하나님, 엘 엘리온."

아브라함의 능력이 아니었다. 지극히 높으신 하나님께서 네 왕의 군대들을 아브라함의 손에 붙여주셨다. 아브라함은 삼손의 손에 들린 나귀 턱뼈에 불과했다. 하나님께서 아브라함과 그의 전사들을 사용하셔서 전무후무한 대승리를 이루게 하셨다. 소돔과 고모라 지역의 다섯 왕들도 처참하게 패하지 않았던가. 더구나 아브라함의 사람들은 천 리 길을 달려온 피곤한 상태였다. 지극히 높으신 하나님은 만군의 주 여호와 하나님, 위대하신 전쟁의 왕 하나님께서 아브라함으로 하여금 이기게 하셨다.

그 하나님께서 멜기세덱을 아브라함에게 보내셨다. 아브라함으로 하여금 교만의 자리에 앉지 않고 겸손한 자리로 내려와 무릎 꿇게 하셨다. 하나님의 관심은 전쟁의 승리가 아니었다. 택함 받은 아브라함이 하나님 앞에서 다시 평상심으로 돌아가 그 사명을 감당하는 것이었다. 하나님께서 멜기세덱을 보내셔서 아브라함을 거룩하게 해주셨다. 전쟁의 피와 파괴와 투쟁의 긴장으로부터 의와 평강의 세계로 다시 되돌아오게 하셨다. 아브라함의 목적은 전쟁이 아니었기 때문이다.

제사장 멜기세덱의 손에 들려 있는 떡과 잔에 우리의 눈길이 간다. 왜 그는 떡과 잔을 가지고 나왔을까. 신약성경 히브리서에 멜기세덱이라는 이름이 열한 번 나온다. 이 멜기세덱은 아브라함을 축복했던 바로 그 사람이다. 히브리서 기자는 멜기세덱을 예수님의 원형(prototype)으로 묘사하고 있다. 멜기세덱은 아론이 태어나기 수백 년 전에 살았던 사람이다. 성경은 그의 배경에 대하여 이렇게 말하고 있다.

> 이 멜기세덱은 살렘 왕이요 지극히 높으신 하나님의 제사장이라 여러 왕을 쳐서 죽이고 돌아오는 아브라함을 만나 복을 빈 자라 아브라함이 모든 것의 십분의 일을 그에게 나누어 주니라 그 이름을 해석하면 먼저는 의의 왕이요 그 다음은 살렘 왕이니 곧 평강의 왕이요 아버지도 없고 어머니도 없고 족보도 없고 시작한 날도 없고 생명의 끝도 없어 하나님의 아들과 닮아서 항상 제사장으로 있느니라(히브리서 7:1-3).

히브리서 기자는 아브라함에게 떡과 잔을 주었던 멜기세덱이 바로 예수 그리스도가 아니시겠느냐고 묻고 있다. 예수님은 의와 평강의 왕으로 이 세상에 오셔서 우리에게 그의 깨어진 몸과 흘리신 피를 기념하라고 떡과 잔을 주셨다. 우리가 어떤 일에 승리했다면, 그것은 예수 그리스도께서 우리를 도우셨기 때문이다. 우리의 능력이 아니고 주님의 능력이다. 이 진리를 기억하도록 주님께서 우리에게 떡과 잔을 주셨다.

아브라함은 멜기세덱에게 전리품 중에서 10분의 1을 주었다. 그러자 곁에 서 있던 소돔 왕이 사람은 자기에게 보내고 물건들은 아브라함더러 다 가지라고 했다. 그러자 아브라함이 이렇게 대답했다.

> 아브람이 소돔 왕에게 이르되 천지의 주재이시요 지극히 높으신 하나님 여호와께 내가 손을 들어 맹세하노니 네 말이 내가 아브람으로 치부하게 하였다 할까 하여 네게 속한 것은 실 한 오라기나 들메끈 한 가닥도 내가 가지지 아니하리라 오직 젊은이들이 먹은 것과 나와 동행한 아넬과 에스골과 마므레의 분깃을 제할지니 그들이 그 분깃을 가질 것이니라(창세기 14:22-24).

아브라함은 오직 하나님의 축복만을 원했다. 무슨 일이 있어도 "아브라함은 내 것 가지고 복 받았다"는 소리를 들을 수 없었다. 하나님께 돌려드릴 영광을 다른 누구와도 나누고 싶지 않았다. 더구나 소돔 왕은 이미 사악한 왕으로 소문이 난 사람이다. 그가 그런 소리를 하다니, 말도 안 되는 소리를. 악은 모양이라도 버리라고 했다. 아브라함은 손을 털고 돌아섰다. 아, 멋있는 아브라함, 믿음의 조상 아브라함!

이스마엘은 아니다

＊＊＊

비록 '충성'이 아브라함의 트레이드 마크(trademark)였지만 그도 우리와 똑같은 사람이었다. 왜 아쉬움이 없었겠는가. 아버지는 70세에 자기를 낳았는데 자신은 80세가 넘도록 아직 자식이 없었다. 아내의 건강도 한 해가 달랐다. 아내에게 부담을 주고 싶지 않아 말은 삼갔지만 마음은 점점 급해져 갔다. 하나님께서 그의 마음을 아셨는지 환상 가운데 찾아오셔서 말씀하셨다.

"아브람아, 두려워하지 말라. 나는 네 방패요 너의 지극히 큰 상급이니라."

'지극히 큰 상급이라. 무엇을 상으로 주시려나?' 궁금했다. 그래서 물었다.

"주 여호와여 무엇을 내게 주시려 하나이까. 나는 자식이 없사오니 나의 상속자는 이 다메섹 사람 엘리에셀이니이다."

'나는 자식이 없으니', 그의 가슴에 물방울처럼 맺혀 있던 말이다. 아브라함은 깊은 한숨을 들이쉬었다. 그리고 내친김에 한 말씀 더 드렸다.

"주께서 내게 씨를 주지 아니하셨으니 내 집에서 길린 자가 내 상속자가 될 것이니이다."

아브라함의 계속되는 불평을 하나님께서 단호히 끊어내셨다.

"그 사람이 네 상속자가 아니라. 네 몸에서 날 자가 네 상속자가 되리라."

그리고는 아브라함을 데리고 밖으로 나가서서 하늘을 우러러보게 하셨다. 유난히 맑은 밤하늘에 수 없는 별들이 반짝이고 있었다.

"하늘을 우러러 뭇별을 셀 수 있나 보라."

"……."

"네 자손이 이와 같으리라."

> 아브람이 여호와를 믿으니 여호와께서 이를 그의 공의(righteousness)로 여기시고(창세기 15:6).

아브라함이 하나님의 말씀을 믿었다. 아브라함은 하나님께서 그에게 자손 주시겠다는 약속을 의심하지 않았다. 그러자 하나님께서 그의 믿음을 '의롭다'고 여겨주셨나. 약속, 믿음, 그리고 의롭다 하심, 하나같이 보배로운 어휘들이다. '믿음'의 대상은 하나님 자신과 그의 약속의 말씀, 그리고 그의 선하신 행위와 능력이다. 만일 믿음의 대상이 그 외의 다른 것들이라면 그것은 성경이 말하는 믿음이 아니다.

믿음은 하나님의 말씀에 대한 우리들의 반응이다. 아브라함은 하나님의 약속에 대하여 올바른 반응을 보였다. 그러자 하나님께서 그를 의롭다고 인정해 주셨다. '의롭다 하심'은 우리 스스로 쟁취할 수 있는 자격이 아니다. 믿음의 근원은 우리에게서 나오지 않는다. 약속의 말씀은 말할 것도 없거니와 믿음마저도 오직 주님께로부터 온다. 만일 그렇지 않다면 우리의 믿음은 율법주의적인 믿음이 되고 말 것이다. '의롭다 하심'은 철저한 은혜이다. 하나님께서 아브라함의 믿음을 보시고 "암, 그렇지. 그렇고 말고. 그래야지." 하고 인정해 주셨다. 하나님과 우리 사이에 은혜 말고 또 무엇이 있겠는가.

바울의 로마서는 창세기 15장 6절에서 시작한다. 이 구절이 구약과 신약을 연결시켜주는 교량 역할을 한다. 구약이 문을 열고 신약으로 들어오는 경첩(hinge) 구실을 한다. 그리고 '믿음'과 '의롭다 여기심', 이 둘이 십자가 위에서 만난다. 아브라함은 하나님의 말씀으로 그의 요새를 삼았다. 요새는 안전한 곳이다. 하나님을 믿는 자는 결코 급한 일을 당하지 않는다. 다음 구절에서 '돌'은 예수 그리스도를 가리킨다.

> 그러므로 주 여호와께서 이같이 이르시되 보라 내가 한 돌을 시온에 두어 기초를 삼았노니 곧 시험한 돌이요 귀하고 견고한 기촛돌이라 그것을 믿는 이는 다급하게 되지 아니하리로다(이사야 28:16).

아브라함의 마음에 기대감이 넘쳤다. 곧 아들을 보게 되리라는 확신이 들어왔다. 바로 그때였다. 그의 아내가 여종 하갈을 씨받이로 천거한 때가.

"여호와께서 내 출산을 허락하지 아니하셨으니 원하건대 내 여종에게 들어가라. 내가 혹 그로 말미암아 자녀를 얻을까 하노라."

아브라함은 사래의 말을 하나님의 약속이 구체적으로 실현되는 단계라고 생각했다. 의심의 여지가 없었다. 너무나 타이밍이 절묘했으니까. 그날 저녁 아브라함은 하나님께 물어보지도 않고 하갈의 장막으로 들어갔다. 그리고 얼마 후에 하갈이 아이를 잉태했다. 모든 일이 톱니바퀴처럼 척척 맞물려 돌아갔다. 그러나 타이밍이 맞았다고 해서 모두 다 하나님의 뜻은 아니다.

이스마엘의 잉태는 아브라함이 하나님의 말씀을 잘못 해석함으로 일어난 불행한 사건이었다. 그가 하갈의 천막 문 앞에서라도 잠시 하나님께 물었어야 했다. 과연 사래의 아이디어가 하나님께서 주신 약속에 포함된 것이냐고. 아브라함이 직접 하나님께 물었다면 대답해 주셨을 것이다. 아브라함은 이 과정을 생략했다. 언제나 오해는 하나님께 묻는 과정을 생략할 때에 생겨난다. 사람들은 "나야 당연히 그럴 줄로 알았지" 하며 실수를 변명한다. 그러나 변명한다고 해서 쏟아진 물을 다시 주워 담을 수는 없다. 먼저 하나님께 물어야 한다. 하나님은 묻는 자에게 반드시 대답해 주신다.

예상하지 못한 폭풍이 몰아쳐 왔다. 아이를 잉태한 하갈이 여주인 사래에게 불손하게 대했기 때문이다. 설사 하갈이 여주인에게 공손하게 대했더라도 사래의 감정은 여전히 불편했으리라. 평생을 기다려도 자기에게는 일어나지 않던 일이 어떻게 하갈에게는 하룻밤 사이에 일어나는지 이해할 수가 없었다. 마음 깊은 곳에서 번져가는 분노의 불길을 잡을 길이 없었다.

감정은 느낌이며 동시에 실재이다. 사래가 그렇게 느꼈다면 그것이 곧 사실이었다. 하갈에게는 변명의 여지가 없었다. 결국 시달리다 못한 아브라함은 임신한 하갈을 내쫓도록 사래에게 허락했다. 허겁지겁 도망 나온 하갈은 광야에 있는 샘물 곁에 주저앉아 깊은 한숨을 내쉬었다. 그때 하나님께서 개입하셨다. 고마우신 하나님.

"사래의 여종 하갈아 네가 어디서 왔으며 어디로 가느냐?"

"나는 내 여주인 사래를 피하여 도망하나이다."

> 네 여주인에게로 돌아가서 그 수하에 복종하라…내가 네 씨를 크게 번성하여 그 수가 많아 셀 수 없게 하리라 네가 임신하였은즉 아들을 낳으리니 그 이름을 이스마엘이라 하라 이는 여호와께서 네 고통을 들으셨음이니라 그가 사람 중에 들나귀같이 되리니 그의 손이 모든 사람을 치겠고 모든 사람의 손이 그를 칠지며 그가 모든 형제와 대항해서 살리라(창세기 16:9-12).

하갈은 억울하기 짝이 없었다. 본인이 원했던 일이 아니었다. 주인들이 결정한 일이었다. 그런데 잘못을 자기에게 뒤집어씌우고 쫓아냈다. 고맙게도 하나님께서 하갈에게 찾아오셨다. 아들 이름도 지어주시고 그의 장래를 축복해 주셨다. 하나님은 은혜로우셔서 모든 사람들을 보편적으로 돌보신다. 그날 하갈은 그 샘물을 '브엘라해로이'라고 불렀다. '나를 살피시는 하나님'이라는 뜻이다.

예수님은 하나님께서 그 해를 악인과 선인에게 비추시며 비를 의로운 자와 불의한 자에게 내려주신다고 말씀하셨다. 하나님 앞에서는 차별이 없다. 신분의 높낮이도 사라진다. 하나님은 은혜로우시다.

내년 이맘때에

* * *

그리고 14년의 세월이 흘렀다. 하갈에게는 가시방석 같은 세월이었고, 사래에게는 버림받은 세월이었으며, 아브라함에게는 불편하고 어정쩡한 세월이었다. 그러는 사이에 이스마엘은 정체성의 혼란을 겪는 청소년기로 접어들고 있었다. 말들은 있었지만 그래도 이스마엘이 아브라함의 후계자가 될 것을 대놓고 의심하는 사람은 그 집안에 아무도 없었다. 대세는 그렇게 굳혀져 가고 있었다.

그런데 아브라함의 나이 99세가 되었을 때에 다시 하나님께서 찾아오셨다. 창세기 17장에는 하나님과 아브라함 사이에 오갔던 많은 대화들이 기록되어 있다.

> 나는 전능한 하나님이라 너는 내 앞에서 행하여 완전하라 내가 내 언약을 나와 너 사이에 두어 너를 크게 번성하게 하리라(창세기 17:1-2).

하나님은 전능하신 분, '엘 샤다이'이시다. '엘 샤다이'는 '부어주는 자', '내어주는 자'라는 뜻이다. 전능하신 하나님께서 그의 아들을 우리에게 내어주셨고 십자가 위에서 용서의 사랑을 부어주셨다. '전능하신 하나님'과 '바랄 수 없는 중에 바라는 믿음'은 언제나 함께 간다. 만일 하나님께서 전능하시지 않다면 우리는 그런 믿음을 가질 수가 없다. 전능하신 하나님만이 우리의 믿음의 대상이 되신다. 또 전능하신 하나님께서 우리로 하여금 선한 일들을 능히 할 수 있도록 도와주신다.

하나님이 능히 모든 은혜를 너희에게 넘치게 하시나니 이는 너희로 모든 일에 항상 모든 것이 넉넉하여 모든 착한 일을 넘치게 하게 하려 하심이라(고린도후서 9:8).

하나님은 완전하신 분이다. 하나님은 그의 완전하심을 절대로 포기하지 않으신다. 아브라함이 실수하여 이스마엘을 얻었지만 그것은 하나님과 아무 상관이 없는 일이다. 하나님은 반듯한 길로 오시는데 아브라함이 조급해서 그 먼 길을 돌아왔을 뿐이다. 하나님은 아브라함이 저질렀던 일들에 대하여 일체 언급하지 않으셨다. 그리고 오래 전에 말씀하신 그 완전한 계획들을 이제 실천에 옮기겠다고 말씀하셨다. 하나님께서는 "아브라함이 86세에 낳은 이삭"보다 "아브라함이 100세에 낳은 이삭"이라고 부르시기를 더 기뻐하셨던 것 같다. 누구에게나 14년은 긴 세월이다. 그러나 하나님께는 극히 짧은 순간에 불과하다.

아브라함은 하나님의 말씀을 자기중심적으로 이해했다. '이제야 하나님께서 이스마엘을 나의 적자로 인정해 주시려나 보다.' 그렇게 생각했다. 그래서 아브라함은 하나님의 축복의 말씀을 받기 위해 땅에 엎드렸다. 하나님께서 말씀을 시작하셨다.

보라 내 언약이 너와 함께 있으니 너는 여러 민족의 아버지가 될지라 이제 후로는 네 이름을 아브람이라 하지 아니하고 아브라함이라 하리니 이는 내가 너를 여러 민족의 아버지가 되게 함이니라 내가 너로 심히 번성하게 하리니 내가 네게서 민족들이 나게 하며 왕들이 네게로부터 나오리라 내가 내 언약을 나와 너 및 네 대대 후손 사이에 세워서 영원한 언약을 삼고 너와 네 후손의 하나님이 되리라 내가 너와 네 후손에게 네가 거류하는 이 땅 곧 가나안 온 땅을 주어 영원한 기업이 되게 하고 나는 그들의 하나님이 되리라(창세기 17:4-8).

구구절절이 이스마엘을 통하여 주시겠다는 축복의 말씀이었다. 그동안 이스마엘을 볼 때마다 어딘가 꺼림칙한 구석이 있었는데 이제는 하나님과 사람 앞에서 편안한 노후를 보낼 수 있게 되었다고 안심했다. 하나님의 말씀이 계속되었다.

그런즉 너는 내 언약을 지키고 네 후손도 대대로 지키라 너희 중 남자는 다 할례를 받으라 이것이 나와 너희와 너희 후손 사이에 지킬 내 언약이니라 너희는 포피를 베어라 이것이 나와 너희 사이의 언약의 표징이니라 너희의 대대로 모든 남자는 집에서 난 자나 또는 너희 자손이 아니라 이방 사람에게서 돈으로 산 자를 막론하고 난 지 팔일 만에 할례를 받을 것이라 너희 집에서 난 자든지 너희 돈으로 산 자든지 할례를 받아야 하리니 이에 내 언약이 너희 살에 있어 영원한 언약이 되려니와 할례를 받지 아니한 남자 곧 그 포피를 베지 아니한 자는 백성 중에서 끊어지리니 그가 내 언약을 배반하였음이니라(창세기 17:9-14).

하나님의 말씀이 갈수록 더 선명해졌다. "너, 내 언약, 네 후손", 모두가 한 줄에 꿰어놓은 구슬들이었다. 남자들의 포피(foreskin)를 베는 할례는 처음 해보는 일이지만, 그렇게 해서라도 이스마엘이 하나님 앞에서 인정을 받게 된다면 못할 일도 아니었다. 앞으로는 사래도 마음을 접고 이스마엘을 하나님께서 약속하신 아들로 인정하게 될 것이다. 하나님의 말씀이 계속되었다. 오늘은 다른 날보다 더 많은 말씀을 하시는 것 같았다.

> 네 아내 사래는 이름을 사래라 하지 말고 사라라 하라 내가 그에게 복을 주어 그가 네게 아들을 낳아 주게 하며 내가 그에게 복을 주어 그를 여러 민족의 어머니가 되게 하리니 민족의 여러 왕이 그에게서 나리라(창세기 17:15-16).

아브라함은 자기 귀를 의심했다. 갑자기 현기증이 몰려왔다. 땅이 흔들리는 것 같았다. 하나님께서 잘못 말씀하셨거나 자기가 잘못 들었으리라고 생각했다. 그리고 혼잣말로 중얼거렸다. '백 세 된 남자가 어떻게 자식을 낳으며, 구십 세 된 여자가 어떻게 자식을 낳는다는 말인가.' 둘 사이의 부부생활이 이미 끝났다는 의미다. 기가 막히면 헛웃음이 나오는 법이다. 아브라함이 엎드린 채 웃으면서 말했다.

"이스마엘이나 하나님 앞에 살기를 원하나이다."

아니라 네 아내 사라가 네게 아들을 낳으리니 너는 그 이름을 이삭이라 하라 내가 그와 내 언약을 세우리니 그의 후손에게 영원한 언약이 되리라 이스마엘에 대하여는 내가 네 말을 들었나니 내가 그에게 복을 주어 그를 매우 크게 생육하고 번성하게 할지라 그가 열두 두령을 낳으리니 내가 그를 큰 나라가 되게 하려니와 내 언약은 내가 내년 이 시기에 사라가 네게 낳을 이삭과 세우리라(창세기 17:19-21).

하나님은 단호하셨다. 이스마엘은 언약의 대상이 아니라고 하신다. 비록 그의 후손들이 생육하며 번성하겠지만 이스마엘은 하나님께서 선택하신 혈통이 절대로 아니라고 하신다. 그가 약속한 후손은 이삭으로부터 시작될 것이라고 말씀하신다. 감사하면서 받아들여야 할지 아니면 이의를 제기해야 할지 마음을 정하기도 전에 하나님께서 그를 떠나 올라가셨다.

바울은 아브라함을 가리켜 모든 믿는 자들의 조상이라고 했다(갈라디아서 3:7). 믿음은 순종으로 증명된다. 아브라함은 하나님의 말씀에 즉시로 순종했다. 그날 해가 지기 전에 집안의 모든 남자들을 모아다가 할례를 행하였다. 열네 살 된 이스마엘뿐만 아니라 구십구 세가 된 아브라함 자신도 할례를 받았다.

그리고 얼마의 시간, 아마도 몇 주 정도가 지났을 것이다. 이번에는 하나님의 사자(使者) 셋이 아브라함을 방문했다. 아브라함은 급히 나가서 그들을 집안으로 초청하고 사라를 재촉하여 최고의 식탁을 준비하게 했다. 히브리서 기자가 "손님 대접하기를 잊지 말라. 이로써 부지중에 천사들을 대접한 이들이 있었느니라" 하였는데(히브리서 13:2), 그 중의 하나가 바로 아브라함이었다. 세 사람은 음식을 다 먹은 후에 사라에게 주시는 하나님의 말씀을 대언(代言)했다.

> 내년 이맘때 내가 반드시 네게로 돌아오리니 네 아내 사라에게 아들이 있으리라(창세기 18:10).

아브라함이 지난번 하나님께로부터 들은 말씀을 사라에게 제대로 전하지 않았던 것 같다. 하기는 자기도 믿어지지 않았으니까. 그래서 하나님은 다시 사자들을 보내어 확인시켜 주신 것일까? 사라가 장막 문 밖에서 사자들의 말을 듣고 속으로 웃으며 혼잣말을 했다. '남편은 늙었고 나는 이미 생리가 끊어졌는데 나한테 무슨 그런 즐거운 일이 있을까?' 사라는 여주인이었지만 즐거움이 없었다. 하나님께서 아브라함에게 하시는 말씀이 장막 밖에까지 들려왔다.

> 사라가 왜 웃으며 이르기를 내가 늙었거늘 어떻게 아들을 낳으리요 하느냐 여호와께 능하지 못한 일이 있겠느냐 기한이 이를 때에 내가 네게로 돌아오리니 사라에게 아들이 있으리라(창세기 18:13-14).

놀란 사라가 장막 문 뒤에서 펄쩍 뛰며 부인했다.

"내가 웃지 아니하였나이다."

"아니라. 네가 웃었느니라."

식사 후에 세 사람들은 사해(死海) 쪽으로 내려갔다. 그리고 그날 밤, 소돔과 고모라는 하늘에서 쏟아진 유황불로 멸망하였다. 다행히 롯 내외와 두 딸들은 하나님의 긍휼히 여기심을 받아 구사일생으로 멸망의 성에서 벗어났다. 그러나 사자들의 경고를 무시하고 뒤를 돌아보던 롯의 아내는 결국 소금 기둥이 되고 말았다.

그 후에 아브라함은 네게브 사막을 지나 가데스와 술 사이에 있는 그랄 땅으로 이주했다. 그해에는 특별히 흉년이 들지도 않았는데 왜 헤브론에서 그랄로 옮겨갔을까? 아마도 소돔과 고모라가 멸망당하는 모습을 보면서 반사적으로 그 반대편에 있는 그랄 지역으로 내려갔는지도 모른다.

그랄에서 아브라함은 또 한 번 큰 실수를 저질렀다. 하나님께서 인도하시시 않는 길을 가면 꼭 그런 일이 일어난다. 당시에는 요즘처럼 다른 나라를 여행할 때 법적으로 보호를 받는 국제적 안전장치가 없었다. 재물은 말할 것도 없고 아내도 빼앗길 수 있었다. 그렇게 빼앗기는 과정에서 목숨이 위태롭게 될 수도 있었다. 아브라함은 이번에도 애굽에 내려갔을 때처럼 자기 아내를 누이라고 소개했다. 물론 거짓말은 아니다. 실제로 이복누이였으니까. 사라가 아름답다는 소문을 듣고 그랄 왕 아비멜렉이 사라를 데려갔다. 이것은 보통 큰일이 아니었다. 이미 그때에 뱃속에 들어 있었을지도 모르는 이삭이 하마터면 아비멜렉의 아들로 태어날 뻔했으니까. 다행히 하나님께서 개입하시어 사라를 아브라함에게 되돌려 주셨다.

일은 항상 우리가 저지르고 뒤처리는 하나님께서 해주신다.

잠 못 이루는 밤에

* * *

드디어 100세 된 아브라함과 90세 된 사라에게서 아들이 태어났다. 꿈같은 일이었다. 이삭을 낳은 후에 사라가 웃으면서 말했다.

> 하나님이 나를 웃게 하시니 듣는 자가 다 나와 함께 웃으리로다 사라가 자식들을 젖먹이겠다고 누가 아브라함에게 말하였으리요마는 아브라함의 노경에 내가 아들을 낳았도다(창세기 21:6-7).

90세 나이에 사라가 젖을 먹여서 이삭을 길렀다. 하나님께서 아브라함과 사라의 신체적 나이를 한참 뒤로 되돌려놓으셨다. 귀한 자식이라 젖 떼는 시기도 늦었을 것이다. 이삭이 젖을 떼는 날, 아브라함은 큰 잔치를 베풀었다. 그 무렵 이스마엘은 십대 후반으로 접어들고 있었다. 몇 년 전까지만 해도 자기가 이 집의 유일한 아들이었다. 그런데 갑자기 이삭이 아우로 태어났다. 이삭이 온 집안의 사랑을 받는 모습을 보며 이스마엘의 마음은 불편했다. 마침 그날은 큰 잔칫날이었다. 사고는 언제나 잔칫날에 터진다.

이스마엘이 이삭을 짓궂게 놀리는 장면을 사라가 보았다. 눈에서 불이 났다. 그렇게 좋은 날, 이스마엘을 따로 불러서 조용히 나무래도 될 일을, 사라는 분노를 억누르지 못했다. 이 기회에 정리해야겠다고 생각했다. 사라는 모든 사람들이 보는 앞에서 아브라함에게 목소리를 높였다.

이 여종과 그 아들을 내쫓으라 이 종의 아들은 내 아들 이삭과 함께 기업을 얻지 못하리라(창세기 21:10).

누가 사라를 말릴 수 있겠는가? 잔치의 분위기는 무겁게 가라앉고 아브라함의 체면은 말이 아니었다. 근심하고 있는 아브라함에게 하나님께서 말씀하셨다.

네 아이나 네 여종으로 말미암아 근심하지 말고 사라가 네게 이른 말을 다 들으라 이삭에게서 나는 자라야 네 씨라 부를 것임이니라 그러나 여종의 아들도 네 씨니 내가 그로 한 민족을 이루게 하리라(창세기 21:12-13).

하나님을 원망할 일이 아니다. 자신과 사라가 저지른 잘못이었으니까. 하나님의 나라에서는 인간의 정을 앞세울 수 없는 일들이 자주 일어난다. 한 집에 이삭과 이스마엘이 동거할 수는 없었다. 이스마엘을 내보내야 했다. 하나님께서 그의 구속의 역사를 이루시기 위해 특별히 선택한 가정에 이스마엘이 설 자리가 없었다.

뒷날 아브라함은 떡과 물 한 가죽 부대를 하갈의 어깨에 메워주고 이스마엘과 함께 내보냈다. 아버지는 어느 자식에게도 아버지다. 그러나 아브라함은 하나님의 명령에 이의를 제기할 수가 없었다. 생각할수록 후회스러웠다. 만일 그가 끝까지 믿음을 지키고 사라의 청을 거절했더라면 이렇게 가슴 아픈 일을 당하지 않았을 텐데, 자기가 저지른 잘못이니 누구를 원망하랴!

그러나 하나님은 신실하셨다. 하나님은 약속하신 말씀대로 하갈과 이스마엘을 보호해 주셨다. 그렇게 멀지 않는 곳에서 가정을 이루며 잘 살게 해주셨다. 그리고 이스마엘의 후손들로 큰 민족을 이루게 해주셨다. 이스마엘은 열두 아들들을 두었고 그들이 각각 부족들을 이루게 되었다.

이런저런 일들을 회상하다 보니 많은 시간이 지나갔다. 날이 밝으려는지 새들의 울음소리도 잦아지고 있었다. 뜬눈으로 밤을 새운 아브라함의 귀에 아직도 하나님의 음성이 생생하게 들리는 듯했다.

"아브라함아, 네 아들 네 사랑하는 독자 이삭을 데리고 모리아 땅으로 가서, 내가 네게 일러 준 한 산 거기서, 그를 번제로 드리라."

여기가 끝인가? 하나님의 부르심과 동행하심이 여기까지인가? 왜 이처럼 허무하게 데려가실 아이를 그토록 요란하게 주셨을까? 이 아이를 불로 태워 번제물로 드린 후에 이 일을 가족들에게 뭐라고 설명해야 할까? 사라는 무슨 말로 위로해 주어야 할까? 이 일을 사라에게 먼저 말한다면 어떤 반응을 보일까? 그것만은 안 된다. 그럼 이삭에게는 뭐라고 설명해야 하지? 도대체 모리아 땅 어느 산으로 우리를 데려가시려는 걸까? 하나님의 모든 약속은 물거품처럼 끝나고 마는 것일까? 하나님 정말 그렇습니까?

아삽이라는 시인이 있었다. 그도 어떤 기가 막힌 일 때문에 아브라함처럼 잠을 이루지 못하고 있었다. 그가 지은 시편 77편을 묵상하다

보면 아브라함의 마음이 겹쳐온다.

내가 내 음성으로 하나님께 부르짖으리니
내 음성으로 하나님께 부르짖으면
내게 귀를 기울이시리로다
나의 환난 날에 내가 주를 찾았으며
밤에는 내 손을 들고 거두지 아니하였나니
내 영혼이 위로 받기를 거절하였도다
내가 하나님을 기억하고 불안하여 근심하니
내 심령이 상하도다 (셀라)
주께서 내가 눈을 붙이지 못하게 하시니
내가 괴로워 말할 수 없나이다
내가 옛날 곧 지나간 세월을 생각하였사오며
밤에 부른 노래를 내가 기억하여
내 심령으로,
내가 내 마음으로 간구하기를
주께서 영원히 버리실까,
다시는 은혜를 베풀지 아니하실까,
그의 인자하심은 영원히 끝났는가,
그의 약속하심도 영구히 폐하였는가,
하나님이 그가 베푸실 은혜를 잊으셨는가,
노하심으로

그가 베푸실 긍휼을 그치셨는가 하였나이다 (셀라)(시편 77:1-9).

성도들은 하나님께 버림받은 감정이 들 때가 가장 슬프다. 두 손을 들고 밤새워 기도해도 아무 응답이 없을 때, 환난 가운데 내던짐을 받았는데 그 이유를 알 수 없을 때, 모두 등을 돌리며 비웃는 웃음소리가 들릴 때, 가까운 사람들이 외면하고 하나님마저 모른 체하실 때, 그때 성도들은 잠을 이룰 수가 없다. 하나님의 살아계심을 부인할 수 없기 때문에 더 고통스럽다. 하나님을 떠날 수 없기 때문에 더 괴롭다. 하고 싶은 대로 욕하고 저주할 수 없기 때문에 고통이 배가 된다.

아삽도 아브라함처럼 근심하며 밤을 지새웠다. 그러다가 새벽녘에서야 (틀림없이 새벽녘이었으리라) 하나님께서 아삽의 입술에 은혜의 기름을 부어주셨다. 새 마음을 주셨다. 어둠이 물러가고 새날이 밝아오듯이 그의 생각에 진리의 빛이 비쳐왔다. 아삽은 이렇게 노래하기 시작했다.

또 내가 말하기를
이는 나의 잘못이라
지존자의 오른손의 해 곧 여호와의 일들을 기억하며
주께서 옛적에 행하신 기이한 일을 기억하리이다
또 주의 모든 일을 작은 소리로 읊조리며
주의 행사를 낮은 소리로 되뇌이리이다

하나님이여 주의 도는 극히 거룩하시오니
하나님과 같이 위대하신 신이 누구오니이까
주는 기이한 일을 행하신 하나님이시라
민족들 중에 주의 능력을 알리시고
주의 팔로 주의 백성
곧 야곱과 요셉의 자손을 속량하셨나이다(시편 77:10-15).

아삽은 자기의 생각이 잘못되었음을 시인했다. 그 순간, 아삽은 깊은 함정에서 벗어났다. 그가 사용한 가장 중요한 시어(詩語)가 '기억'이다. 그는 하나님의 오른손으로 이루셨던 일들을 기억하면서 사망의 음침한 골짜기를 벗어났다. 하나님께서 하셨던 일들과 말씀들을 기억하면서 자기연민의 감옥에서 걸어 나왔다. 그러자 놀라운 일이 일어났다. "그의 인자하심은 끝났는가, 그의 약속하심도 영구히 폐하였는가?" 하던 자조 섞인 말이 "하나님과 같이 위대한 신이 누구니이까?"라는 위대한 선언으로 바뀌었다. 장마가 개인 뒷날처럼 아삽의 정신도 맑아졌다.

하나님이여 물들이 주를 보았나이다
물들이 주를 보고 두려워하며
깊음도 진동하였고
구름이 물을 쏟고 궁창이 소리를 내며
주의 화살도 날아갔나이다

회오리바람 중에 주의 우렛소리가 있으며
번개가 세계를 비추며
땅이 흔들리고 움직였나이다
주의 길이 바다에 있었고
주의 곧은길이 큰물에 있었으나
주의 발자취를 알 수 없었나이다
주의 백성을 양 떼같이
모세와 아론의 손으로 인도하셨나이다(시 77:16-20).

믿음의 세계에서 사용하는 어법(語法)은 특별하다. 가끔 성경은 과거의 일들뿐만 아니라 미래에 일어날 일들도 현재형으로 묘사한다. 아삽이 자기의 잘못을 인정하고 마음을 돌이키자 시야가 열리기 시작했다. 그러자 하나님은 여전히 자기와 함께하시고, 이스라엘 백성들과 함께하시며, 나아가서는 온 인류뿐만 아니라 우주와도 함께 하신다는 진리가 깨달아졌다. 믿음의 세계에서는 과거와 미래가 현재 속에 공존한다.

믿음의 사람들은 고통스러운 밤을 헛되이 보내지 않는다. 밤중에 성전에서 기도하는 사람들은 응답을 받아내고야 만다. 어둠이 물러가고 찬란한 빛이 비쳐온다.

보라, 밤에 여호와의 성전에 서 있는 여호와의 모든 종들아 여호와를 송축하라 성소를 향하여 너희 손을 들고 여호와를 송축하라 천지를 지으신 여호와께서 시온에서 네게 복을 주실지어다(시편 134:1-3).

믿음으로 걸어가는 길

* * *

마침내 날이 밝아왔다. 마음도 정리되었다. 길 떠날 준비를 하는 아브라함의 행동에 망설임이 없었다. 그것은 내키지 않는 길을 억지로 떠나는 사람의 자세가 아니었다. 꼭 가야 할 길, 가고 싶어 열망하는 길, 반드시 다녀올 길을 떠나는 사람처럼 짐을 꾸렸다. 그리고 이삭과 두 종을 깨웠다. 아무도 간밤에 아브라함에게 무슨 일이 일어났는지 알아채지 못했다.

긴 밤을 지새우고 아침 일찍 길을 떠나는 아브라함의 행동이 우리에게 많은 이야기를 들려준다. 아브라함은 아내 사라에게 이 일을 알리지 않았을 것이다. 만일 알렸다면 사라가 그렇게 조용히 보냈을 리가 없다. 설사 알렸어도 다른 구실을 붙였을 것이다. 이삭은 물론이거니와 종들도 모르고 가는 길이었다. 그 길은 사흘 내내 아브라함 혼자서만 알고 가는 걸어가는 길이었다.

아브라함이 아침에 일찍이 일어나 나귀에 안장을 지우고 두 종과 그의 아들 이삭을 데리고 번제에 쓸 나무를 쪼개어 가지고 떠나 하나님이 자기에게 일러 주신 곳으로 가더니 제삼일에 아브라함이 눈을 들어 그 곳을 멀리 바라본지라(창세기 22:3-4).

당시 아브라함은 브엘세바에 살고 있었다. 요즘 닦아놓은 길로 올라가도 모리아 산까지는 50마일, 80km, 2백리 길이다. 당시에는 더 멀고 험한 산길이었으리라. 아브라함에게 있어서 그 사흘 길은 오직 믿음만 붙들고 걸어가는 순례자의 길이었다.

성경은 최대로 요약된 책이다. 한두 문장의 후기(epilogue)라도 있으면 좋으련만, 가차 없이 끝내버린다. 요나의 이야기가 그렇고 탕자의 형 이야기가 그렇다. 사흘 길을 가는 동안 아브라함의 모습이 너무 고요하고 차분해서 궁금증만 더해진다. 도대체 무엇이 아브라함으로 하여금 그렇게 망설임 없이 올라가게 했을까? 아브라함에게 물어보고 싶은 질문이 한두 가지가 아니다. 이제 하나님께서 그의 말씀 속으로 상상력의 날개를 치며 들어오라고 우리를 초청하신다.

아무리 생각해도 믿음 외에는 달리 표현할 길이 없다. 하나님의 약속에 대한 믿음, 하나님의 인자하심에 대한 믿음, 하나님의 선하심에 대한 믿음, 오직 그 믿음 한 가지만 붙들고 아브라함이 길을 나섰다. 하나님의 명령 앞에서 씨름하던 그 밤, 아브라함은 믿음 외에는 그가 그 진퇴양난의 계곡에서 벗어날 길이 없다는 결론에 이르렀다. 돌이켜보니 처음부터 그가 가진 것은 믿음뿐이었다. 고향을 떠날 때도, 애굽에서 아내와 함께 나올 때도, 롯이 그를 떠났을 때도, 이스마엘을 내보냈을 때도, 오직 하나님을 향한 믿음뿐이었다. 이번 일도 믿음으로 이겨내야 했다. 어차피 문제를 해결해주실 분은 하나님 한 분뿐이시므로…. 훗날 바울은 로마서에서 이런 믿음을 가리켜 "믿음으로 믿음에 이르게 한다"고 해석했다.

복음에는 하나님의 의가 나타나서 믿음으로 믿음에 이르게 하나니 기록된바 오직 의인은 믿음으로 말미암아 살리라 함과 같으니라(로마서 1:17).

아브라함은 하나님께 그의 믿음을 보여드리고 싶었다. 사랑하는 아내와 아들에게도 보여주고 싶었다. 가족들뿐만 아니라 온 세상에도 보여주고 싶었다. 할 수 있으면 다음 세대에 남겨줄 수 있는 엄청난 이야기(legacy) 하나를 만들어내고 싶었다.

네 아내 사라가 네게 아들을 낳으리니 너는 그 이름을 이삭이라 하라 내가 그와 내 언약을 세우리니 그의 후손에게 영원한 언약이 되리라(창세기 17:19).

이제 그가 올라가는 모리아 산은 패배의 산이 아니고 승리의 산이 될 것이다. 그곳은 그가 믿었던 하나님의 살아계심을 증명하는 거룩한 땅이 될 것이다. 그곳에서 그의 믿음은 승리하고 반드시 상급을 받게 될 것이다. 설사 이삭을 불로 태워 제물로 드리는 일이 벌어진다 할지라도 그의 믿음이 승리하게 될 것이다. 도대체 아브라함은 어떻게 그런 믿음을 가질 수 있었을까? 아브라함은 하나님의 시험을 통과할 수 있는 비결을 하나님의 약속에서 찾아냈다.

그에게 이미 말씀하시기를 네 자손이라 칭할 자는 이삭으로 말미암으리라 하셨으니(히브리서 11:18).

어떻게 죽은 자에게서 후손이 날 수 있느냐는 질문은 아브라함이 대답해야 할 문제가 아니었다. 그것은 하나님께서 풀어내실 문제였다. 한 가지만 분명히 하면 된다. 후손은 죽은 자가 아니라 산 자에게서 나온다는 진리만 굳게 붙들고 있으면 된다. 그래서 아브라함은 하나님께서 능히 이삭을 죽은 자 가운데서 다시 살리시리라고 믿었다. 추호도 의심하지 않고 단호하게 믿었다. 반드시 살아 있는 이삭을 통하여 아브라함의 후손이 별처럼 모래처럼 번성하게 될 것이라고 믿었다. 자기 손으로 죽이더라도 하나님께서 이삭을 다시 살려내실 것이다. 반드시 그렇게 될 것이다. 하나님께서 말씀하셨기 때문이다. 아브라함은 하나님의 말씀을 조금도 의심하지 않았다. 하나님의 말씀을 의심하지 않고 믿을 수 있는 사람은 가장 복 있는 사람이다. 히브리서 기자는 아브라함의 이와 같은 믿음을 달리 설명할 길이 없어서 "그(이삭)를 죽은 자 가운데서 도로 받은 것"이라고 결론지었다.

물론 아브라함이 현실세계를 외면하고 가상세계로 들어간 것은 아니다. 아브라함은 그의 발밑에서 들려오는 풀 밟히는 소리에도 민감했다. 지금 모리아 산으로 이삭과 함께 단풍 구경하러 가는 길이 아니다. 그랬더라면 칼도 불도 나무도 필요 없었을 것이다. 산 위에 올라가면, 그리고 그때까지 다른 말씀이 없으면, 이삭을 잡아 번제로 드려야 한다. 그 명령을 피할 수 없다는 현실을 아브라함은 너무나 잘 알고 있었다.

그렇다면 아브라함과 보통 사람들의 차이점이 무엇일까? 하나님의 말씀에 대한 자세다. 보통 사람은 하나님의 말씀을 진지하게 대하지 않는다. 약속의 말씀에 생명을 걸지 않는다. 그러나 아브라함은 하나님의 말씀을 엄중하게 생각했다. 하나님께서 말씀하시면 반드시 이루어진다는 믿음이 있었다. 그것은 경험들을 통하여 갖게 된 믿음이었다. 아브라함에게 있어서 하나님의 말씀은 타협할 수 없는 진리였다. 아무도 움직일 수 없는 태산보다 더 크고 견고한 진리였다.

아브라함은 하나님의 약속의 말씀을 붙들고 올라갔다. 산을 올라갈수록 하나님께서 하실 일을 기대하는 마음이 더 커져 갔다. 하나님께서 반드시 무슨 일인가 하실 것이다. 아브라함은 현실이라는 땅을 내려다보지 않았다. 은혜라는 하늘을 올려다보았다. 온 마음을 다하여 그 은혜의 하늘만을 쳐다보며 올라갔다. 바울도 감옥에서 골로새 교회에 편지를 보낼 때 그런 생각을 하고 있었을까?

> 그러므로 너희가 그리스도와 함께 다시 살리심을 받았으면 위의 것을 찾으라 거기는 그리스도께서 하나님 우편에 앉아계시느니라 위의 것을 생각하고 땅의 것을 생각하지 말라(골로새서 3:1-2).

아브라함은 길을 떠나기 전에 이미 마음을 정리했다. 믿음이 그의 생각을 다스리기 시작하자 망설일 이유가 없었다. 모리아 산을 향해 가는 사흘 길은 오히려 흥분과 기대로 가득 찼다. 자기가 믿는 하나님을 이삭에게 보여줄 생각을 하니 가슴이 뜨거웠다. 아들을 죽이러

가는 길이 오히려 축복받는 길로 여겨졌다. 아브라함에게 있어서 죽음은 곧 삶이었고, 잃어버림은 곧 얻음이었다. 아브라함의 이런 신앙은 부활신앙과 맥을 같이 한다. 바울은 부활신앙을 이렇게 표현했다.

> 우리는 속이는 자 같으나 참되고 무명한 자 같으나 유명한 자요 죽은 자 같으나 보라 우리가 살아 있고 징계를 받는 자 같으나 죽임을 당하지 아니하고 근심하는 자 같으나 항상 기뻐하고 가난한 자 같으나 많은 사람을 부요하게 하고 아무것도 없는 자 같으나 모든 것을 가진 자로다(고린도후서 6:8-10).

아브라함은 오래전에 이런 초월적인 믿음을 이미 경험했다. 하나님의 살아계심과 그를 찾는 자에게 상 주심을 믿는 믿음이 그들로 하여금 신앙의 초월자가 되게 했다. 믿음으로 세상을 이겨낸 사람은 은혜의 세계로 들어간다.

C. S. 루이스(Lewis)가 어떤 모임에 뒤늦게 참석했다. 자기가 참여해야 할 토론 그룹을 찾느라 이 방 저 방을 기웃거리다가 우연히 비교종교학자들이 모인 방에 들어섰다. 마침 그들은 기독교와 다른 종교 사이의 다른 점이 무엇인가를 찾기 위해 애를 쓰고 있었다. 그때 루이스가 문 쪽에 서서 한마디 거들었다.

"여보시오. 기독교와 다른 종교가 다른 점은 은혜요, 은혜!"

그렇다. 은혜였다. 아브라함이 산을 올라가면서 마음으로 간구하고 간청했던 것이 바로 하나님의 은혜였다. 하나님의 은혜가 아니면 소망도 믿음도 다 쓸모없다. 하나님께서 이삭을 죽이시기로 작정하셨다면 어차피 그는 죽을 목숨이다. 그러나 하나님께서 은혜를 베푸신다면 이삭이 다시 살아나서 후손을 낳게 될 것이다.

하나님께서 지시하신 산에 이르자 아브라함이 종들에게 말했다.

> 너희는 나귀와 함께 여기서 기다리라 내가 아이와 함께 저기 가서 예배하고 우리가 너희에게로 돌아오리라(창세기 22:5).

이삭이 정확히 몇 살이었는지 우리는 모른다. 무거운 나뭇짐을 짊어지고 산을 오를 정도면 적어도 10대 중반은 되었을 것이다. 성숙한 사고를 할 수 있는 나이다. 이삭이 아무리 생각해도 이해가 되지 않았다. 그래서 아비지께 물있다.

"아버지여, 불과 나무는 있거니와 번제할 어린양은 어디 있나이까?"

그때 아브라함이 후대 사람들이 두고두고 인용하게 될 유명한 대답을 했다.

> 내 아들아 번제할 어린 양은 하나님이 자기를 위하여 친히 준비하시리라(창세기 22:8).

"여호와가 친히 자기를 위하여 준비하시리라." 여호와 이레, 이 말은 궁색한 변명이 아니었다. 나약한 소원도 아니었다. 오히려 확신을 가진 사람의 단호한 고백이었다. "이삭아, 네가 반드시 보게 되리라. 하나님께서 친히 자기를 위하여 준비하신 어린 양을!" 이런 말투였다. 그것은 한나가 엘리 대제사장을 통하여 주신 하나님의 약속의 말씀을 듣고, "당신의 여종이 당신께 은혜 입기를 원하나이다" 하고 즉시로 근심으로부터 벗어났던, 바로 그런 믿음의 언어였다.

히브리서 기자가 말한 것처럼 "믿음은 바라는 것들의 실상이요 보지 못한 것들의 증거"다. 얻기를 바라고 보기를 소원하는 마음이 없으면 믿음은 역사하지 않는다. 하나님께서는 우리가 바라보고 소원할 수 있는 약속의 말씀들을 우리에게 주셨다. 아브라함의 믿음도 약속의 말씀에 뿌리를 내리고 있었다. "내가 너로 큰 민족을 이루고"라는 약속과 "내가 그(이삭)와 내 언약을 세우리니"라는 약속의 말씀 때문에 "하나님이 자기를 위하여 친히 준비하시리라"는 믿음의 고백을 할 수 있었다.

아브라함의 믿음을 좀 더 깊이 묵상해 보자.

수동태의 믿음

* * *

우리는 완벽한 믿음을 추구한다. 그러나 믿음은 '바라는 것'과 '보이지 않는 것'에 대한 우리의 태도이기 때문에 어차피 완벽할 수가 없다. 일말의 의심도 없는 믿음은 우리에게 아예 불가능하다. 아브라함도 그랬다. 과연 아브라함은 75세에 하나님의 부르심을 받은 후

100세에 아들을 낳을 때까지 25년 동안 하나님의 약속의 말씀을 한 번도 의심하지 않고 순수하게 믿었을까?

물론 아브라함은 시작부터 믿음의 사람이었다. 그 믿음으로 고향과 아버지의 집을 떠났다. 그 믿음으로 가나안 땅에 장막을 치고 살았다. 그러나 아브라함은 잠시 하나님의 약속을 의심한 적이 있었다. 창세기 12장에서 주신 약속의 말씀을 믿었지만 15장에서는 종 엘리에셀로 자기 후계자를 삼아야겠다고 불평했다. 창세기 15장에서 주신 하나님의 약속의 말씀을 믿었지만 이스마엘을 하나님께서 세우신 후계자로 오해했다. 그럼 바울이 로마서에서 말한 아브라함의 믿음은 어떻게 이해해야 할까?

> 아브라함이 바랄 수 없는 중에 바라고 믿었으니 이는 네 후손이 이같으리라 하신 말씀대로 많은 민족의 조상이 되게 하려 하심이라 그가 백세나 되어 자기 몸이 죽은 것 같고 사라의 태가 죽은 것 같음을 알고도 믿음이 약하여지지 아니하고 믿음이 없어 하나님의 약속을 의심하지 않고 믿음으로 견고하여져서 하나님께 영광을 돌리며 약속하신 그것을 또한 능히 이루실 줄을 확신하였으니 그러므로 그것이 그에게 의로 여겨졌느니라(로마서 4:18-22).

바울이 여기에서 말하는 아브라함의 믿음은 그가 99세 되었을 때부터 새롭게 가졌던 믿음이다. 하나님께서 "내년 이맘때 내가 반드시 네게로 돌아오리니 네 아내 사라에게 아들이 있으리라"는 말씀을 듣고 "바랄 수 없는 중에 바라고 믿었다"는 말씀이다. 그때 이후로는 그의 믿음이 약하여지지 아니하고, 믿음이 없어 하나님의 약속을 의심하지 아니하고, 오히려 그 믿음이 더 견고하여져서 그것을 또한 능히 이루실 줄을 확신하였다.

바울의 글 중에 두 가지 중요한 동사가 나온다. 하나는 "믿음으로 견고하여져서"에서 '견고하다'는 동사이고, 다른 하나는 "약속하신 그 것을 또한 능히 이루실 줄을 확신하였으니"에서 '확신하였다'는 동사인데, 둘 다 수동태이다. 이 수동태 동사 속에 바울이 말하려고 하는 깊은 의도가 담겨있다.

아브라함 스스로 견고한 믿음을 가진 것이 아니다. 약속의 말씀을 주신 하나님께서, 아브라함으로 하여금 견고한 믿음을 가지고 그 약속을 붙들게 도와주셨다. 그뿐만 아니라 약속하신 그 말씀을 능히 이루실 것이라는 확신도 하나님께서 아브라함의 마음에 심어주셨다. 아브라함은 하나님의 은혜로 그렇게 믿어졌고, 그래서 아무도 흔들 수 없는 확신에 이를 수 있게 되었다. 아브라함은 오직 하나님의 은혜로 믿음의 사람이 될 수 있었다. 확신할 뿐만 아니라 순종하는 믿음마저도 은혜였다. 우리가 구할 것은 하나님의 은혜뿐이다.

수동태의 믿음은 설득당하는 믿음이다. 이런 믿음을 가진 사람만이 하나님의 말씀에 순종할 수 있다. 순종한다는 말은 설득 당했다는 말이다. 불순종은 하나님의 말씀에 설득 당하지 않은 결과이다. 세상에 속한 사람은 하나님의 말씀에 설득 당하지 않으려고 몸부림친다. 교만하기 때문이다. 교만한 사람은 설득 당하지 않는다. 설득 당하는 순간 자기의 존재 기반이 무너지기 때문이다.

그러나 성령으로 거듭난 사람은 하나님의 말씀에 기쁨으로 설득 당한다. 그래서 순종한다. 그리스도인은 하나님의 말씀과 성령님의 감동하심에 기꺼이 설득 당하기로 작정한다. 하나님의 말씀에 설득 당하는 순간, 우리는 하나님의 세계로 들어간다. 그리고 새로운 능력으로 옷을 입게 된다. 그 능력이 우리의 믿음을 견고한 확신에 이르게 한다. 그 결과 우리는 하나님께서 예비하신 모든 은혜와 축복을 누리게 된다.

하나님께 설득 당함이 축복이다.

중간태의 믿음

* * *

어린 시절, 주일학교에서 아브라함이 이삭을 번제물로 드리는 이야기를 들을 때마다 마음속에 두 가지 생각이 들곤 했다. 하나는 '하나님께서는 어디까지 아브라함을 시험하려고 하셨을까?'였고, 다른 하나는 '아브라함은 하나님의 말씀에 어디까지 순종하려고 했을까?'였다. 히브리서 11장 17절에 이런 말씀이 기록되어 있다.

> 아브라함은 시험을 받을 때에 믿음으로 이삭을 드렸으니 그는 약속들을 받은 자로되 그 외아들을 드렸느니라.

여기에서 '드렸으니'라는 동사의 시제는 완료형(Perfect)이다. 하나님께서 "네 아들 네 사랑하는 독자 이삭을 데리고 모리아 땅으로 가서 내가 네게 지시하는 한 산 거기서 그를 번제로 드리라"고 명령하실 때에 아브라함은 이미 믿음으로 이삭을 드려버렸다. 다 끝났다. 믿음과 순종의 차원에서 볼 때 이삭은 벌써 번제로 드려졌고, 제단 위에는 형체도 분간할 수 없는 하얀 재만 남아 있었다.

그 다음 구절에 "그는 약속들을 받은 자로되 그 외아들을 드렸느니라"에 나오는 '드렸느니라'는 동사의 시제는 미완료형(Imperfect)이다. 미완료 시제는 어떤 동작이나 행위가 과거에 계속하여 진행되고 있었던 상태를 의미한다. 이런 문법적인 이해를 가지고 히브리서 11장 17절을 풀어서 읽어보면 이렇다.

"아브라함은 시험을 받을 때에 믿음으로 이삭을 이미 (번제로) 드려버렸고, 그가 (그를 통하여 수많은 자손들이 세상에 태어날 것이라는) 약속을 받은 자였지만, (그럼에도 불구하고) 아브라함은 (그 산 위에서) 그의 하나뿐인 아들 이삭을 (번제로) 드리고 있었다."

아브라함은 믿음과 순종의 영역에서 이미 번제로 드려버린 이삭을 현실 속에서 지금 드리고 있다는 말이다. 이렇게 풀어서 읽고 나면 그 다음 말씀이 비로소 이해된다.

그에게 이미 말씀하시기를 네 자손이라 칭할 자는 이삭으로 말미암으리라 하셨으니 그가 하나님이 능히 죽은 자 가운데서 다시 살리실 줄로 생각한지라 비유컨대 죽은 자 가운데서 도로 받은 것이니라(히브리서 11:18-19).

이 말씀 가운데 두 개의 동사가 나온다. 하나는 '생각한지라'(생각했다)는 동사이고, 다른 하나는 '받은 것이니라'(받았다)는 동사이다. 이 두 동사는 헬라어에 자주 나오는 중간태(Middle Voice)다. 능동태와 수동태 사이에 있는 중간태(中間態)는 '다른 누군가의 행동에 내가 적극적으로 참여한다'는 뜻을 나타내는 동사다. 특히 하나님께서 시작하신 행동에 믿음으로 참여하는 성도들의 행위를 가리킨다.

이삭을 살리실 분은 하나님뿐이셨다. 아브라함은 하나님의 살리시는 그 행위를 그의 믿음으로 계속 붙들고 있었다. "비유컨대 죽은 자 가운데서 도로 받은 것이니라." 이 말씀은 '죽은 자 가운데서 이삭을 다시 살려서 아브라함에게 돌려주시는' 하나님의 능동적 행위에 아브라함이 '받음'이라는 믿음의 행위로 동참하고 있었다는 뜻이다. 다시 말하자면, 그렇게 하시지 않고는 그의 약속을 성취하실 다른 길이 없었기 때문에, 이삭을 반드시 죽음으로부터 살려내시고야 말 하나님의 부활의 능력을, 아브라함이 지금 믿음으로 견고하게 붙들고 있다는 뜻이다.

이삭을 다시 살리시는 행위의 주체는 하나님이시다. 아브라함은 하나님께서 하실 일에 믿음으로 참여하고 있었다. 아브라함은 이삭과 함께 산을 오르면서 그런 생각을 하고 있었다. 만일 하나님께서 아브라함이 믿고 있는 그 일을 행하지 않으신다면, 그의 믿음은 부질없는 짓이다. 그것이 중간태의 깊은 의미이다. 믿음은 추상이 아니고 실상이다. 믿음은 상상이 아니고 눈에 보이는 증거이다. 이 대목에 이르면 찬송이 머릿속에서 울려퍼진다.

주 믿는 사람 일어나 다 힘을 합하여
이 세상 모든 마귀를 다 쳐서 멸하세
저 앞에 오는 적군을 다 싸워 이겨라
주 예수 믿는 힘으로 온 세상 이기네
믿음이 이기네 믿음이 이기네
주 예수를 믿음이 온 세상 이기네(찬송가 357장).

숫양 한 마리

* * *

신앙생활을 하다 보면 모순을 발견할 때가 있다. 분명히 약속을 받았는데 열매는 맺히지 않는다. 용서하라고 하셔서 용서했고, 사랑하라고 하셔서 사랑했는데 상대방에게서는 아무런 반응도 나오지 않는다. 시간이 지나면서 '이렇게 순수하게 신앙생활 하는 나만 바보 되는 것은 아닐까?' 하는 의구심이 생긴다.

하나님의 약속과 명령이 충돌을 일으키고 있었다. 보통 사람들 같으면 자기가 해결하든지 아니면 전문가의 의견을 듣기 위해 동분서주했을 것이다. 그러나 아브라함은 하나님의 말씀에 모순과 충돌이 일어나는 것처럼 보일 때에 하나님께 그 모순을 통째로 넘겨드렸다. 그리고 자유했다. 무책임하게 보일 만큼 자유했다.

"번제할 어린 양은 하나님이 자기를 위하여 친히 준비하시리라."

그리고 묵묵히 산을 올라갔다. 모순과 충돌을 해결하실 분은 하나님 한 분뿐이시라는 아브라함의 신앙고백은, 단순한 입술의 고백이 아니다. 그의 영과 혼과 육체를 쏟아 붓는 전 존재적인 고백이었다. 그것은 죽음의 절벽 위에서 건너편에 있는 부활의 언덕을 향해 담대하게 발을 내어딛는 위대한 신앙고백이었다.

하나님께서 지시하신 산에 이르자 아브라함은 이삭을 결박하여 제단 위에 올려놓았다. 그리고 손을 내밀어 칼을 잡고 이삭을 죽이려는 동작을 취했다. 그 순간 하나님의 사자가 하늘로부터 소리를 쳤다. 몹시 급하셨던 것 같다.

> 그 아이에게 네 손을 대지 말라 그에게 아무 일도 하지 말라 네가 네 아들 네 독자까지도 내게 아끼지 아니하였으니 내가 이제야 네가 하나님을 경외하는 줄을 아노라(창세기 22:12).

그 다음에 나오는 구절이다.

> 아브라함이 눈을 들어 살펴본즉 한 숫양이 뒤에 있는데 뿔이 수풀에 걸려 있는지라 아브라함이 가서 그 숫양을 가져다가 아들을 대신하여 번제로 드렸더라(창세기 22:13).

만일 이 장면을 보통 사람이 기록했다면, "아브라함과 이삭은 너무나 감사해서 눈물범벅이 된 채 서로 손을 잡고 산을 내려갔더라" 하고 쓸 것이다. 그런데 아브라함은 산을 내려가지 않고 눈을 들어 주위를 살펴보았다. 그러다가 수풀에 뿔이 걸려 있는 숫양 한 마리를 발견했다. 아브라함이 우연히 눈을 들어 앞을 보다가 숫양을 발견한 것이 아니다. 그 숫양이 아브라함의 뒤쪽에 있었기 때문이다. "눈을 들어 살펴본즉", 이 말은 아브라함이 일부러, 의도적으로, 목적을 가지고, 주변을 찬찬히 둘러보았다는 말이다.

아브라함의 이 행동은 "번제할 어린 양은 하나님이 자기를 위하여 친히 준비하시리라"는 그의 신앙고백과 일치된다. 신앙과 행동은 분리되지 않는다. 하나님께서 "그 아이에게 네 손을 대지 말라"고 하셨기 때문에, 이제는 하나님께서 친히 준비하신 어린양을 아브라함이 찾아나서야 했다. 아직도 하나님께 제사드릴 중요한 일이 남아 있었다. 제사 드리러 올라왔는데 그냥 내려갈 수는 없었다. 그래서 아브라함은 믿음의 눈으로 주변을 살펴보았다. 그리고 수풀 속에 뿔이 걸려 있는 숫양, 하나님께서 친히 준비하신 양 한 마리를 뒤쪽에서 발견했다.

아브라함과 이삭이 그곳에 도착하기 전부터 숫양은 거기에 있었다. 다만 아브라함이 보지 못했을 뿐이다. 아브라함이 보았던 숫양은 산에 사는 야생 양이다. 야생 염소와 달리 야생 양은 큰 뿔을 가지고 있었으므로 '큰 뿔 양'(Bighorn Sheep)이라고 불렸다. 다 자란 야생 숫양은 그 길이가 1미터 80센티미터에 이르고, 무게는 120kg 이상 나간다. 특히 뿔이 커서 그 무게가 15kg 정도 나가는데 어떤 경우에는 뿔의 무게가 전체 뼈의 무게보다 더 나가기도 했다. 그 큰 뿔이 수풀에 걸려 있었다.

그날, 숫양 한 마리가 산 중에서 일어나고 있는 일을 조용히 지켜보고 있었다. 아들을 결박하고 칼을 높이 쳐드는 아브라함을 바라보고 있었다. 아버지에게 순순히 자기 몸을 맡기고 제단 위에 누워 있는 이삭을 쳐다보고 있었다. 자기 차례가 될 때까지 숫양 한 마리가 뒤에서 기다리고 있었다. 만일 이 숫양이 사람을 보고 놀라서 도망가려고 몸부림쳤다면 아브라함과 이삭의 눈에 띄었을 것이다. 그러나 숫양은 조용히 자기 자리에서 자기 차례가 오기를 기다리고 있었다.

그로부터 2천여 년이 지난 어느 날, 이삭이 죽을 뻔했던 그곳, 하나님께서 양을 준비해 놓으셨던 그 산, 아브라함 때에는 모리아 산이라고 불렸고, 예수님 때에는 시온 산이라는 불렸던 그 산 위에서, 예수님이 십자가에 못 박혀 죽으셨다. 하나님께서 예비하신 어린양으로 이 세상에 오셔서 죽으셨다. 털 깎는 자 앞에서 잠잠한 양처럼 우리를 대신하여 죽으셨다. 죄로 인하여 마땅히 죽어야 할 우리를 대신하여 죽으셨다. 그날 그 자리에는 예수님을 위해서 마련된 다른 양이 없었다. 예수님이 마침(ending)이 되셨다.

> 그리스도는 모든 믿는 자에게 의를 이루기 위하여 율법의 마침이 되시니라(로마서 10:4).

성령의 감동하심을 받은 세례 요한은 예수님을 향해 "보라, 세상 죄를 지고 가는 하나님의 어린 양"이라고 외쳤다. 베드로는 "너희가 알거니와 너희 조상이 물려준 헛된 행실에서 대속함을 받은 것은 은이나 금같이 없어질 것으로 된 것이 아니요 오직 흠 없고 점 없는 어린양 같은 그리스도의 보배로운 피로 된 것이니라"(베드로전서 1:18-19)고 했다.

숫양의 뿔이 수풀에 걸려 있었다는 말씀이 우리를 감동시킨다. 그 장면에서 하나님의 사랑이 뼈 속까지 스며들어 온다. 하나님의 사랑을 받을 자격이 없는 우리들, 쓸모없는 우리들, 아무도 그 사랑을 요청하지 않았음에도 불구하고, 하나님의 원수처럼 살던 우리들을 살리시기 위해 스스로 양이 되어 오신 성자 하나님, 그의 하나뿐인 아들을 십자가에 달려 돌아가게 하신 성부 하나님, 우리의 눈을 열어서 그 놀라운 사랑을 보게 해주신 성령 하나님, 삼위일체 하나님의 은혜가 우리를 눈물짓게 하신다.

은혜는 무엇일까? 은혜는, 하나님께서 그 자신을 사랑의 줄로 스스로 얽어매신 상태, 그리고 그 상태에서 하시는 모든 말씀과 행위이다. 은혜는, 그렇게밖에는 달리 하실 수 없어서 그렇게 하시는, 하나님의 생각과 말씀과 행동의 총합(總合)이다. 그래서 은혜는 하나님에게만 있다.

은혜는 거저 주시는 선물이다. 은혜는 필요를 채워주는 하나님의 너그러운 행위이다. 은혜는 역경으로부터 우리를 구원해 주는 하나님의 능력이다. 은혜는 포기하지 않으시는 하나님의 인내와 기다림이다. 은혜는 하나님의 완전한 용서다. 은혜는 우리의 허물을 다시 기억하지 않으시는 하나님의 너그러우심이다. 은혜는 누추함을 덮어주고 넘어진 자를 일으켜 세워 주시는 하나님의 도우심이다. 은혜는 실패한 자에게 끝없이 부여해 주는 하나님의 기회다. 은혜는 넘치는 격려와 칭찬이다. 은혜는 끝없이 우리를 믿어주시는 하나님의 믿음이다. 은혜는 고통을 수반한 하나님의 아가페 사랑이다. 이런 은혜를 하나님 외에 어디서 발견할 수 있다는 말인가! 호세아 선지자는 하나님의 은혜를 이렇게 묘사하고 있다.

> 에브라임이여 내가 어찌 너를 놓겠느냐 이스라엘이여 내가 어찌 너를 버리겠느냐 내가 어찌 너를 아드마같이 놓겠느냐 어찌 너를 스보임같이 두겠느냐 내 마음이 내 속에서 돌이키어 나의 긍휼이 온전히 불붙듯 하도다(호세아 11:8).

산기(産期)가 되면 태아가 뱃속에서 돈다. 위를 향하고 있던 아이의 머리가 아래를 향해 방향을 바꾸기 시작한다. 드디어 산고가 시작된다. 에브라임은 이스라엘을 대표하는 지파이다. 하나님께서 그 에브라임을 놓아버리실 수가 없다. 버리실 수가 없다. 옛날 소돔과 고모라 곁에 있던 아드마와 스보임이라는 고을처럼 유황불에 던져버리실 수가 없다. 왜냐하면, 에브라임을 사랑하시니까…. 하나님의 마음이 돌기 시작한다. 하나님의 사랑이 심판을 넘어가신다. 뱃속의 태아가 방향을 바꾸듯이 돌기 시작한다. 사랑은 고통이다. 하나님께서 아들과 함께 그 고통을 이겨내셨다. 그리고 십자가로 승리하셨다. 십자가에서 은혜가 폭포수처럼 쏟아져 내려온다. 밤낮 없이….

히브리서 기자가 들려준 이야기 셋

* * *

이러므로 우리에게 구름같이 둘러싼 허다한 증인들이 있으니 모든 무거운 것과 얽매이기 쉬운 죄를 벗어 버리고 인내로써 우리 앞에 당한 경주를 하며 믿음의 주요 또 온전하게 하시는 이인 예수를 바라보자 그는 그 앞에 있는 기쁨을 위하여 십자가를 참으사 부끄러움을 개의치 아니하시더니 하나님 보좌 우편에 앉으셨느니라 너희가 피곤하여 낙심하지 않기 위하여 죄인들이 이같이 자기에게 거역한 일을 참으신 이를 생각하라(히브리서 12:1-3).

히브리서 기자가 세 가지 이야기를 하고 있다. 하나는 인내로써 경주하는 성도들에 대한 이야기다. 다른 하나는 그 경주를 앞서 달려가신 예수님 이야기이다. 또 다른 하나는 그 경주의 마지막 지점에서 참고 기다리고 계시는 하나님 이야기이다.

첫째 이야기

요즘엔 신앙생활을 하기가 점점 더 어려워지는 것 같다. 옛날 농사지으며 살 때, 동네 사람들과 모여서 해묵은 이야기를 재탕하는 일이 유일한 낙일 때, 옆 고을의 장날을 다녀온 이야기가 여행담의 전부일 때, 바다 건너편에 누가 살고 있는지 알려고도 하지 않았을 때, 그때에는 신앙생활하기가 쉽고 진지했다. 그러나 지금은 너무 복잡하다. 너무 휘황찬란하다. TV에서 쏟아져 나오는 드라마들도 다 볼 시간이 없다. 아이들이 가져오는 교과서도 이해하기가 어렵다. 부부 사이는 너무 바쁘고 피곤해서 대화할 시간도 없다. 그런데 신앙생활이라니…. 주중에 드리는 예배는 오래전에 포기했다. 금년에는 꼭 성경을 완독하려고 했는데 얼마 전에 레위기를 읽다가 그만두었다. 이런 환경에 살고 있는 그리스도인들에게 히브리서 기자가 간곡히 부탁한다.

> 이러므로 우리에게 구름같이 둘러싼 허다한 증인들이 있으니 모든 무거운 것과 얽매이기 쉬운 죄를 벗어 버리고 인내로써 우리 앞에 당한 경주를 하며(히브리서 12:1).

'이러므로' 안에 우리의 각종 변명들이 다 포함되어 있다. 이전에 앞서간 성도들도 사용할 수 있었던 변명들이다. 전혀 새로운 이야기가 아니다. 앞서간 그들에게서 우리가 배워야 할 중요한 교훈이 있다. 믿음의 경주를 잘 하기 위해 모든 무거운 것과 얽매이기 쉬운 죄를 벗어버리는 단순함이다. 우리도 두 주먹을 불끈 쥐고 외쳐야 한다.

"한눈팔지 말고 달려가자. 끝까지 달려가자."

둘째 이야기

앞서간 그 많은 증인들 가운데 한 분이 유난히 눈에 띈다. 예수님이시다. 예수님을 가리켜 히브리서 기자는 "믿음의 주요 또(그 믿음을) 온전케 하시는 이"라고 부른다. 예수님이 오지 않으셨다면, 오셔서 죽으시고 부활하지 않으셨다면, 우리의 죄와 악을 용서해 주지 않으셨다면, 그리고 성령님을 보내셔서 그의 오심과 죽으심과 들려 올라가심을 믿을 수 있도록 도와주지 않으셨다면, 애당초 우리는 믿음과 상관없는 사람들이다. 성도의 반열에 설 수 없는 사람들이다. 그런데 예수님께서 우리를 만나주시고 예수님에 대한 믿음이 우리 속에 싹트게 해주셨다(Author). 그리고 그 믿음이 점점 자라나서 끝까지 달려갈 수 있도록 도와주셨다(Perfector).

예수님은 십자가에 못 박히시는 고통과 알몸으로 달리시는 부끄러움을 개의치 않으셨다. 그의 앞에 기쁨이 있었기 때문이다. 그의 이름으로 구원받게 될 수많은 사람들을 보고 계셨기 때문이다. 많은 사람들이 더 이상 교도소에 들어가지 않고, 더 이상 술집을 찾아가지 않고, 더 이상 도박장을 드나들지 않고, 더 이상 도둑질하지 않고, 더 이상 아내를 구타하지 않고, 더 이상 남의 부인을 욕심내지 않고, 더 이상 속이지 않고, 더 이상 게으르지 않고, 더 이상 남의 허물을 들추지 않고, 더 이상…. 수도 셀 수 없는 그 '더 이상'의 잘못들을 회개하고 용서받아 하나님의 자녀들이 되는 모습들을 보고 계셨기 때문이다. 그래서 예수님은 십자가 위에서 기뻐하셨다.

아브라함도 그날 모리아 산 위에서 이런 기쁨을 누렸으리라. 하나님의 살아계심과 신실하심을 온 세상에 보여주려는 열정과 소원을 가지고 아들을 번제로 드리기 위해 올라가는 아브라함의 가슴속에 예수님처럼 기쁨이 충만했으리라. 예수님께서 고통과 부끄러움을 개의치 않으셨다면 아브라함은 두려움과 상실감을 개의치 않았다. 다만 주의 날, 은혜로 준비하시는 날에 그를 위로해 주실 하나님을 만나게 될 기대감으로 가슴이 벅찼으리라.

이삭도 그런 기쁨을 가졌을까? 가졌을 것이다. 제단 위에서 결박을 풀고 내려올 때, 아버지와 함께 "여호와 이레의 어린양"으로 제사를 드릴 때, 그리고 지난 사흘 동안 무슨 일이 있었는지 아버지에게 듣고 난 후에, 이삭은 그 기쁨에 동참했을 것이다. 그날 이삭은 아버지로부터 위대한 믿음, 순종하는 믿음을 유산으로 받았다. 아브라함은 우리 모든 믿는 자들의 아버지이다. 우리들도 아브라함처럼 믿음의 기쁨을 가지고 그 산을 올라가야 한다. '여호와 이레'의 믿음을 가지고 올라가서 '여호와 닛시'의 깃발을 휘날려야 한다.

셋째 이야기

경주장의 골인 지점에 하나님께서 서 계신다. 하나님께서 나를 기다리고 계신다. 그 생각만 하면 기쁘고 행복하다. 하나님께서 우리의 땀과 눈물을 닦아주시기 위해 기다리고 계신다. 우리를 그의 보좌 앞으로 손잡고 인도하시기 위해 기다리고 계신다. 저기에 하나님이 계시고, 예수님이 계시고, 앞서간 성도들이 우리를 기다리고 있다.

이 어찌 아니 기쁜가!

성경은 산을 내려오는 아브라함과 이삭에 대해 다시 생략하고 있다. 부자지간에 얼마나 많은 이야기를 나누며 내려왔을까? 우리가 우리 자녀들과 비슷한 이야기들을 나눌 수 있도록 성경은 긴 여백을 남겨 두고 있다.

야곱이 보낸 험악한 세월

들판에서 꿈을 꾸다

* * *

꿈이 선명하면 잠이 달아난다. 그러지 않아도 잠자리가 불편하던 터였다. 땅과 하늘을 이부자리로 삼고 돌베개로 잠들었으니 편할 리가 있겠는가? 그런데도 야곱은 꿈을 꿀 만큼 깊은 잠을 잤다.

꿈속에서 본 긴 사닥다리가 반듯했다. 그 사닥다리가 하늘을 향하여 곧게 서 있는데 끝이 하늘에 걸려 있었다. 고개를 들고 쳐다보니 하나님의 천사들이 사닥다리 끝에서 오르내리고 있었다. 더 자세히 쳐다보니 그 위에 하나님이 서 계셨다. 어떤 모습이셨을까? 그때 음성이 들려왔다.

> 나는 여호와니 너의 조부 아브라함의 하나님이요 이삭의 하나님이라 네가 누워 있는 땅을 내가 너와 네 자손에게 주리니 네 자손이 땅의 티끌같이 되어 네가 서쪽과 동쪽과 북쪽과 남쪽으로 퍼져나갈지

며 땅의 모든 족속이 너와 네 자손으로 말미암아 복을 받으리라 내가 너와 함께 있어 네가 어디로 가든지 너를 지키며 너를 이끌어 이 땅으로 돌아오게 할지라 내가 네게 허락한 것을 다 이루기까지 너를 떠나지 아니하리라(창세기 28:13-15).

숨이 멎는 것 같았다. 두려움이 밀려왔다. 말로만 들었던 하나님을 꿈속에서 보았기 때문이다. 생시보다 더 생생한 장면이었다. 아직도 그 음성이 귀에 쟁쟁한데 들녘에는 밤중의 적막감만 흐르고 있었다.

곰곰이 생각해 보았다. 왜 이런 일이 일어났는지, 왜 형의 분노를 피하여 황망히 도망쳐야 했는지, 어디서부터 잘못된 사건인지, 여기저기 흩어진 기억의 파편들을 모아보았다.

사람들이 자기를 야곱이라고 부르게 된 이야기가 생각났다. 부모님이 결혼한 지 20년 만에 어머니에게 쌍태가 들어섰다. 오랫동안 자식이 없어 아버지 이삭이 많이 기도하신 끝에 얻은 자식들이었다. 어머니 리브가는 태 속에서 아이들이 서로 싸우고 있다는 느낌이 들었다. 그래서 하나님께 물었다. 리브가는 그렇게 매사에 하나님 중심의 삶을 살고 있었다. 하나님께서 리브가에게 말씀하셨다.

두 국민이 네 태중에 있구나 두 민족이 네 복중에서부터 나누이리라 이 족속이 저 족속보다 강하겠고 큰 자는 어린 자를 섬기리라(창세기 25:23).

두 남자 아이들이 태어났다. 먼저 나온 아이는 몸이 붉고 털이 많아서 에서라고 불렀다. 그런데 둘째 아이가 특별했다. 이 아이는 형의 발뒤꿈치를 붙잡고 나왔다. 흔히 아이들이 배에서 나올 때는 머리부터 나온다. 팔이나 다리가 먼저 나오면 위험하다. 그런데 야곱은 손을 내밀어 에서의 발뒤꿈치를 잡았다. 그래서 이름을 야곱, 즉 '발뒤꿈치를 잡은 자'라고 붙였다. 이름치고는 좀 독특하다. 그러나 흔히 사람들이 생각하는 그런 사기꾼은 아니다. 발뒤꿈치를 잡는 일이 왜 사기행위인가? 더구나 의식도 없는 신생아의 조건반사에 불과한 행동이 아닌가?

할아버지 아브라함은 야곱이 열다섯 살 될 때까지 살아 있었다. 야곱은 할아버지에게서 믿음의 풍성한 유산을 물려받았다. 같은 이야기를 듣고 또 들을 때마다 야곱은 하나님께로 더 가까이 다가가는 느낌이 들었다. 그러나 간발의 차이로 세상에 먼저 나온 형 에서는 일찌감치 세상에 물들기 시작했다. 그는 근육질의 이름난 사냥꾼이 되었다. 나이 40에 아내도 둘씩이나 두었다. 모두 헷 족속들이었다. 리브가는 "내가 헷 사람의 딸들을 인하여 나의 생명을 싫어한다"고 이삭에게 불평했다. 헷 족속들은 삶의 방식도 달랐지만 무엇보다도 여호와 하나님을 섬기지 않고 우상들을 섬겼다.

야곱은 성품이 조용한 사람이었다. 형은 틈만 나면 사냥을 나갔지만 그는 장막에 머물러 있는 시간이 더 많았다. 아버지 이삭은 에서가 사냥해 온 고기를 좋아했다. 그래서 에서를 사랑했다. 리브가는 야곱을 더 사랑했다. 왜 리브가는 야곱을 더 사랑했을까? 그가 사근사근

한 '마마보이'였기 때문일까? 아니다. 적어도 편애(偏愛)는 아니었다.

리브가는 그 아이들이 뱃속에 있을 때 하나님께서 하셨던 말씀을 잊지 않았다. "큰 자는 어린 자를 섬기리라." 리브가는 믿음의 여인이었다. 에서가 사냥해 온 고기에는 관심이 없었다. 하나님을 섬기는 야곱에게 관심이 있었다. 이삭은 순종의 사람, 평화의 사람이었다. 그런데도 어딘가 나약한 면이 엿보인다. 그 점을 아내가 보완했다. 리브가는 시아버지 아브라함에게 나타나셨던 하나님과 그의 축복의 약속을 귀하게 생각했다. 리브가의 마음속에는 "축복의 대를 이어서!"라는 삶의 목표가 뚜렷했다. 리브가는 믿음의 여인이었다. 리브가는 영(靈)의 사람이었다.

한 번은 이런 일이 있었다. 야곱이 붉은 색깔의 죽을 쑤고 있을 때에 에서가 사냥에서 돌아왔다. 그날따라 사냥이 잘 되지 않았던지 기진맥진한 모습이었다.

"내가 배고파 죽을 지경이다. 그 죽 한 그릇 내게 주라."

"그러면 형의 장자의 명분을 오늘 내게 파세요."

"이 녀석아, 배고파 죽을 지경인데 장자의 명분이 무슨 소용이냐. 그래 너 다 가져라. 그리고 죽이나 한 그릇 빨리 퍼줘."

"잠깐 기다려요. 그럼 형이 내게 장자의 명분을 팔았다고 맹세해요."

에서는 맹세하고 장자의 명분을 야곱에게 팔았다. 장자권의 대가로 떡과 팥죽을 얻어먹었다. 창세기 기자는 얘기의 마지막에 촌철(寸鐵) 같은 한마디를 덧붙였다.

"에서가 장자의 명분을 가볍게 여김이었더라."

성경이 말하는 '장자의 명분'(Birthright)은 영적인 명분이다. 하나님의 약속을 조상에게서 물려받아 후손에게 물려주는 특권이다. 에서는 그런 일에는 아예 관심이 없었다. 세상 사람들은 영적인 축복을 모른다. 그 축복의 엄청난 유익도 모른다.

세상은 장자의 명분과 부(副)를 동일시한다. 옛날에는 장자가 유산을 거의 독차지했으니까…. 그러나 야곱이 아버지 이삭의 재산을 물려받았다는 기록이 성경에 없다. 야곱은 재산에 관심이 없었다.

그럼 왜 야곱이 장자의 명분을 요구했을까? 장자는 부모의 재산을 물려받는 대신 부모를 임종 때까지 책임져야 한다. 부모를 공궤하는 일 외에도 하나님께 드리는 제사에 책임을 져야 한다. 그런데 에서는 밖으로만 돌았다. 세상에 탐닉했다. 아마 그날이 하나님께 제사 드리는 날이었을지 모른다. 마땅히 그 자리에 장남이 있어야 했다. 그러나 에서는 하나님께 제사 드리는 일에 관심이 없었다. 야곱은 그 점이 못마땅했다. 그래서 형에게 핀잔 겸 한마디 했다. "형, 정신은 어디 저당 잡히고 다닙니까? 오늘이 제사 드리는 날이라는 것도 잊어버렸어요? 그럴 바에는 그 장자권을 나에게 넘겨요." 이렇게 상상한다면 우리가 너무 멀리 나간 것일까.

야곱은 그날 형에게 "장자 명분을 나에게 팔라"고 했던 말이 지금까지 수천 년을 두고 오해를 불러일으킬 줄은 상상도 못했을 것이다.

다음 이야기로 넘어가기 전에 먼저 이삭과 에서와 야곱의 연대기를 살펴보자. 이삭은 40세에 결혼하여 60세에 에서와 야곱을 낳았다. 야곱은 훗날 애굽의 바로 앞에 섰을 때 자기 나이를 130세라고 했다. 그때 애굽의 총리로 있던 요셉은 39세였다. 30세에 총리가 되어 7년 풍년을 지나고 흉년이 2년째 접어들었을 때이다. 그렇다면 야곱이 요셉을 낳았던 때는 91세가 된다. 거슬러 올라가서 야곱은 라반의 집에서 20년을 봉사했다. 그 중에 처음 7년은 라헬과 결혼하기 위해 기다려야 했다. 7년이 지난 후, 엉겁결에 라헬과 레아 두 자매를 아내로 맞은 야곱은 두 번째 아내를 위하여 (그가 라헬인지 레아인지 구별이 안 되지만) 다시 7년 동안 외삼촌을 섬긴다. 그 7년 동안 레아가 아들 여섯을 낳는다. 라헬은 언니가 아들 여섯을 낳은 후에 비로소 첫 아들 요셉을 낳았다. 요셉을 낳고 난 뒤에 야곱은 자기 품삯을 받기 시작했다. 그 6년 동안에 외삼촌 라반은 임금을 열 번이나 변경했다. 요셉이 태어난 때가 야곱의 나이 91세였다면 그때로부터 14년을 거슬러 올라간 때, 곧 야곱의 나이 77세에 그가 에서를 피하여 고향을 떠났다는 계산이 나온다. 그렇다면 야곱이 결혼한 나이는 84세다.

네가 에서냐?

얼마 후에 떡과 팥죽 사건보다 더 큰 일이 이삭의 집에서 일어났다. 이삭은 아브라함에 비하면 훨씬 더 젊은 나이에 시력을 잃어가고 있었다. 그는 세상을 떠날 날이 가까이 다가왔다고 생각했다. 살다가 갑자기 시력이나 청력을 잃으면 그런 생각이 들지도 모른다. 그러나 이삭은 그때로부터 43년을 더 살았고, 에서와 야곱이 그의 장례를 함께 치렀다. 창세기 27장에 기록된 사건의 핵심은 이렇다.

우연히 이삭이 에서에게 하는 말이 리브가의 귀에 들려왔다.

> 내가 이제 늙어 어느 날 죽을는지 알지 못하니 그런즉 네 기구 곧 화살통과 활을 가지고 들에 가서 나를 위하여 사냥하여 내가 즐기는 별미를 만들어 내게로 가져와서 먹게 하여 내가 죽기 전에 내 마음껏 네게 축복하게 하라(창세기 27:2-4).

다른 아내 같았더라면 "아직 젊은 나이에 죽기는 무슨…" 하고 퉁명스럽게 한마디 하며 지나갔을 것이다. 그러나 리브가는 가슴이 덜컥 내려앉았다. 에서에게 축복이라니, 둘 다 자기 배 아파서 낳은 자식들이었지만 그 일만은 용납할 수 없었다. 지금 남편이 에서에게 주겠다는 축복은 시아버지 아브라함이 하나님께 직접 받은 축복이다. 아브라함으로부터 시작하여 수많은 후손들에게 주시려는 언약의 축복이다. 그 축복은 어떤 것들보다도 더 가치가 있었다. 눈에 보이지는 않지만 일단 주고 나면 다시 돌이킬 수 없는 축복이었다. 적어도 리브가는 그렇게 생각했다. 리브가는 다시 한 번 하나님께서 시아버지에게 주셨다는 언약을 기억해 보았다.

> 내가 너로 큰 민족을 이루고 네게 복을 주어 네 이름을 창대하게 하리니 너는 복이 될지라(창세기 12:2).

에서가 과연 이 우주적인 축복을 계승할 수 있을까? 자신이 없었다. 에서의 가족들은 이미 헷 족속의 우상숭배에 물들어 있었다. 이스라엘 백성들이 이방인들과의 결혼을 금기시한 까닭은 인종차별주의 때문이 아니었다. 하나님을 섬기는 신앙의 순수함을 유지하기 위해서였다.

리브가는 벌떡 일어섰다. 설사 자기가 저주를 받는 한이 있더라도 남편의 잘못된 선택을 그냥 두고 볼 수는 없었다. 무책임하게 동조할 수가 없었다. 평소에는 사랑하고 존경하는 남편이었지만 이번 일에는 왜 그렇게 분별력이 없는지 원망스러웠다. 왜 그렇게 중요한 일을 자기와는 한마디 의논도 없이 하려는지 섭섭했다. 아내는 남편을 돕는 배필로 하나님께서 지어주시지 않았던가? 그러나 이 일을 이삭과 재론하기에는 너무 늦었다. 에서가 활과 화살을 들고 이미 집을 나섰기 때문이다.

잘못된 일을 바로잡기 위해 리브가는 무엇인가 해야 했다. 다른 길은 없을까? 그때 지혜가 떠올랐다. 위험천만한 일이었지만 그 길 외에 다른 길이 없었다. 리브가는 급히 야곱을 불러 아버지가 에서에게 했던 말을 들려주며 이렇게 분부했다.

> 그런즉 내 아들아 내 말을 따라 내가 네게 명하는 대로 염소 떼에 가서 거기서 좋은 염소 새끼 두 마리를 내게로 가져오면 내가 그것으로 네 아버지를 위하여 그가 즐기시는 별미를 만들리니 네가 그것을 네 아버지께 가져다 드려서 그가 죽기 전에 네게 축복하기 위하여 잡수

시게 하라(창세기 27:8-10).

야곱이 부들부들 떨면서 말했다.

내 형 에서는 털이 많은 사람이요 나는 매끈매끈한 사람인즉 아버지께서 나를 만지실진대 내가 아버지의 눈에 속이는 자로 보일지라 복은 고사하고 저주를 받을까 하나이다(창세기 27:11-12).

이스라엘 백성들에게 있어서 축복과 저주는 개념이 아니고 실재(實在)였다. 축복을 받은 사람에게는 축복이 나타나고 저주를 받은 사람에게는 저주가 나타났다. 야곱은 축복을 사모하는 만큼 저주를 두려워했다. 자기가 아버지에게 '속이는 자'로 보여질까봐 두려웠다. 야곱은 자기 잇속을 위하여 남을 속이는 일을 싫어했다. 아무리 사는 일이 고단해도 남을 속이지는 않았다. 적어도 지금까지는 그렇게 살아왔다. 만일 우리가 이렇게 단정한다면 너무 큰 비약일까? 앞으로 두고 볼 일이다.

리브가의 재촉이 계속되었다.

내 아들아 너의 저주는 내게로 돌리리니 내 말만 따르고 가서 가져오라(창세기 20:13).

이렇게 단호한 어머니의 모습을 본 적이 없다. 다시 거절할 용기가 나지 않았다. 급히 가축우리로 가서 염소 새끼 중에 가장 좋은 것으로 가져왔다. 리브가는 그 염소 새끼로 이삭이 즐기는 특별 요리를 만들었다. 남편의 입맛을 아내보다 더 잘 아는 사람이 누구겠는가? 그 점은 염려하지 않아도 되었다.

리브가는 거기에서 멈추지 않았다. 에서의 옷 중에서 좋은 옷을 골라다가 야곱에게 입혔다. 옷에서 형의 체취가 풍겨났다. 야곱이 자기의 매끈매끈한 손을 내려다보았다. 리브가는 고개를 끄떡거리더니 아까 벗겨놓은 새끼 염소 가죽으로 야곱의 손과 목의 매끈한 살갗들을 덧입혔다. 완벽하지는 않았지만 이삭의 시력이 사물을 분간 못할 정도로 약했으므로 시도해 볼만 했다. 무엇보다도 에서가 돌아올 시간이 점점 다가오고 있었다. 상황이 급박하게 돌아가고 있었다.

음식 쟁반을 들고 이삭의 장막으로 걸어가는 야곱의 모습이 눈에 선하다. 창백한 얼굴, 바싹 마른 입술, 아무리 힘을 줘도 떨리는 손과 발, 무엇보다도 집안사람에게 들키지 않으려고 주변을 살피는 불안한 모습…. 장막에 들어서자 야곱은 목소리를 가다듬고 아버지를 불렀다.

"아버지, 어디 계세요?"

"내가 여기 있노라. 내 아들아, 네가 누구냐?"

형이 아버지를 불렀어도 그렇게 물으셨을까? 가슴이 철렁 내려앉았다. 그러나 이미 내친걸음이다. 침을 꿀꺽 삼키면서 대답했다.

"나는 아버지의 맏아들 에서입니다. 아버지께서 내게 명하신 대로 내가 하였사오니 일어나 앉아서 내 사냥한 고기를 잡수시고 아버지의 마음껏 내게 축복하소서."

이삭은 반신반의했다. 에서에게만 그 이야기를 했으니 야곱이 알 턱이 없다. 그런데 들어보니 분명히 야곱의 음성이다. 꺼림칙했다. 그래서 한 번 더 말을 시켜보았다.

"내 아들아, 네가 어떻게 이같이 속히 잡았느냐?"

"아버지의 하나님 여호와께서 나를 도와주셨습니다."

여전히 이상하다. 에서라면 그런 식으로 대답했을까? 좀 더 확인해 보기로 했다.

"내 아들아 가까이 오라. 네가 과연 내 아들 에서인지 아닌지 내가 너를 만지려 하노라."

아버지가 분명히 의심하고 계셨다. 그렇다고 뒤로 물러서기에는 너무 깊이 들어와버렸다. 넋이 반쯤 나간 야곱은 아버지 곁으로 조심스럽게 다가갔다. 이삭이 손을 내밀어 야곱의 손을 만져보았다. 에서처럼 털이 있었다. '야곱의 손은 털이 없고 매끈매끈했었지….' 아버지가 혼잣말로 하시는 말씀이 야곱의 귀에 들려왔다.

"음성은 야곱의 음성이나 손은 에서의 손이로다."

또 한 번 가슴이 철렁하고 내려앉았다. 아버지가 이미 알고 계신다. 이 일을 어떻게 하면 좋을까 망설이는 순간 아버지가 다시 물었다.

"네가 참 내 아들 에서냐?"

"그렇습니다."

"내게로 가져오라. 내 아들의 사냥한 고기를 먹고 내 마음껏 네게 축복하리라."

야곱이 가져간 음식과 포도주를 먹고 마신 후에 이삭이 다시 야곱을 불렀습니다.

"내 아들아 가까이 와서 내게 입 맞추라."

왜 이렇게 오래 지체하실까? 리브가는 리브가대로 야곱은 야곱대로 조바심이 났다. 이삭이 입을 맞출 때에 야곱의 옷에서 에서의 체취가 물씬 풍겨났다. '그러면 그렇지, 내 아들 에서가 틀림없구나.' 의심의 빗장을 풀고 나니 축복이 물결처럼 흘러나갔다.

> 내 아들의 향취는 여호와의 복 주신 밭의 향취로다 하나님은 하늘의 이슬과 땅의 기름짐이며 풍성한 곡식과 포도주로 네게 주시기를 원하노라 만민이 너를 섬기고 열국이 네게 굴복하리니 네가 형제들의 주가 되고 네 어머니의 아들들이 네게 굴복하며 네게 저주하는 자는 저주를 받고 너를 축복하는 자는 복을 받기를 원하노라(창세기 27:27-29).

이보다 더 풍성한 축복이 어디 있을까? 야곱은 이마의 땀을 닦으며 급히 밖으로 나왔다. 때마침 에서가 사냥에서 돌아오고 있었다. 야곱이 아버지의 장막에서 나가는 뒷모습을 흘낏 쳐다보는 것 같았다. 야곱이 입고 있는 자기 옷을 못 알아본 것 같았다. 얼마 후에 에서의 방성대곡 소리가 멀리까지 들려왔다. 뒤늦게 상황을 파악한 이삭은 탄식하며 말했다.

"네 아우가 간교하게 와서 네 복을 빼앗았도다"(35절).

"그의 이름을 야곱이라 함이 합당하지 아니하니이까 그가 나를 속임이 이것이 두 번째니이다 전에는 나의 장자의 명분을 빼앗고 이제는 내 복을 빼앗았나이다…아버지께서 나를 위하여 빌 복을 남기지 아니하셨나이까"(36절).

이삭이 받은 충격은 대단했다.

> 내가 그를 너의 주로 세우고 그의 모든 형제를 내가 그에게 종으로 주었으며 곡식과 포도주를 그에게 주었으니 내 아들아 내가 네게 무엇을 할 수 있으랴(창세기 27:37).

에서가 소리 높이 울면서 간청했다.

> 내 아버지여 아버지가 빌 복이 이 하나뿐이리이까 내 아버지여 내게 축복하소서 내게도 그리하소서(창세기 27:38).

에서는 축복의 본질을 몰랐다. 아무렇게나 말하면 다 축복이 되는 줄 알았다. 이삭은 혼신의 힘을 다해 마음에 남아 있는 축복의 단어들을 모아보았다.

> 네 주소는 땅의 기름짐에서 멀고 내리는 하늘 이슬에서 멀 것이며 너는 칼을 믿고 생활하겠고 네 아우를 섬길 것이며 네가 매임을 벗을 때에는 그 멍에를 네 목에서 떨쳐버리리라(창세기 27:39-40).

축복인지 저주인지 분간할 수 없는 애매한 말들이었다. 이삭의 축복이 에서의 분노에 기름을 끼얹었다. 에서가 결심했다. "아버지를 곡할 때가 가까웠은즉 내가 내 아우 야곱을 죽이리라." 마음의 소리는 밖에서도 들을 수 있다. 리브가는 야곱을 하란에 있는 친정집으로 급히 피난시키기로 작정하고 이삭을 찾아갔다.

야곱이여, 당신은 과연 사기꾼인가?

* * *

사람들의 생각이 항상 같을 수는 없다. 에서가 보기에 야곱은 속이는 자였다. 그러나 야곱은 오히려 자기가 속이는 자로 발견될까봐 걱정했다. 이 생각의 간극(間隙)을 어떻게 극복할 수 있을까?

그래, 크게 양보해서 야곱이 사기를 쳤다고 치자. 사기 치려는 의도는 없었지만 결과적으로 아버지를 속인 것은 사실이다. 형을 속인 것도 사실이다. 거짓말을 했다. 잘한 일은 아니다. 사람들에게 비난 받아 마땅한 일을 했다. 그런데 여기에서 '사람들'은 누구인가? 도덕을 절대로 여기고 인간의 권리를 최상에 두는 사람들 아닌가? 그들에게는 "하나님과 하나님의 나라에 관한 생각"은 그렇게 중요하지 않다. 인간의 규범으로 용납할 수 없다고 생각하면, 하나님을 향해서도 "잘못 생각하셨습니다" 하고 추궁할 수 있는 사람들이다.

문제는 어디에서부터 시작되었을까. 먼저 묻고 싶은 질문이 하나 있다. 이 사건에서 이삭의 역할은 무엇인가? 그 역할을 제대로 하였던가? 에서가 하나님 앞에서 어떤 사람이든지 상관없이 그냥 장자라는 이유만으로 축복받아야 한다고 생각했다면, 이삭의 그와 같은 생각이 옳은 것일까? 그는 과연 에서가 하나님의 축복을 계승하여 후대에 전할 수 있는 인물이었다고 생각했을까? 그는 하나님께서 리브가에서 하셨던 말씀, "큰 자가 어린 자를 섬기리라"는 말씀을 듣지 못했던가, 아니면 듣고도 대수롭지 않게 넘겼던가. 어디에서부터 이 일이 잘못되었을까?

이삭은 생각이 경직되고 보수적인 편이었다. 에서가 장남이므로 반드시 축복을 물려받아야 한다고 생각했다. 그러나 하나님께서도 그렇게 생각하셨을까? 사무엘을 보내어 이새의 집에서 차기(次期) 이스라엘의 왕을 선택하실 때에 하나님은 어떻게 말씀하셨던가? 그 집의 장남 엘리압이 외모를 보고 경탄하는 사무엘 선지자에게 하나님은 이렇게 말씀하셨다.

> 그 용모와 키를 보지 말라 내가 이미 그를 버렸노라 나의 보는 것은 사람과 같지 아니하니 사람은 외모를 보거니와 나 여호와는 중심을 보느니라(사무엘상 16:7).

에서는 하나님 앞에서 버림받은 사람이었다. 그래서 하나님은 에서를 미워하고 야곱을 사랑하셨다(말라기 1:2-3). 마음이 불편한가? 하나님도 불의하시다고 따지고 싶은가? 그래도 뭐, 그런 건 아니지 않느냐고 불평하고 싶은가?

예수님의 말씀을 빌리면 그런 식으로 주는 축복은 '돼지 목의 진주'였다.

> 거룩한 것을 개에게 주지 말며 너희 진주를 돼지 앞에 던지지 말라 그들이 그것을 발로 밟고 돌이켜 너희를 찢어 상하게 할까 염려하라 (마태복음 7:6).

이 말씀은 예수님께서 "비판을 받지 아니하려거든 비판하지 말라"고 가르치신 직후에 하신 말씀이다. 예수님은 남의 눈에 있는 티를 비판을 하기 전에 자기 눈 속에 있는 들보를 먼저 빼내라고 하셨다. 그러나 비판을 받지 않기 위해 하나님의 거룩한 축복을 무책임하게 낭비하는 일도 없어야 한다고 균형을 잡아 주셨다.

축복이란 무엇이며 그 효능은 어떻게 나타나는가? 설날마다 부모님에게 축복을 받는다고 모든 자식들이 다 잘 되는 것은 아니다. 그런가하면 하루가 멀다가 "썩을 놈, 죽어 자빠질 놈!" 하고 욕하며 저주하는 부모 밑에서 자란 자식이라고 해서 다 망하고 썩고 자빠져 죽는 것도 아니다. 오히려 그런 자식들이 훗날 더 잘되어 부모님에게 효도하는 모습을 볼 때가 있다. 축복은 어디에서 오는가? 이삭이 축복했으면 저절로 그 축복이 이루어지는가? 이삭이 에서를 축복했더라면 그가 변화되어 에돔의 조상이 되지 않고 믿음의 조상이 될 수 있었을까? 축복의 주체는 누구이신가? 하나님 아니신가? 그런데 하나님의 생각은 이미 정해져 있었다.

“큰 자가 어린 자를 섬기리라.”

에서가 야곱을 미워했던 것처럼 에서의 후손인 에돔 족속들도 야곱의 후손인 이스라엘 백성들을 미워했다. 특별히 이스라엘이 애굽에서 나와 광야를 지날 때에 그들은 긍휼을 베풀지 않았다. 그 후에도 기회가 있을 때마다 이스라엘 백성들을 궁지로 몰아넣었다. 에돔 족속들은 언제나 이스라엘의 원수 편에 서 있었다. 훗날 하나님께서 아모스 선지자를 통하여 이런 에돔 족속들을 책망하셨다.

> 여호와께서 이와 같이 말씀하시되 에돔의 서너 가지 죄로 말미암아 내가 그 벌을 돌이키지 아니하리니 이는 그가 칼로 그의 형제를 쫓아가며 긍휼을 버리며 항상 맹렬히 화를 내며 분을 끝없이 품었음이라 내가 데만에 불을 보내리니 보스라의 궁궐들을 사르리라(아모스 1:11-12).

데만은 에돔의 남쪽에 있는 큰 성읍이고 보스라는 북쪽에 있는 요새였다. 그보다 더 훗날 바울은 말라기 선지자의 예언을 인용하고 이렇게 해석했다.

> 그뿐 아니라 또한 리브가가 우리 조상 이삭 한 사람으로 말미암아 임신하였는데 그 자식들이 아직 나지도 아니하고 무슨 선이나 악을 행하지 아니한 때에 택하심을 따라 되는 하나님의 뜻이 행위로 말미암지 않고 오직 부르시는 이로 말미암아 서게 하려 하사 리브가에게 이

르시되 큰 자가 어린 자를 섬기리라 하셨나니 기록된바 내가 야곱은 사랑하고 에서는 미워하였다 하심과 같으니라(로마서 9:10-13).

성경을 읽다 보면 결단을 내려야 할 순간들이 등장한다. 그 결단은 다름 아니라 '내 마음에 맞도록 성경을 읽어야 할 것인가, 아니면 성경과 일치되도록 내 마음을 바꾸어야 할 것인가'에 대한 선택이다. 선택을 잘못하면 시험에 들게 된다. 하나님을 향한 원망이 가슴에서 자라난다. 그러나 하나님은 회전하는 그림자도 없으시다. 신앙은 하나의 대전제에서 시작한다. 그것은 '하나님은 절대 의로우십니다' 하는 고백이다. 왜 신앙이 성장하지 않는가? 왜 삶이 변화되지 않는가? 이 신앙의 대전제를 무시하고 거절하기 때문이다. 하나님의 권위 아래 들어가지 않으려고 고집을 부리고 있기 때문이다. 성경은 그런 고집을 '교만'이라고 부른다.

천만인의 어머니, 리브가

* * *

이번에는 리브가에게 그때의 사정을 직접 들어보자. 많은 사람들이 그녀에게 책임을 추궁하고 싶을 것이다. 그러나 리브가라고 할 말이 없겠는가?

"리브가여, 당신은 아십니까? 당신의 그 알량한 편애(偏愛) 때문에 형제 사이가 벌어지고 그들의 자손들까지 원수가 되었다는 사실을?"

리브가는 뭐라고 대답할까? 아마도 못 들은 척할 것이다. 말도 안 되는 질문이니까…. 우리에게는 이성의 영역과 믿음의 영역이 있다. 하나님께서 아무리 인간의 언어로 말씀하셔도 우리의 이성으로는 이해할 수 없는 영역이 있다. 합리주의의 관점으로는 도저히 받아들일 수 없는 영역이 있다. 오직 믿음으로만 받아들일 수 있는 영역이 있다. 시간이 지난 후에야 비로소 이해되는 영역이 있다.

리브가의 행위도 믿음의 영역에서만 이해될 수 있다. 77세나 되는 에서의 방성대곡 소리에 리브가는 돌아서서 미소를 지었을까? 아니다. 결코 아니다. 그녀도 함께 흐느껴 울고 있었을 것이다. 에서가 남의 자식인가? 에서도 목숨 걸고 낳은 자기 아들이다. 왜 어떤 자식은 순종하고 어떤 자식은 불순종하는지, 왜 어떤 자식은 하나님을 섬기고 어떤 자식은 세상을 섬기는지, 자기 속에서 나온 아이들이지만 노무지 알 길이 없다. 그래서 더 슬펐다.

이삭은 조용한 성품의 사람이었다. 부담 없이 살기를 원하는 성품이다. 모리아 산에서 있었던 일을 되돌아보아도 너무 조용한 사람이다. "왜요?" 하고 묻기보다는 유순하게 순종하며 사는 사람, 깊이 생각하기보다는 흐름을 따라 사는 사람이다. 어떤 환경을 변화시키기 위해 충돌을 각오하고 이루어내는 사람이 아니다. 주어진 환경에 만족하는 사람, 아버지가 장가를 보내줄 때까지 조용히 기다리는 사람, 이삭을 떠올리면 그런 모습들이 연상된다.

그런가 하면 리브가는 좀 독특하다. 강한 개성을 지니고 있다. 아브라함이 이삭을 위하여 아내를 선택하는 장면이 창세기 24장에 나온다. 아브라함은 종을 보내면서 이렇게 부탁했다.

> 내가 너에게 하늘의 하나님, 땅의 하나님이신 여호와를 가리켜 맹세하게 하노니 너는 내가 거주하는 이 지방 가나안 족속의 딸 중에서 내 아들을 위하여 아내를 택하지 말고 내 고향 내 족속에게로 가서 내 아들 이삭을 위하여 아내를 택하라(창세기 24:3-4).

아브라함이 말한 "내 고향 내 족속"은 여호와 하나님을 섬기는 사람들이 사는 하란을 의미했다. 만일 좋은 며느릿감을 구했는데 그녀가 오려고 하지 않으면 어떻게 할까, 주인이 떠나온 그 곳으로 이삭을 데려가야 할까? 종의 물음에 아브라함은 단호히 대답했다.

> 내 아들을 그리로 데리고 돌아가지 아니하도록 하라(창세기 24:6).

고향으로 다시 돌아가다니, 언감생심(焉敢生心)이다. 그러나 아브라함은 반드시 하나님께서 좋은 며느리를 선택하시고 보내주시리라는 확신이 있었다.

> 하늘의 하나님 여호와께서 나를 내 아버지의 집과 내 고향 땅에서 떠나게 하시고 내게 말씀하시며 내게 맹세하여 이르시기를 이 땅을 네 씨에게 주리라 하셨으니 그가 그 사자를 너보다 앞서 보내실지라 네가 거기서 내 아들을 위하여 아내를 택할지니라(창세기 24:7).

아브라함의 믿음이 옳았다. 그의 기도가 응답 되었다. 종이 고향으로 돌아가자마자 우물가에서 리브가를 만났으니까. 하나님의 사자가 그 시간에 그 자리로 리브가를 인도해 오셨다. 리브가는 나홀의 손녀딸이요 브두엘의 딸이었다. 기억하시겠지만 나홀은 아브라함의 동생이었다. 브두엘이 종의 말을 듣고 생각했을 것이다.

"큰아버지 아브라함의 아들 이삭이라. 좋지. 좋고말고. 내 딸을 그에게 시집보내리라."

아브라함의 종이 끌고 온 낙타 열 마리에 자기 주인의 모든 좋은 것들이 실려 있었다. 아무데서나 볼 수 없는 희귀한 물건들과 은금 보석들이었다. 그날 밤, 큰 잔치가 벌어졌다. 가족들 사이에 푸짐한 선물 나누기도 이루어졌다. 모두가 행복했다. 그런데 뒷날 아침 일찍 종이 리브가를 데리고 주인에게 돌아가겠다며 일어섰다. 리브가의 가족들은 펄쩍 뛰며 말도 안 되는 소리라고 말렸다. 그러나 아브라함의 늙은 종은 지금 반드시 떠나야 한다면서 막무가내였다. 실랑이가 계속되었다.

> 이 아이로 하여금 며칠 또는 열흘을 우리와 함께 머물게 하라 그 후에 그가 갈 것이니라(창세기 24:55).
> 나를 만류하지 마소서 여호와께서 내게 형통한 길을 주셨으니 나를 보내어 내 주인에게로 돌아가게 하소서(창세기 24:56).

쉽게 결론이 나지 않자 브두엘은 딸의 의중을 물어보기로 했다.

"네가 지금 이 사람과 함께 가려느냐?"

"가겠나이다."

문제는 간단히 해결되었다. 리브가 자신이 가겠다는데 누가 말리겠는가? 이삭과 결혼하기 위해 아버지 브두엘의 집을 떠나던 날부터 리브가의 결단력은 대단했다. 아브라함의 종으로부터 이삭을 대신하여 청혼을 받은 바로 뒷날, 리브가는 뒤도 돌아보지 않고 친정을 떠났다.

그런데 뭔가 이상하지 않는가? 리브가는 그 집의 사랑 받는 딸이다. 혹시 하나뿐인 고명딸이었을지도 모른다. 기회만 오면 빨리 집을 떠나려고 작정한 천대꾸러기가 아니었다. 더구나 오래 전부터 이삭과 사랑을 나누던 견우와 직녀 사이도 아니었다. 이삭은 생면부지의 5촌 당숙뻘이다. 그런데 무슨 연고로 그날 아침에 그 먼 길을 즉시 떠나겠다고 나섰을까? 리브가는 아브라함의 종이 가져온 약대 열 마리 분량의 선물에는 관심이 없었다. 오직 하나님을 섬기는 아브라함의 집안과 하나님의 축복을 계승할 이삭에게만 관심이 있었다. 오라버니 라반은 리브가의 이런 마음을 결코 이해할 수 없었다. 그러나 하나님은 아셨다.

그날 아침, 가족들은 충격 속에 리브가와 그의 유모를 함께 보내면서 축복했다.

> 우리 누이여 너는 천만인의 어머니가 될지어다 네 씨로 그 원수의 성문을 얻게 할지어다(창세기 24:60).

리브가는 하나님을 섬기는 사람이었다. 하나님의 부르심을 받아 가나안 땅으로 떠난 큰할아버지 아브라함의 믿음을 동경하던 사람이었다. 그런데 그 집으로 시집을 가도록 하나님께서 자기를 택하셨다. 머뭇거릴 이유가 없었다.

야곱을 편애하는 것처럼 보이는 리브가의 태도는 이런 신앙적인 배경이 아니면 달리 해석할 길이 없다.

하나님의 전과 하늘의 문

* * *

야곱은 자세를 바꾸어 잠을 청해 보았지만 여전히 정신이 초롱초롱했다. 요 며칠 사이에 일어난 일들이 먼 옛날 일처럼 느껴졌다. 에서를 피해 급히 집을 나설 때에 아버지 이삭이 간절히 당부하며 축복했던 말이 다시 생각났다.

> 너는 가나안 사람의 딸들 중에서 아내를 맞이하지 말고 일어나 밧단 아람으로 가서 네 외조부 브두엘의 집에 이르러 거기서 네 외삼촌 라반의 딸 중에서 아내를 맞이하라 전능하신 하나님이 네게 복을 주시어 네가 생육하고 번성하게 하여 네가 여러 족속을 이루게 하시고 아브라함에게 허락하신 복을 네게 주시되 너와 너와 함께 네 자손에게도 주사 하나님이 아브라함에게 주신 땅 곧 네가 거류하는 땅을 네가 차지하게 하시기를 원하노라(창세기 28:1-4).

이삭은 뒤늦게 정신이 번쩍 들었다. 하나님의 역사를 위해 누가 선택 받았는지 그제야 깨달아졌다. 그래서 이번에는 야곱에게 진짜 축복을 베풀었다. 이전의 축복이 일반적인 축복이었다면, 두 번째의 축복은 하나님의 뜻을 이루게 될 특별한 축복이었다. 그것은 하나님께서 '아브라함에게 주신 축복'이기도 했다. 지난번에 축복하실 때에는 "아브라함에게 허락하신 복을 네게 주시되", 이런 구절이 없었다.

동편의 산들이 서서히 모습을 드러내기 시작했다. 신선한 새벽바람이 정신을 더 맑게 했다. 야곱은 어젯밤의 꿈을 다시 생각해 보았다. 하늘과 땅을 잇는 사닥다리, 하나님께서 자신을 야곱에게로 연결시켜 주시는 사닥다리, 그 사닥다리 위에서 하나님이 하셨던 말씀을 되새김질하다가 혼잣말로 물어보았다.

'하나님은 내가 그동안 했던 일들을 어떻게 생각하고 계실까?'

꿈속에서 그를 책망하시던 말씀을 들은 기억이 없다. 자기는 아버지와 형에게 미안한 감정을 떨쳐버릴 수 없었는데 하나님은 그 점에 대해서 일절 언급이 없으셨다. 그리고 축복의 말씀만 하셨다. 하나님께서 보시기에 어머니와 자신의 행위가 불의했는데도 그렇게 축복하셨을까? 자신이 없었다. 만일 그랬다면 하나님도 불의하시다고 비난받게 되실 터이니까. 아침 햇살처럼 마음에 형언할 수 없는 평안이 밀려왔다. 그러면서 하나님께서 주셨던 축복의 말씀이 늦가을 밤송이 터지듯 한마디씩 깨달아졌다.

나는 여호와니 너의 조부 아브라함의 하나님이요 이삭의 하나님이라(창세기 28:13).

이브라힘과 이삭을 잇는 축복의 계승자로 야곱을 세워주시겠다는 말씀이다.

네가 누워 있는 땅을 내가 너와 네 자손에게 주리니 네 자손이 땅의 티끌같이 되어 서쪽과 동쪽과 북쪽과 남쪽으로 퍼져나갈지며 땅의 모든 족속이 너와 네 자손으로 말미암아 복을 받으리라(창세기 28:13-14).

이 말씀은 옛날 아브라함 할아버지가 수도 없이 들려주셨던 말씀이었다. 그때 할아버지는 '누운 땅' 대신에 '네가 걸어 다니는 땅'이라고 하셨다. 동서에 두루 채워질 티끌 같은 자손들, 형은 40세에 아내를 둘이나 두었으나 자기는 77세가 되도록 아직 결혼도 못했는데 티끌 같은 자손들이라니 꿈만 같았다. 그렇지, '모든 족속이 너와 네 자손을 인하여 복을 받으리라'는 말씀도 할아버지에게 귀에 못이 박히도록 들었었지. 야곱의 눈앞에 축복의 땅과 수많은 자손들이 아침 햇살처럼 펼쳐져 가고 있었다.

내가 너와 함께 있어 네가 어디로 가든지 너를 지키며 너를 이끌어 이 땅으로 돌아오게 할지라 내가 네게 허락한 것을 다 이루기까지 너를 떠나지 아니하리라(창세기 28:15).

이 말씀만은 할아버지에게서 들은 것 같지 않았다. 깨달음이 왔다. '그래, 맞아, 할아버지는 지금 나처럼 이 땅을 떠나시지 않았으니까.' 이 말씀은 그에게 주시는 맞춤형 축복이었다. 그 말씀들이 너무 감사했다. 그래서 무릎을 꿇고 하나님을 찬양했다.

> 두렵도다 이곳이여 이것은 다름 아닌 하나님의 집이요 이는 하늘의 문이로다(창세기 28:17).

야곱은 믿음의 문을 열고 새로운 세계로 들어갔다. 하나님이 계시는 성전으로 들어갔다. 그날 이후로 야곱은 어디를 가든지, 누구를 만나든지, 그리고 무슨 일을 당하든지, 하나님의 섭리와 인도하심 아래 자기 자신을 두었다. 항상 하나님의 은혜 안에 머물렀다. 하나님의 전(殿) 문 밖으로 나가지 않았다.

야곱은 일어나서 베고 누웠던 돌을 기둥으로 세웠다. 그리고 그 위에 기름을 부으면서 이전에 '루스'라고 불렸던 그 땅에 새 이름을 붙여주었다. '벧엘', 그곳은 바로 하나님의 집이었다. 야곱은 무릎을 꿇고 서원기도를 드렸다.

> 하나님이 나와 함께 계셔서 내가 가는 이 길에서 나를 지키시고 먹을 떡과 입을 옷을 주시어 내가 평안히 아버지 집으로 돌아가게 하시오면 여호와께서 나의 하나님이 되실 것이요 내가 기둥으로 세운 이 돌이 하나님의 집이 될 것이요 하나님께서 내게 주신 모든 것에서 십분

의 일을 내가 반드시 하나님께 드리겠나이다(창세기 28:20-22).

그리고 아침 일찍 외삼촌 라반이 살고 있는 하란을 향하여 길을 나섰다.

표범의 반점을 바꾸기가 더 쉽지

* * *

옛날 주일학교 예배 시간에 '동화'라는 순서가 있었다. 대부분은 성경 이야기의 반복이었다. 그 중에서도 단골로 들려주는 동화가 이삭을 모리아 산에서 드린 이야기와 야곱이 돌베개를 베고 잤던 이야기였다. 이삭의 이야기를 할 때마다 선생님은 '아브라함이 칼을 높이 들어 치려는 바로 그 찰나', 하며 커다란 동작을 취했다. 야곱의 이야기를 할 때에는 윗몸을 적당히 앞으로 숙이며 형을 속였던 야곱의 음흉한 얼굴 표정을 지었다. 그때마다 내 마음 속에 질문이 하나 있었다.

'야곱은 과연 사기꾼이었을까?'

사람마다 배필이 따로 있는가 보다. 77세의 야곱이 뒤늦게 사촌 여동생 라헬과 사랑에 빠졌다. 그렇지 않아도 아버지 이삭이 외사촌 중에서 아내를 고르라고 말씀하셨었지. 외삼촌 라반은 야곱이 앞으로 7년을 일하면 그 품값으로 라헬을 아내로 주겠다고 약속했다. 물론 야곱이 먼저 제시한 조건이었다. 그렇더라도 장가 먼저 보내 놓고 일을 시키면 안 되나? 불쌍한 야곱은 그 7년을 수일처럼 보냈다. 아니면 70년처럼 보냈던가.

7년이 지나고 마침내 야곱이 장가들던 날 밤, 삼촌 라반은 전무후무한 바꿔치기를 감행했다. 미모가 라헬에 미치지 못하고 시력도 형편없는 언니 레아를 라헬 대신 신방에 들여보냈던 것이다. 뒷날 아침에 난리가 났다. 야곱은 "외삼촌이 나를 속이심은 어찜이니이까?" 하며 펄펄 뛰었다. '속인다'는 말은 이래저래 야곱에게 트라우마(內傷)가 된 것 같다. 그런데 삼촌은 눈도 깜짝하지 않고 한마디로 사태를 평정시켰다.

> 언니보다 아우를 먼저 주는 것은 우리 지방에서 하지 아니하는 바이라 이를 위하여 칠 일을 채우라 우리가 그도 네게 주리니 네가 또 나를 칠 년 동안 섬길지니라(창세기 29:26-27).

듣고 보니 크게 손해날 일도 아니었다. 일주일만 참고 견디면 다 해결될 문제였다. 더구나 레아와 라헬에게 각각 실바와 빌하라는 시녀들도 딸려 보내겠다고 했다. 그들은 후에 야곱의 아내가 될 사람들이다. 그렇게 해서 야곱은 엉겁결에 아내를 넷이나 두게 되었다.

야곱은 14년 동안 라헬과 레아를 위해 봉사하느라 품삯을 한 푼도 받지 못했다. 요셉을 낳고 나서야 품삯을 받기 시작했다. 그나마 품삯을 받은 6년 동안에도 삼촌은 열 번이나 임금제도를 바꾸었다. 참 대단한 삼촌이다. 한 번은 점 있는 새끼를 야곱에게 품삯으로 주기로 했다. 물론 삼촌은 모든 점 있는 양들을 사흘 길 정도 멀리 떼어 놓았다. 그런데 낳는 새끼들마다 한결같이 점박이였다. 소스라치게 놀란 삼촌이 규칙을 바꿨다. "이번에는 얼룩무늬 있는 새끼들만!" 그러면 태어난 새끼들이 모두 얼룩무늬였다. 이렇게 열 번이나 제도를 바꿨지만 그때마다 야곱의 재산은 불어갔다.

야곱은 이 모든 축복이 자기의 기가 막힌 아이디어 때문이라고 생각했다. 그는 짐승들이 새끼를 가질 무렵이면 버드나무와 살구나무 가지를 가져다가 껍질을 얼룩덜룩하게 벗기고 짐승들이 물을 마시는 개천 앞에 세워 두었다. 그것도 건실한 양들이 물을 마실 때에만 그렇게 했다. 그런데 꿈에 하나님께서 점박이와 얼룩달룩이를 낳게 해 주셨다는 사실을 보여주셨다. 야곱의 재주 때문이 아니었다. 하나님께서 야곱을 다시 한 번 겸손하게 만드셨다.

야곱의 재산이 늘어나자 삼촌과 외사촌들의 안색이 달라지고 말투가 거칠어졌다. 떠나야 할 때가 온 것 같았다. 야곱은 네 명의 부인들과 자녀들을 들판으로 불러 모았다. 그리고 외삼촌의 잘못을 지적하며 하나님의 도우심을 강변했다. 그러면서 얼마 전에 하나님께서 꿈속에서 하신 말씀을 아내들에게 들려주었다.

> 라반이 네게 행한 모든 것을 내가 보았노라 나는 벧엘의 하나님이라 네가 거기서 기둥에 기름을 붓고 거기서 내게 서원하였으니 지금 일어나 이곳을 떠나서 네 출생지로 돌아가라 하셨느니라(창세기 31:12-13).

야곱의 말에 라헬과 레아가 한 목소리로 동의했다.

> 우리가 우리 아버지 집에서 무슨 분깃이나 유산이 있으리요 아버지가 우리를 팔고 우리의 돈을 다 먹어버렸으니 아버지가 우리를 외국인처럼 여기는 것이 아닌가 하나님이 우리 아버지에게서 취하여 가신 재물은 우리와 우리 자식의 것이니 이제 하나님이 당신에게 이르신 일을 다 준행하라(창세기 31:14-16).

시집간 딸들에게 너무 큰 기대를 걸지 않아야 한다. 물론 레아와 라헬이 잘못이라는 말이 아니다. 자식은 아들이든 딸이든 결혼하면 마음으로부터 놓아주어야 한다는 말이다.

삼 일 만에 야곱이 도망쳤다는 소식이 라반에게 들렸다. 라반은 분노에 사로잡혀 야곱을 추격했다. 그러나 하나님께서 라반의 꿈에 나타나셔서 선악 간에 아무 말도 하지 말라고 엄명하셨다. 라반은 자기 집의 가신(家神)인 드라빔을 누군가 훔쳐갔으니 찾아야겠다고 핑계를 대며 접근했다. 실제로 라헬이 그것을 훔쳐다가 낙타의 안장 아래 두고 앉아 있었다. 삼촌이 드라빔을 찾다가 포기하자 야곱은 가슴에 한으로 맺혀 있던 말들을 쏟아내기 시작했다. 이 대목에 감정을 넣어 읽어보시라. 야곱의 가슴에 맺혔던 한이 고스란히 느껴질 것이다.

> 내가 이 이십 년을 외삼촌과 함께 하였거니와 외삼촌의 암양들이나 암염소들이 낙태하지 아니하였고 또 외삼촌의 양 떼의 숫양을 내가

먹지 아니하였으며 물려 찢긴 것은 내가 외삼촌에게로 가져가지 아니하고 낮에 도둑을 맞았든지 밤에 도둑을 맞았든지 외삼촌이 그것을 내 손에서 찾았으므로 내가 스스로 그것을 보충하였으며 내가 이와 같이 낮에는 더위와 밤에는 추위를 무릅쓰고 눈 붙일 겨를도 없이 지냈나이다 내가 외삼촌의 집에 있는 이 이십 년 동안 외삼촌의 두 딸을 위하여 십사 년, 외삼촌의 양 떼를 위하여 육 년을 외삼촌에게 봉사하였거니와 외삼촌께서 내 품삯을 열 번이나 바꾸셨으며 우리 아버지의 하나님, 아브라함의 하나님 곧 이삭이 경외하는 이가 나와 함께 계시지 아니하셨더라면 외삼촌께서 이제 나를 빈손으로 돌려보내셨으리이다마는 하나님이 내 고난과 내 손의 수고를 보시고 어젯밤에 외삼촌을 책망하셨나이다(창세기 31:38-42).

야곱의 말을 읽을 때마다 의문이 떠오른다. "사람의 본성(本姓)은 과연 변화될 수 있을까?" 하는 질문이다. 물론 하나님께서 어떤 사건을 통하여 사람의 성품을 변화시켜주실 수 있다. 그러나 야곱에게는 존재적으로 변화될 만한 특별한 동기나 사건이 없었다. 흔히 이야기하는 얍복 강가에서 가졌던 천사와의 씨름도 이 일 후에 일어났다.

야곱의 말을 누가 반박할 수 있겠는가? 지난 20년 동안 야곱의 관심은 오직 새끼 밴 가축들의 순산(順産)이었다. 그래서 한 마리도 낙태한 적이 없었다. 기네스북에 올라갈 일이다. 보통 수컷을 낳으면 목동들이 잡아먹었다. 수컷은 제값이 나가지 않기 때문이다. 그러나 야곱은 그래본 적이 없다. 짐승에 물려 찢긴 것도 자기가 보상했다.

도둑맞은 짐승들도 자기 돈으로 물어내었다. 더울 때나 추울 때나 눈 붙일 겨를도 없이 20년을 한결같이 섬겼다. 그나마 정당한 품삯을 받은 지가 이제 겨우 6년째이다.

"외삼촌, 이래도 하실 말씀이 있으신가요?!"

만일 야곱이 사기꾼이었다면 그렇게 정직하고 성실하게 살 수 있었을까? 만일 야곱이 속이는 자였다면 그때 라반과 그의 아들들이 입 다물고 가만히 있었을까? 과연 야곱은 사기꾼인가?

한 사람의 본성을 바꾸는 것보다 표범의 반점을 바꾸는 일이 훨씬 더 쉽다. 야곱은 처음부터 사기치고 속이고 빼앗는 사람이 아니었다. 야곱에게는 오직 하나님의 영광을 추구하는 열망으로 가득 차 있었을 뿐이다. 야곱은 항상 하나님 앞에서 살았다. 하나님이 보고 계시는데 어떻게 도둑질할 수 있겠는가? 어떻게 속일 수 있겠는가?

야곱은 항상 하나님 앞에 서 있었다. 하나님 앞에서 어떻게 가축들이 낙태하도록 내버려둘 수 있겠는가? 그것들도 하나님께서 주신 생명을 지닌 동물들인데…. 하나님 앞에서 어떻게 아무리 숫양이라도 외삼촌의 가축을 몰래 잡아먹을 수 있겠는가? 하나님 앞에서 사는 사람은 맡은 일에 책임지고 충성하는 사람이다. 그런 사람이 어떻게 다른 짐승이 와서 먹었다고, 도둑맞았다고 무책임하게 말할 수 있겠는가? 하나님 앞에서 어떻게 가축들을 내팽개쳐 둔 채 덥다고 시원한 그늘에서 낮잠이나 자고 춥다고 아늑한 곳에 들어가 밤잠을 잘 수 있겠는가?

사람의 성품을 알아보려고 따로 애쓸 필요 없다. 그가 누구 앞에서 있는가만 보면 된다. 사람 앞에 서 있는 사람은 사람을 속일 수 있다. 그러나 하나님 앞에 서 있는 사람은 절대로 하나님을 속일 수 없다. 그가 진실로 하나님 앞에 서 있다면 그는 믿을 만한 사람이다. 그 점만 확인하면 된다.

이제는 하나님을 찬양하리라

* * *

이쯤에서 레아의 이야기를 나누고 지나가야 할 것 같다.

라헬이 야곱과 결혼하던 날, 레아가 아버지 라반에게 떠밀려 신랑의 장막으로 들어가던 그날 저녁, 그때 레아의 심정을 누가 이해할 수 있을까? 그날 레아의 자존감이 여지없이 땅에 내동댕이쳐지는 소리를 누가 들을 수 있을까?

레아도 처녀다. 가나안 땅에서 건너온 사촌 오라버니 야곱이 동생 라헬을 사랑하는 모습을 보고 마음이 마냥 편치는 않았을 것이다. 더구나 레아는 시력이 약했고 외모도 동생보다 못했다. 결혼 적령기가 되었지만 아무도 관심을 두지 않았다. 세상에 외모로 차별을 받는 것보다 더 서러운 일도 없다.

7년을 사귀던 야곱과 라헬이 마침내 결혼하는 날, 거대한 잔치가 벌어지고 수많은 손님들이 드나들던 날, 기뻐해야 할지 슬퍼해야 할지, 레아의 마음이 복잡했다. 그때 아버지 라반이 레아를 조용한 곳으로 불러내었다. 지금부터 하나님께서 우리에게 주신 상상력을 동원해 보자. 라반이 레아에게 이렇게 말했을 것이다.

"레아야, 오늘 저녁에는 네가 신방에 들어가거라."

놀라서 펄쩍 뛰는 레아에게 아버지가 이렇게 윽박질렀다.

"얘야, 이런 기회가 아니면 누가 너를 데려가겠느냐? 뒷감당은 내가 할 테니 너는 시키는 대로 몸단장하고 들어갈 준비나 해!"

지금으로부터 수천 년 전, 아버지의 말이 곧 법이었던 시대의 이야기이다. 결국 레아는 라헬 대신 신방에 들어가 어둠 속에서 신랑 아닌 신랑을 맞았다. 그때 레아의 심정을 어떻게 묘사할 수 있을까. 신방에 들어가지 못하게 가로막고 서 있는 아버지 앞에서 라헬의 놀람과 분노는 또 얼마나 컸을까? 모든 것이 뒤죽박죽이었다.

레아는 그렇게 남의 결혼 같은 결혼생활을 시작했다. 그녀는 누구에게도 환영받지 못한 사람, 남의 자리에 염치없이 들어앉은 사람, 하루아침에 세상 모든 사람들로부터 비난을 받는 존재가 되고 말았다. 무엇보다도 야곱에게서 거절당한 상처가 더 아팠다. 하나님께서 그 상황을 내려다보고 계셨다. 창세기 29장 31절부터 35절을 보면 하나님께서 레아가 사랑 받지 못함을 보시고 그의 태를 열어 아들들을 낳게 해주셨다고 기록하고 있다. 라헬에게는 아직 자녀가 없던 때였다.

여호와께서 레아가 사랑 받지 못함을 보시고 그의 태를 여셨으나 라헬은 자녀가 없었더라 레아가 임신하여 아들을 낳고 그 이름을 르우벤이라 하여 이르되 여호와께서 나의 괴로움을 돌보셨으니 이제는 내 남편이 나를 사랑하리로다 하였더라 그가 다시 임신하여 아들을 낳고 이르되 여호와께서 내가 사랑 받지 못함을 들으셨으므로 내게 이 아들도 주셨도다 하고 그의 이름을 시므온이라 하였으며 그가 또 임신하여 아들을 낳고 이르되 내가 그에게 세 아들을 낳았으니 내 남편이 지금부터 나와 연합하리로다 하고 그의 이름을 레위라 하였으며 그가 또 임신하여 아들을 낳고 이르되 내가 이제는 여호와를 찬송하리로다 하고 이로 말미암아 그가 그의 이름을 유다라 하였고 그의 출산이 멈추었더라(창세기 29:31-35).

레아가 첫아들을 낳고 이름을 르우벤이라 불렀다. '보라. 아들이다' 라는 뜻이다. 레아는 첫아들을 낳은 후에 이렇게 말했다. "여호와께서 나의 괴로움을 권고하셨으니 이제는 내 남편이 나를 사랑하리로다." 남편의 사랑에 목말랐던 레아가 그녀의 괴로움을 '르우벤'이라는 이름으로 표현했다. 야곱에게 첫아들을 낳아주었으니 이제부터는 자기를 사랑해 주리라 기대했다. 그러나 야곱은 요지부동이었다. 목숨을 걸고 자식을 낳은 후에는 누구나 따뜻한 남편의 사랑이 그리운 법이다. 그런데 대수롭지 않게 대하는 야곱의 모습이 레아에게 더 큰 상처를 주었다. 물론 자식을 낳지 못하고 있는 라헬 때문에 야곱이 내놓고 기쁜 표정을 지을 수는 없었을 것이다. 그래서 애써 관심을 감추었을지도 모른다. 그러나 무관심은 적대감보다 더 견디기 힘든 모욕이다.

얼마 후에 레아가 둘째 아들을 낳고 이름을 시므온이라고 지었다.

'주께서 들으셨다'는 뜻이다. 레아는 시므온을 낳고 나서 이렇게 말했다. "여호와께서 내가 사랑 받지 못함을 들으셨으므로 내게 이 아들도 주셨도다." 자기가 야곱에게 사랑받지 못하고 산다는 소문이 여기저기 퍼졌는데, 하나님께서도 들으셨을 것이라고 생각했다. 레아는 하나님께서 자기의 원통함을 들으시고 시므온을 주셨다고 스스로 위로했다. 그러나 시므온을 낳은 후에도 역시 그의 빈 마음은 채워지지 않았다.

다시 세 번째 아들을 낳고 이름을 레위라 불렀다. '그가 연합할 것'이라는 뜻이다. 레아는 산후의 고통을 견디며 곁에 있는 사람들에게 말했다. "내가 그에게 세 아들을 낳았으니 내 남편이 지금부터 나와 연합하리로다." 레아에게 있어서 야곱은 물 위의 기름이었다. 자식 낳고 살았지만 대화나 감정이 도무지 연결되지 않는 외인(外人)이었다. 야곱은 틈만 나면 라헬의 장막으로 달려갔다. 시간이 지날수록 레아에게서 멀어져 갔다. 적어도 레아의 눈에는 그렇게 보였다.

그러는 사이에 레아에게 넷째 아이가 들어섰다. 곰곰이 생각해 보았다. 또 아들을 낳으면 이름을 무엇이라고 지을까. 이번에는 남편과 연결된 이름을 그만 짓기로 했다. 지겨웠다. 자존심이 상했다. 그러자 그동안 잊고 지냈던 하나님의 은혜가 생각났다. 그 은혜가 가슴 가득히 밀려왔다. 낳고 보니 또 아들이었다. 아들 넷을 주시다니, 너무 감사했다. 그래서 유다라고 불렀다. '찬양합니다. 감사합니다'라는 뜻이다.

레아는 유다를 낳은 후에 선언했다. "내가 이제는 여호와를 찬송하리로다." 이제부터는 야곱과 라헬에 대한 지긋지긋한 애증(愛憎)에서 벗어나기로 했다. 더 이상 사랑을 구걸하지 않기로 결심했다. 유다를 낳으면서 레아는 위대한 자유를 자기 자신에게 선물했다. 감정의 덫으로부터 남편을 놓아주고 자신도 벗어났다. 이제부터는 하나님을 찬양하고 하나님께만 감사드리기로 결심했다. 그랬더니 놀라운 일이 일어났다. 그녀의 인생이 고통의 웅덩이에서 벗어나기 시작했다. 35절을 다시 읽어보자.

> 그가 또 임신하여 아들을 낳고 이르되 내가 이제는 여호와를 찬송하리로다 하고 이로 말미암아 그가 그의 이름을 유다라 하였고 그의 출산이 멈추었더라(창세기 29:35).

하나님께서 레아가 남편에게 사랑받지 못함을 보시고 태를 여셨다. 그런데 레아가 유다를 낳은 후 거절당한 아픔으로부터 벗어나자 출산도 멈추었다. 물론 레아는 그 후에도 아들 둘과 딸 하나를 더 낳았다. 레아가 자식 욕심이 많은 것은 사실이다. 그러나 유다를 낳은 이후에는 거절당한 고통으로부터 자유할 수 있었다.

뒤에 낳은 두 아들의 이름을 보면 이 사실이 분명했다. 하나는 '보상'이라는 뜻의 잇사갈이요, 다른 하나는 '후한 선물'이라는 뜻을 가진 스불론이다. 레아는 스불론을 낳은 후에 "하나님이 내게 후한 선물을 주시도다. 내가 남편에게 여섯 아들을 낳았으니 이제는 그가 나와 함께 살리라"고 말했다. 여기에서 "하나님이 내게 후한 선물을 주시도다"라는 말은 "하나님이 나에게 '신랑선물'을 주셨다"고 해석할 수 있다. 그리고 "이제는 그가 나와 함께 거하리라"는 말은 "내 남편이 나를 존경하는 마음으로 대할 것이다"라고 해석할 수 있다. 레아가 다섯째 아들과 여섯째 아들을 낳으면서 가졌던 감정은 옛날과 판이하게 달랐다. 사랑을 받지 못해 안달복달하던 처량한 모습이 사라지고 그 대신에 당당하고 편안한 자세가 되었다. 자기가 먼저 남편을 사랑하며, 남편으로부터 자신이 존경을 받게 되리라는 자신감을 얻게 되었다.

레아는 복 받은 여인이다. 비천하게 시작하였으나 영광스럽게 마쳤기 때문이다. 그녀의 넷째 아들 유다에게서 다윗 왕조가 나왔고, 훗날 그 가문에서 예수님이 태어나셨다. 대단한 반전(反轉)이다. 원망스러운 아버지, 애증관계에 있는 여동생, 무심한 남편, 이 세 사람들로부터 눈을 돌려 하나님을 바라볼 때, 자기를 지으시고 많은 자녀들을 주신 하나님의 은혜를 생각할 때, 레아의 가슴에 감사가 넘쳐나기 시작했다. 입술에서 찬송이 흘러나왔다. 얽매고 있던 밧줄들이 스르르 풀려나가고 가슴을 짓누르던 한(恨)의 굴레가 벗겨졌다. 찬송에는 위대한 능력이 있다. 찬송이 우리를 자유하게 한다. 찬송하는 사람은 반드시 승리하게 된다.

다윗의 시에 레아의 마음을 대변할 만한 구절이 있다. 어디 레아뿐이겠는가? 그것은 사랑하는 사람에게 거절당하고 자신의 존재 이유를 발견하지 못한 채 몸부림치는 모든 사람들이 부를 수 있는 노래이다. 내용은 이렇다.

내가 여호와를 기다리고 기다렸더니
귀를 기울이사
나의 부르짖음을 들으셨도다
나를 기가 막힐 웅덩이와 수렁에서
끌어 올리시고
내 발을 반석 위에 두사
내 걸음을 견고하게 하셨도다
새 노래 곧 우리 하나님께 올릴 찬송을
내 입에 두셨으니
많은 사람이 보고 두려워하여
여호와를 의지하리로다(시편 40:1-3).

얍복 강가에서 일어난 일

* * *

첩첩산중을 지날 때가 있다. 내려가는 길보다 올라가는 길이 훨씬 더 높아 보일 때가 있다. 언제 이 산중을 벗어나게 될지 기약이 없다. 그런 경우에는 어떻게 해야 할까. 바울은 빌립보 교회 성도들에게 이렇게 권면했다.

아무것도 염려하지 말고 다만 모든 일에 기도와 간구로, 너희 구할 것을 감사함으로 하나님께 아뢰라 그리하면 모든 지각에 뛰어난 하나님의 평강이 그리스도 예수 안에서 너희 마음과 생각을 지키시리라 (빌립보서 4:6-7).

고통스러운 환경은 기도로 벗어나야 한다. 기도하며 산을 넘어가야 한다. 하나님의 평강이 우리의 마음과 생각을 지켜주실 때까지 간절히 기도해야 한다. 그것이 우리가 야곱에게서 배운 교훈이다.

야곱은 하란 땅에서 네 명의 부인들로부터 열한 명의 아들들을 낳았다. 짧은 세월에 재산도 많이 모았다. 이제 외삼촌 라반의 영향권에서 무탈하게 벗어나는 일만 남았다. 처가살이는 빨리 끝낼수록 좋다. 그러나 그 일이 생각처럼 쉽지 않았다. 야곱의 재산이 늘어갈수록 외사촌들의 태도가 거칠어졌다. 삼촌의 얼굴 표정도 예전 같지 않았다.

난감했다. 야곱이 하나님 앞에서 정직하고 진실하게 살아도 처가 식구들은 항상 선입견을 가지고 그를 대했다. 그럴수록 야곱은 결벽증 환자처럼 흠 잡힐 만한 일을 하지 않으려고 더 애를 썼다. 숨통이 조여 오는 것 같았다. 삶의 기쁨도 사라져 갔다. 몸도 마음도 무거워졌다. 까닭 없이 환경이 불편해지기 시작하면 그곳을 떠나야 할 징조라는 사실을 야곱은 아직 모르고 있었다. 결국 하나님께서 개입하셨다.

네 조상의 땅 네 족속에게로 돌아가라 내가 너와 함께 있으리라(창세기 31:3).

야곱은 하나님의 말씀에 힘입어 그의 가족들과 함께 몰래 외삼촌 집을 떠났다. 사흘 후에 소식을 들은 외삼촌이 형제들을 데리고 야곱을 쫓아왔다. 만일 하나님께서 막지 않으셨다면 외삼촌은 야곱의 처자들과 짐승들을 다 빼앗고 야곱 혼자만 보냈을지 모른다. 넉넉히 그렇게 하고도 남을 삼촌이다.

첩첩 산중이었다. 형을 피하여 도망갔더니 라반이 있었다. 그런데 이번에는 더 큰 산이 그를 기다리고 있었다. 라반과 헤어지고 나니 에서가 등장했다. 쉬운 일이 없다. 그러나 에서 형은 어차피 한번 만나야 할 사람이었다. 야곱은 남쪽에 사는 에서에게 사람들을 보내면서 이렇게 말하라고 일러주었다.

> 주의 종 야곱이 이같이 말하기를 내가 라반과 함께 거류하며 지금까지 머물러 있었사오며 내게 소와 나귀와 양 떼와 노비가 있으므로 사람을 보내어 내 주께 알리고 내 주께 은혜 받기를 원하나이다(창세기 32:4-5).

세월이 약이라고 했지. 20여 년이 지났으니 지금쯤은 형의 분노가 가라앉았으리라고 짐작했다. 그래서 대충 용서를 구한 후에 적당히 떨어진 곳에서 살아가려고 생각했다. 그런데 심부름 갔던 사람들이 허겁지겁 돌아왔다.

> 우리가 주인의 형 에서에게 이른즉 그가 사백 명을 거느리고 주인을

만나려고 오더이다(창세기 32:6).

전해들은 말이 사람을 더 두렵게 만든다. 자기의 감정까지 더해서 전하기 때문이다. 그래서 소문이 사실보다 더 무서운 법이다. 형 에서가 사백 명을 데리고 내려오고 있단다. 형의 동기가 불을 보듯이 분명했다. 그렇지 않다면 왜 사백 명까지 데리고 와야 하는가? 두렵고 답답했다. 둘러보니 가축들과 아내들, 그리고 기껏 열세 살 미만의 아이들뿐이다. 혼자라면 옛날처럼 도망이라도 가겠는데 이제는 따르는 식구들이 너무 많았다. "심히 두렵고 답답하여", 이보다 더 정확한 표현도 없으리라.

그렇다고 가만히 앉아서 당할 수는 없다. 무엇인가 준비해야 했다. 무슨 일이 있어도 충돌은 피해야 했다. 그렇다면 타협하는 수밖에 없다. 방파제를 쌓듯이 선물들을 보내서 에서의 분노를 누그러뜨려야 한다. 야곱은 먼저 가족과 재산을 둘로 나누었다.

에서가 와서 한 떼를 치면 남은 한 떼는 피하리라(창세기 32:8).

그래도 여전히 마음이 불편했다. 그래서 기도하기 시작했다. 두려울 때에는 기도해야 한다. 기도가 우리를 안전한 요새로 인도해 준다.

내 조부 아브라함의 하나님, 내 아버지 이삭의 하나님 여호와여 주께서 전에 내게 명하시기를 '네 고향, 네 족속에게로 돌아가라 내가 네게 은혜를 베풀리라' 하셨나이다 나는 주께서 주의 종에게 베푸신 모든 은총과 모든 진실하심을 조금도 감당할 수 없사오나 내가 내 지팡이만 가지고 이 요단을 건넜더니 지금은 두 떼나 이루었나이다 내가 주께 간구하오니 내 형의 손에서, 에서의 손에서 나를 건져내시옵소서 내가 그를 두려워함은 그가 와서 나와 내 처자들을 칠까 겁이 나기 때문이니이다 주께서 말씀하시기를 내가 반드시 네게 은혜를 베풀어 네 씨로 바다의 셀 수 없는 모래와 같이 많게 하리라 하셨나이다(창세기 32:9-12).

고동스러울 때에는 하나님의 약속을 기억해야 한다. 그래야 이겨낼 수 있다. 기도해야 한다. 그래야 지혜가 주어진다. 아침 일찍 자리에서 일어난 야곱은 자기 소유 중에서 형 에서를 위하여 550마리 이상의 가축들을 예물로 준비했다. 그것도 세 떼로 나누어 보내면서 종들에게 말했다.

내 형 에서가 너를 만나 묻기를 '네가 누구의 사람이며 어디로 가느냐 네 앞의 것은 누구의 것이냐' 하거든 대답하기를 '주의 종 야곱의 것이요 자기 주 에서에게로 보내는 예물이오며 야곱도 우리 뒤에 있나이다' 하라(창세기 32:17-18).

종들과 짐승들이 얍복 강 나루터를 건너갔다. 종들이 건너편 언덕을 넘어가자 야곱은 스스로를 안심시켰다.

> 내가 내 앞에 보내는 예물로 형의 감정을 푼 후에 대면하면 형이 혹시 나를 받아주리라(창세기 32:20).

그런데도 마음이 불안했다. 어느 순간에라도 형과 4백 명의 사람들이 흙먼지를 일으키며 강 건너편 언덕에 나타날 것만 같았다. 다행히 그날은 별 탈 없이 지나갔다. 밤이 되었지만 잠을 잘 수 없었다. 야곱은 '종들이 어디쯤 가고 있을까. 에서를 만났을까?' 생각하며 뒤척이다가 밖으로 나왔다. 그리고 잠든 아내들과 아이들을 깨워서 얍복 강 나루를 건너게 했다. 남은 소유들도 모두 다 앞서 보냈다. 제정신이 아니었다. 아녀자와 아이들로 밤길을 가게 하다니…. 사람이 공황상태에 빠지면 판단력이 사라진다. 들판에서 밤을 지새운 적이 한두 번이 아니었지만 오늘처럼 두려웠던 적은 없었다.

그때 하나님의 사자가 그를 찾아왔다. 그리고 건드리셨다. 왜 하나님의 사자가 하필 그 시간에 야곱을 건드리셨을까? 하나님께서 우리를 건드리실 때가 있다. 그렇지 않아도 걱정거리가 태산인데 하나님까지 우리를 흔드신다. 심하게 흔드신다. 그런 때는 좀 가만히 놔두시면 안 될까? 왜 모든 죄책감을 다시 생각나게 하시며, 실수와 수치를 다시 기억나게 하시는가? 물론 하나님은 언제나 목적을 가지고 우리를 흔드신다.

야곱을 구원하시기 위해 하나님께서 먼저 씨름을 거셨다. 그리고 야곱으로 하여금 “기도로 끝장을 보아야겠다”는 결심을 하게 하셨다. 야곱은 그가 하나님의 사자였음을 이미 알고 있었다. 에서와 풀어야 할 뿌리 깊은 문제를 하나님 앞에서 먼저 해결해야 한다는 영적 감동이 밀려왔다. 야곱은 이 문제를 하나님 앞으로 가져가기로 작정했다. 만일 야곱이 “이 정신없는 시간에 왜 건드리느냐?”라고 하며 하나님을 원망하고 무시했다면 그날 아무 일도 일어나지 않았을 것이다.

하나님의 사자는 야곱의 환도 뼈를 살짝만 쳐도 위골(違骨)시킬 수 있었다. 시작부터 승패가 이미 결정된 게임이었다. 그런데 뜻밖에도 하나님의 사자가 야곱을 이길 수 없다고 생각했다. 그가 야곱을 이기지 못했다는 말은 무슨 뜻일까? 경기마다 규칙이 있다. 하나님의 사자와 야곱 사이의 씨름에는 어떤 규칙이 있었을까? 마지막까지 붙들고 놓지 않는 편이 이긴다는 규칙이었을까? 그렇다면 야곱이 천사를 이겼다는 말이 맞다.

하나님의 사자가 말했다.

“날이 새려 하니 나로 가게 하라.”

야곱이 단호하게 거절했다.

“당신이 내게 축복하지 아니하면 가게 하지 아니하겠나이다.”

하나님의 사자가 야곱에게 이름을 물었다. 그의 이름을 몰라서였을까? 아니다. 야곱에게 새 이름을 주기 위해서였다. 천사는 야곱을 ‘이스라엘’로 개명해 주었다. 야곱은 “발뒤꿈치를 붙잡은 자”라는 뜻이다. 남의 발뒤꿈치를 붙잡아서 무슨 소용이 있겠는가. 생각할수록 하찮은 이름이다. 아무리 묵상을 해보아도 건져낼 만한 의미가 없는 이름이다. 그러나 이스라엘은 '하나님과 다투는 자'이다. 그 가치를 측량할 수 없는 최고의 이름이다. 야곱이 하나님과 불퇴진의 '기도 싸움'을 할 때, 하나님께서 말씀하셨다. "내가 너에게 졌다." 그 이후로 하나님께서 이스라엘의 하나님이 되어 주셨다.

야곱이 하나님을 이겼다니 말도 안 되는 소리다. 하나님께서 그의 사랑 때문에 야곱에게 일부러 져주셨을 뿐이다. 부모는 항상 자식들에게 진다. 알면서도 진다. 부모와 자식이라는 사랑의 관계 때문이다. 하나님께서도 야곱과의 특별한 관계, 구속의 역사를 위하여 그를 선택하신 특별한 관계 때문에 일부러 져주셨다. 하나님께서 야곱을 도와주기로 작정하셨다. 야곱의 자손들이 모두 하나님 앞에서 '이스라엘'이 되었다. 하나님과 기도로 씨름하고 그의 축복을 받아내는 특별한 백성들이 되었다. 하나님에게 이긴 야곱은 무엇보다도 하나님 자신을 얻었다. 이제 무엇이 두려우랴!

승자는 패자에게 무엇이든지 요구할 수 있다. 씨름에서 이긴 야곱은 사자에게 축복을 구했다. 그런데 뭔가 이상하다. 허벅다리 뼈가 어긋날 정도로 격렬하게 씨름을 한 후에 "내가 졌다"고 항복하는 사자에게 야곱이 했던 말이 겨우 "당신이 내게 축복하지 아니하면 내가 가게 하지 아니하겠나이다"였다니 뭔가 이상하지 않은가? 이긴 사람이 진 사람의 축복을 받겠다고 머리를 숙이는 모습은 아무리 생각해도 정상이 아니다. 그런가? 아니다. 야곱에게 있어서 하나님의 축복은 정복자의 어떤 전리품보다 더 소중한 것이었다.

"당신이 나에게 복을 빌어주지 않으면 가게 하지 않겠나이다."

우리 속에도 이런 간절함이 있는가?

야곱은 빈손으로 외삼촌 집에 가서 지내는 동안에 거부가 되었다. 열한 명의 아들을 둔 당당한 가장이 되어 고향으로 돌아가고 있었다(아직은 베냐민을 낳기 전이다). 그런데 형 에서가 4백 명의 군사를 데리고 온단다. 그가 세운 집이 하루아침에 다 무너질지도 모른다. 하나님께서 그 답답한 순간에 야곱을 만나주셨다. 그리고 하나님 앞에서 철저히 정복당하게 하신 후에 하나님의 축복을 받게 하셨다. 이런 상황을 가리켜 전복-꼭대기 전(顚), 뒤집혀질 복(覆)-이라고 한다. 엎드러짐을 통해 다시 일어나는 축복이다. 성경에서만 발견되는 특별한 축복의 계산법이다. 예수님께서 제자들에게 가르치신 팔복(八福)도 세상의 계산 방법이 아니다.

하나님에게 정복당한 사람은 패배자가 아니다. 승리한 사람이다. 하나님께 정복당한 사람은 잃어버린 사람이 아니다. 많이 얻은 사람이다. 무엇보다도 하나님의 선하심과 인자하심을 얻게 된다. 하나님께 정복당한 사람은 이 세상 누구에게도 정복당하지 않는다. 기꺼이 섬길 뿐이다.

살다 보면 환도 뼈가 어긋나는 고통을 당할 때가 있다. 그 고통은 하나님께 항복하라는 메시지다. 하나님께 온전히 내어 맡기라는 신호이다. 자기의 능력과 하나님의 도우심을 적당하게 배합하여 살아가려는 혼합주의를 포기하라는 독촉이다. 하나님은 우리를 완전히 정복하신 후에야 축복하신다. 하나님께 정복당함이 축복이다. 그래서 축복의 정도는 정복당한 정도에 정비례한다. 완전히 정복당해야 온전히 일어설 수 있다. 그것이 '전복'의 숨은 뜻이다.

에이든 토저(A. Tozer)는 이런 말을 했다.

"옛 구약 시대에 하나님과 동행한 사람들의 체험담을 들어보면 하나님은 먼저 사람을 완전히 정복한 후에야 비로소 온전히 축복해 주신다는 사실을 인정하게 된다. 사람이 즐기는 축복의 정도는 그 사람에 대한 하나님의 승리의 완성에 비례된다. 하나님께 철저히 정복당할수록 우리는 더 행복하다."

왜 하나님께 정복당해야 할까? 우리 속에 정복당해야 할 요소들이 있기 때문이다.

> 육신의 생각은 하나님과 원수가 되나니 이는 하나님의 법에 굴복하지 아니할 뿐 아니라 할 수도 없음이라(로마서 8:7).

하나님과 씨름하는 동안에 육신의 생각들이 정복당한다. 하나님의 능력이 아니고는 탐욕과 같은 악한 뿌리들을 철저히 뽑아낼 수가 없다. 이 원리를 가장 잘 터득한 사람이 바울이다. 바울은 원래 육신의 생각으로 가득 찬 사람이었다. 그러나 다메섹으로 가는 길에서 예수님과 씨름한 후에 '전복의 변화'를 경험했다. 그 후부터 그는 '죽었다'는 말을 즐겨 사용했다.

> 형제들아 내가 그리스도 예수 우리 주 안에서 가진 바 너희에게 대

한 나의 자랑을 두고 단언하노니 나는 날마다 죽노라(고린도전서 15:31).
내가 그리스도와 함께 십자가에 못 박혔나니 그런즉 이제는 내가 사는 것이 아니요 오직 내 안에 그리스도께서 사시는 것이라(갈라디아서 2:20).

야곱은 하나님의 사자와 씨름했던 곳을 '브니엘'(하나님의 얼굴)이라 불렀다. 하나님을 대면하여 보았으나 죽지 않았기 때문이다. 밝은 아침 해가 떠오르고 있었다. 야곱은 옷에 묻은 흙을 털고 일어섰다. 허벅지 뼈가 관절에서 빠져나갔는지 걷기가 힘들었다. 보기 흉할 정도로 절뚝거렸다. 그는 있는 힘을 다하여 얍복 강을 건너 가족들이 있는 곳까지 기나시피 걸어갔다.

야곱이 눈을 들어 보니 에서가 사백 명의 장정을 거느리고 오고 있는지라 그의 자식들을 나누어 레아와 라헬과 두 여종에게 맡기고 여종들과 그들의 자식들은 앞에 두고 레아와 그의 자식들은 다음에 두고 라헬과 요셉은 뒤에 두고 자기는 그들 앞에서 나아가되 몸을 일곱 번 땅에 굽히며 그의 형 에서에게 가까이 가니 에서가 달려와서 그를 맞이하여 안고 목을 어긋맞추어 그와 입 맞추고 서로 우니라(창세기 33:1-4).

참 대단한 인물이다. 그 와중에서도 사랑하는 라헬과 그의 하나뿐인 아들 요셉을 안전한 곳에 두다니. 그러나 어제와 다른 변화가 하나 있었다. 하나님의 사자를 만나기 전에는 자기가 가장 안전한 곳에 남았었다. 그러나 씨름이 끝나고 난 지금은 자기가 맨 앞으로 나섰다. 비로소 가장(家長)의 품위가 엿보였다. 무엇이 그를 이렇게 변화시켰을까? 하나님께서 그와 함께 하신다는 믿음 때문이었다. 마지막에는 믿음이 이긴다.

야곱이 일곱 번 땅에 몸을 굽히며 에서에게 다가갔다. 에서의 마음이 풀린 시점이 바로 그 순간이었을 것이다. 갑자기 에서가 달려와서 그의 목을 안고 입을 맞추면서 울기 시작했다. 야곱도 울었다. 대부분의 대치(對峙)관계는 울면 풀린다. 그날 흘린 눈물을 따라 둘 사이의 해묵은 앙금도 씻겨 내려갔다.

하나님께 정복당한 사람은 자유하게 된다. 하나님과 씨름이 끝난 사람은 참된 자유를 누린다. 씨름을 마친 야곱은 에서와 사백 명의 사병들로부터, 처자식으로부터, 재물로부터, 그리고 자신의 생명의 안위(安危)로부터 자유하게 되었다. 두려울 것이 없게 되었다. 가장 담대한 사람은 세상에 무서울 것이 없는 사람이다. 그래서 다윗은 두려움이 그를 지배하려고 할 때마다 기도했다.

> 하나님이여 주는 나의 하나님이시라 내가 간절히 주를 찾되 물이 없어 마르고 황폐한 땅에서 내 영혼이 주를 갈망하며 내 육체가 주를 앙모하나이다(시편 63:1).

간절한 기도는 끈질긴(perseverance) 기도다. 포기하지 않는 기도다. 우리가 간청하면 하나님께서 반드시 응답해 주신다. 구하는 자에게 주시고, 두드리는 자에게 열어 주시며, 찾는 자를 만나 주신다. 간절한 기도를 드리다 보면 어느 순간 그 기도가 응답되었다는 확신이 파도처럼 밀려온다. 문 열고 내다보지 않아도 하나님의 불 말과 불 병거가 우리를 에워싸고 있음을 확신하게 된다.

레이몬드 에드먼(V. Raymond Edman)이라는 선교사가 에콰도르의 밀림에서 5년째 선교하고 있었다. 그러던 1928년 어느 날, 스물여덟 살의 에드먼 선교사가 열대병에 걸려 쓰러졌다. 의사는 그 밤을 지나고 나면 그가 죽을 것이라고 진단했다. 의사의 말을 듣고 선교사의 부인은 자기의 하얀 웨딩드레스에 검정 물감을 들여 장례를 준비했다. 그 때 수천 리 떨어진 보스턴에서 에드먼 선교사의 친구인 요셉 에반스(Joseph Evans) 박사가 그 소식을 듣고 급히 기도회를 소집했다. 그리고 간절히 기도했다. 얼마 후에 에반스 박사가 갑자기 기도를 중지시키며 외쳤다. "하나님을 찬양합니다. 승리를 얻었습니다." 그리고 바로 그 순간부터 에드먼 선교사의 병세가 호전되기 시작했다. 그 후에 에드먼 선교사는 미국으로 돌아와 공부를 더 한 후에 휘튼(Wheaton) 대학교의 교수를 거쳐 1940년부터 1965년까지 25년 동안 그 대학교의 총장으로 섬겼다. 그가 총장으로 재직하고 있을 때에 가르쳤던 학생 중의 한 사람이 바로 빌리 그레이엄 목사였다.

간절한 기도는 오직 하나님에게만 소망을 두는 기도이다. 간절한 기도에는 집중력이 있다. 간절함은 오직 유일하신 한 분, 왕 중의 왕이신 하나님 앞으로 나가는 자세이다. 그때 주변의 모든 소음이 잠잠하게 된다. 두뇌의 회전도 멈추게 된다. 나와 세상은 멀리 가고 오직 보좌에 앉아 계신 하나님만 보인다. 간절하면 할수록 하나님의 임재하심이 더욱 충만해진다. 그리고 하나님의 음성이 선명하게 들려온다.

> 너희는 가만히 있어 내가 하나님 됨을 알지어다 내가 뭇 나라 중에서 높임을 받으리라 내가 세계 중에서 높임을 받으리라(시편 46:10).

변화된 사람은 에서가 아니고 야곱이었다. 야곱은 우리에게 하나님만 찾는 사람에게 어떤 축복이 임하는지를 간증하고 있다. 그는 지금도 우리에게 "간절히 하나님만을 찾으라"고 권하고 있다. 그 길이 가장 빠르고 참된 길이라고 외치고 있다.

구름같이 둘러싼 허다한 증인들 가운데 오늘은 야곱의 얼굴이 유난히 더 뚜렷하게 보인다.

가던 길을 멈추지 말라

* * *

분노가 풀어진 에서가 야곱에게 호의를 베풀었다.

"우리가 떠나자. 내가 너와 동행하리라."

에서가 사는 '세일'은 사해 남쪽에 있다. 야곱은 거기까지 내려갈 생각이 없었다. 그곳은 하나님께서 아브라함에게 주신 땅이 아니었다. 또 다른 숨은 이유도 있었다. 아무리 화해했다고는 하지만 불같은 형의 성격을 잘 알기 때문에 가능하면 적절한 간격을 유지하고 싶었다. 그래서 완곡하게 양해를 구했다. 그러나 세일까지 천천히 내려가겠다고 마음에 없는 말을 한 것을 보면 그가 형을 얼마나 두려워했는지 알 수 있다.

> 내 주도 아시거니와 자식들은 연약하고 내게 있는 양 떼와 소가 새끼를 데리고 있은즉 하루만 지나치게 몰면 모든 떼가 죽으리니 청하건대 내 주는 종보다 앞서 가소서 나는 앞에 가는 가축과 자식들의 걸음대로 천천히 인도하여 세일로 가서 내 주께 나아가리이다(창세기 33:13-14).

형과 헤어진 야곱은 조금 북쪽에 있는 숙곳이라는 곳에 장막을 쳤다. 그리고 얼마 후에는 서쪽으로 30마일쯤 떨어진 세겜으로 옮겨갔다. 야곱은 그곳에다 땅을 샀다. 그곳에 정착하고 제단도 쌓았다. 그러나 세겜은 하나님께서 정해 놓으신 곳이 아니었다. 야곱이 올라가서 제단을 쌓아야 할 땅은 세겜이 아니고 벧엘이었다. 벧엘은 야곱이 하란으로 도망가던 길에 사닥다리 꿈을 꾸었던 곳이다. 야곱이 하나님의 말씀에 순종하지 않고 세겜 땅에 자리를 잡자 큰 사건이 터졌다.

디나는 야곱의 아내 레아가 아들 여섯을 낳은 후에 얻은 고명딸이다. 그래서 디나는 오라버니들에게 특별한 사랑을 받으며 자랐다. 그녀의 나이가 15세쯤 되었을 때 고약한 일이 일어났다. 세겜 사람들의 사는 모습이 보고 싶어 혼자 나갔던 디나가 그 땅의 추장인 세겜에게 겁탈을 당하고 만다. 세겜은 디나를 겁탈한 후에 오히려 사랑하게 되었다. 붙들어 놓고 집으로 보내주지 않았다. 그 소식을 들은 야곱과 오라비들은 치밀어 오르는 분을 삭일 수가 없었다. 얼마 후에 세겜이 그의 아버지 하몰과 함께 야곱을 찾아왔다.

> 내 아들 세겜이 마음으로 너희 딸을 연연하여 하니 원하건대 그를 세겜에게 주어 아내로 삼게 하라 너희가 우리와 통혼하여 너희 딸을 우리에게 주며 우리 딸을 너희가 데려가고 너희가 우리와 함께 거주하되 땅이 너희 앞에 있으니 여기 머물러 매매하며 여기서 기업을 얻으라(창세기 34:8-10).

세겜 자신도 디나의 오라버니들에게 간청했다.

> 나로 너희에게 은혜를 입게 하라 너희가 내게 말하는 것은 내가 다 주리니 이 소녀만 내게 주어 아내가 되게 하라 아무리 큰 혼수와 예물을 청할지라도 너희가 내게 말한 대로 주리라(창세기 34:11-12).

세겜은 그 지역의 세력가였다. 대답할 말이 난감했다. 그때 야곱의 아들들이 임기응변으로 둘러댔다.

> 우리는 그리하지 못하겠노라 할례 받지 아니한 사람에게 우리 누이를 줄 수 없노니 이는 우리의 수치가 됨이니라 그런즉 이같이 하면 너희에게 허락하리라 만일 너희 중 남자가 다 할례를 받고 우리같이 되면 우리 딸을 너희에게 주며 너희 딸을 우리가 데려오며 너희와 함께 거주하여 한 민족이 되려니와 너희가 만일 우리 말을 듣지 아니하고 할례를 받지 아니하면 우리는 곧 우리 딸을 데리고 가리라(창세기 34:14-17).

동상이몽(同床異夢)이었다. 야곱의 아들들은 세겜 성 사람들이 절대로 그 제안을 받아들일 수 없으리라고 생각했다. 그러나 세겜 사람들의 생각은 달랐다. 며칠만 고생하면 야곱의 가축과 재산과 그들의 모든 짐승들이 자기들의 것이 되리라고 생각했다. 그래서 고통을 무릅쓰고 할례를 받았다.

하나님 편에서 볼 때 끔찍한 일이 벌어지고 있었다. 아브라함을 우상숭배의 땅 하란에서 불러내시고, 그의 자손들로 거룩한 백성을 삼으시려는 것이 하나님의 목적이었다. 그런데 아무리 임기응변이었다고 하지만 야곱의 아들들이 하는 말은 도저히 용납하실 수 없는 악한 일이었다. 어떻게 우상을 숭배하는 종족들과 통혼을 하며 함께 거주하여 한 민족을 이룬다는 말인가? 할례는 아브라함의 후손과 하나님 사이에 맺은 언약의 징표였지 이민자를 받아들이는 조건이 아니지 않은가. 세겜 사람들과 혼인을 하고 함께 우상을 숭배하는 일은 절대로 있어서는 안 될 일이었다. 세겜에 정착한 지 7년째에 이런 사단(事端)이 벌어졌던 것이다.

야곱의 아들들이 꾀를 내었는데 죽을 꾀를 내었다. 세겜 집의 남자들이 다 할례를 받았다는 소식이 들려왔다. 진퇴양난에 빠졌다. 사흘째 되었을 때에 디나의 동복(同腹) 오빠인 시므온과 레위가 칼을 들고 세겜 성을 기습했다. 아직도 상처가 아물지 않아 쩔쩔 매는 모든 남자들을 다 죽이고 디나를 데려왔다. 이것을 보고 다른 형제들이 뒤따라가서 세겜 성의 여자들과 아이들을 사로잡아 오고 물건들을 노략했다.

야곱은 현실주의자였다. 생각할수록 난감했다. 머지않아 이 소식을 들은 가나안 사람들이 떼를 지어 와서 자기 집을 도륙할 터인데 피할 길이 없었다. 고통이 끝난 줄 알았는데 아직도 첩첩산중이었다. 야곱은 시므온과 레위를 심히 꾸짖었다.

> 너희가 내게 화를 끼쳐 나로 하여금 이 땅의 주민 곧 가나안 족속과 브리스 족속에게 악취를 내게 하였도다 나는 수가 적은즉 그들이 모여 나를 치고 나를 죽이리니 그러면 나와 내 집이 멸망하리라(창세기 34:30).

그러나 하나님께서는 야곱이 피할 길을 이미 예비하고 계셨다.

> 하나님이 야곱에게 이르시되 일어나 벧엘로 올라가서 거기 거주하며 네가 네 형 에서의 낯을 피하여 도망하던 때에 네게 나타났던 하나

> 님께 거기서 제단을 쌓으라 하신지라(창세기 35:1).

'왜 그 생각을 못했을까? 왜 여기에서 머뭇거리고 있었을까?' 심한 자책감이 들었다. 야곱과 그의 가족이 세겜에서 당했던 고통은 전적으로 야곱의 책임이었다. 세겜 사람들의 사는 모습을 보고 싶어서 나갔던 디나의 책임도 아니었다. 디나를 구하기 위해 세겜 사람들을 쳤던 시므온과 레위의 책임도 아니었다. 벧엘로 올라가지 않고 세겜에 머물러 있던 야곱의 책임이었다. 만일 야곱이 얍복 강을 건넌 후에 바로 벧엘로 올라갔더라면, 그리고 그곳에 제단을 쌓고 하나님을 섬겼더라면, 온 가족들이 그런 고통을 당하지 않았을 것이다. 야곱은 즉시 가족들에게 명을 내렸다.

> 너희 중에 있는 이방 신상들을 버리고 자신을 정결하게 하고 너희들의 의복을 바꾸어 입으라 우리가 일어나 벧엘로 올라가자 내 환난 날에 내게 응답하시며 내가 가는 길에서 나와 함께 하신 하나님께 내가 거기서 제단을 쌓으려 하노라(창세기 35:2-3).

그동안 벧엘을 잊고 있었다. 벧엘에서 하나님께 맹세했던 서원을 잊고 있었다. 직선 거리로 세겜보다 15마일 남쪽에 있는 벧엘로 내려가면 그만큼 형에게 더 가까워진다는 생각이 그를 머뭇거리게 했을지도 모른다. 야곱은 뒤늦게 자기의 실수를 깨닫고 가족들을 재촉했다. 온 가족들이 자기 손에 가지고 있던 이방 신상들과 자기 귀에 있는 귀고리들을 야곱에게 가져왔다. 귀고리마저도 우상과 관련된 일종의 숭배물이었다. 야곱은 그것들을 세겜 근처의 상수리나무 밑에 묻었다. 그리고 밝은 대낮에 세겜을 떠났다. 하나님과 동행하면 두려울 것 없었다. 아니나 다를까, 하나님께서 그 사면 고을들로 크게 두려워하게 하셨으므로 야곱을 추격하는 자가 없었다.

야곱은 그의 가족들을 하나님 앞에서 구별시키기 시작했다. 가나안 사람들에게 영향을 받았던 삶, 세상의 환락에 잠시 빠졌던 삶에서 벗어나게 했다. 의복까지 바꿔 입도록 했다. 그리고 벧엘로 올라가서 제단을 쌓았다.

환난 날에 하나님께로 피하는 사람은 복 있는 사람이다. 다윗은 어려운 일을 당할 때마다 늘 하나님께 피하는 삶을 살았다.

주께 피하는 자들을
그 일어나 치는 자들에게서
오른손으로 구원하시는 주여
주의 기이한 사랑을 나타내소서
나를 눈동자같이 지키시고
주의 날개 그늘 아래에 감추사
내 앞에서 나를 압제하는 악인들과
나의 목숨을 노리는 원수들에게서
벗어나게 하소서(시편 17:7-9).

세겜에서 야곱은 무력했다. 속수무책이었다. 자식들이 꾀를 낼 때에도, 자식들이 칼을 들고 집을 나섰을 때에도, 야곱에게는 마땅한 해결책이 없었다. 그렇게 강인하던 야곱의 모습이 온데간데없어졌다. 기껏 자식들을 향해서 하는 말이 "나는 수가 적은즉 그들이 모여 나를 치고 나를 죽이리니 그러면 나와 내 집이 멸망하리라"는 절망적인 푸념이 전부였다. 나이가 들면 믿음도 약해지는가? 다행히 하나님께서 야곱을 환난에서 건져주시고, 그의 가정을 다시 회복시켜 주셨다. 하나님께 피하는 야곱과 그의 자녀들을 안전한 곳으로 인도해 주셨다.

> 야곱이 밧단아람에서 (벧엘로) 돌아오매 (하나님의 여행 목록에는 숙곳과 세겜이 빠져 있다. 은혜로 잊게 해주신 것이리라.) 하나님이 다시 야곱에게 나타나사 그에게 복을 주시고 하나님이 그에게 이르시되 네 이름이 야곱이지마는 네 이름을 다시는 야곱이라 부르지 않겠고 이스라엘이 네 이름이 되리라 하시고 그가 그의 이름을 이스라엘이라 부르시고 하나님이 그에게 이르시되 나는 전능한 하나님이라 생육하며 번성하라 한 백성과 백성들의 총회가 네게서 나오고 왕들이 네 허리에서 나오리라 내가 아브라함과 이삭에게 준 땅을 네게 주고 내가 네 후손에게도 그 땅을 주리라 하시고 하나님이 그와 말씀하시던 곳에서 그를 떠나 올라가시는지라 야곱이 하나님이 자기와 말씀하시던 곳에 기둥 곧 돌기둥을 세우고 그 위에 전제물을 붓고 또 그 위에 기름을 붓고 하나님이 자기와 말씀하시던 곳의 이름을 벧엘

이라 불렀더라(창세기 35:9-15).

야곱이 형을 피하여 떠난 첫날 벧엘의 들판에서 잠이 들었을 때, 하나님께서 꿈에 나타나셔서 야곱과 언약을 맺으셨다. 이제 다시 벧엘에 이르니 하나님께서 그때의 언약을 재확인시켜 주셨다. 야곱의 이름이 이스라엘이 되었다. 생육하고 번성하는 축복을 주셨다. 한 백성과 백성들의 총회가 그에게서 나오고 왕들이 그의 허리에서 나오리라고 하셨다. 여러 백성이 아니고 한 백성이라는 말씀이 얼마나 아름다운가. 그리고 그 백성들에게 그 땅을 주시겠다고 약속하셨다.

고통이 다가올 때 우리는 자신에게 물어보아야 한다. 오늘 내가 당하고 있는 이 고통이 혹시라도 세겜에 머물고 있기 때문은 아닌지…. 만일 그렇다면 일어나서 벧엘로 올라가야 한다. 세상을 버리고 세상에서 벗어나는 구체적인 작업을 해야 한다. 세상에 정착하면 고통을 벗어날 수 없다. 벧엘로 올라가야 한다. 벧엘은 하나님의 집이다. 하나님의 임재하심 아래 나아가야 한다. 그리고 다윗처럼 고백해야 한다.

내 평생에 선하심과 인자하심이
반드시 나를 따르리니
내가 여호와의 집에
영원히 살리로다(시편 23:6).

야곱이 떠날 때의 고향은 브엘세바였다. 그런데 그가 외삼촌의 집에 머무는 동안, 아버지가 헤브론으로 이주하였던 것 같다. 벧엘에서 제단을 쌓은 야곱은 그의 가족들을 데리고 아버지가 있는 헤브론으로 내려왔다. 다행히 아버지는 그때까지 살아계셨다. 그때로부터 야곱은 20여 년 동안, 아버지 이삭이 세상을 떠날 때까지, 헤브론 골짜기에서 살았다. 요셉이 형들을 만나러 떠난 곳도 헤브론에서였다. 야곱은 이삭이 세상을 떠난 후 어느 시점에서 브엘세바로 주거를 옮겼다. 헤브론은 요셉을 잃어버린 아픔이 서려 있는 곳이어서 그랬을지 모른다.

길고도 긴 여정이었다. 그러나 하나님께서 약속하신 말씀대로 고향으로 돌아왔다. 떠날 때에는 빈손이었는데 돌아올 때는 큰 가족과 재산을 모아가지고 돌아왔다. 생각할수록 하나님의 은혜가 감사했다. 그러나 사람들은 고생했던 일들만 기억에 남는 것일까? 훗날 야곱은 그의 나이를 묻는 애굽의 바로 왕에게 이렇게 대답했다.

> 내 나그네 길의 세월이 백삼십 년이니이다 내 나이가 얼마 못 되니 우리 조상의 나그네 길의 연조에 미치지 못하나 짧고 험악한 세월을 보내었나이다(창세기 47:9).

야곱은 자기의 인생을 한마디로 압축했다. "험악한 세월", 마치 상처투성이가 된 채 밀림을 막 벗어난 사람이, "하마터면 죽을 뻔했네" 하고 숨을 몰아쉬는 소리처럼 들린다. 끝없는 미로를 달려온 야곱,

그가 위기의 갈림길에 서 있을 때마다 인자하신 하나님께서 그를 만나주셨다. 만일 하나님께서 그를 바른 길로 인도하지 않으셨더라면, 그의 세월은 그의 말처럼 정말로 험악하게 끝났을 것이다. 그러나 하나님께서 그와 동행하셨기 때문에 험악한 세월도 아름다운 추억이 되었다.

야곱은 훗날 요셉의 두 아들 므낫세와 에브라임에게 축복할 때에 이렇게 말했다.

> 그가 요셉을 위하여 축복하여 이르되 내 조부 아브라함과 아버지 이삭이 섬기던 하나님, 나의 출생으로부터 지금까지 나를 기르신 하나님, 나를 모든 환난에서 건지신 여호와의 사자께서 이 아이들에게 복을 주시오며 이들로 내 이름과 내 조상 아브라함과 이삭의 이름으로 칭하게 하시오며 이들이 세상에서 번식되게 하시기를 원하나이다(창세기 48:15-16).

한 구절씩 음미해보자.

"내 조부 아브라함과 아버지 이삭이 섬기던 하나님"-야곱은 조상에게서 믿음의 유산을 받았다. 할아버지와 아버지가 하나님을 섬겼다는 사실이 얼마나 큰 축복인가. 우리 부모님이 먼저 예수님을 믿으셨다는 사실에 감사드리자. 믿음은 우리가 남길 수 있는 가장 큰 유산이다.

"나의 출생으로부터 지금까지 나를 기르신 하나님"-살아온 날들을 뒤돌아보면 굽이굽이 들고 나는 삶 속에서 발견하는 하나님의 손길, 섭리와 인도하심, 덮어주심과 높여주심, 먹여주심과 치료하심, 어찌 찬송하지 않을 수 있겠는가. 나이 든 야곱이 "하나님께서 나를 길러 주셨습니다" 하고 고백할 때 우리는 감격하게 된다.

"나를 모든 환난에서 건지신 여호와의 사자께서 이 아이들에게 복을 주시오며"-손자들을 품에 안고 이런 기도를 드릴 수 있는 조부모는 복 있는 사람이다. 조부모가 평생 동안 받은 축복들이 양도소득세도 내지 않고 손자손녀들에게 이양되는 순간이기에….

"이들로 내 이름과 내 조상 아브라함과 이삭의 이름으로 칭하게 하시오며"-부모와 조부모들은 자손들을 축복해야 할 사명이 있다. 매일 잊지 말고 축복하며 기도해야 한다. 쉬지 않고 드리는 기도로 축복을 산더미처럼 쌓아두어야 한다.

"이들이 세상에서 번식되게 하시기를 원하나이다"-자손이 점점 찌그러들기 원하는 조상이 누가 있겠는가? 그런데 생각보다 많은 이들이 후손에 대하여 무관심하다. 최소한 10대 후손을 위해서 기도할 수 있어야 한다. 그런 사람은 야곱처럼 자손들의 존경을 받게 될 것이다.

야곱의 생애를 찬찬히 들여다보면 밀림 속을 헤쳐 나가는 사람을 연상하게 된다. 가닥을 잡을 수 없는 혼란과 흔들림 속에서 오직 하나님 한 분, 할아버지와 부모님에게서 물려받은 하나님에 대한 믿음을 붙들고, 그 끝없는 밀림 속에 대로를 만들어가는 위대한 인물을 만나게 된다. 그의 삶 전체가 하나님의 은혜 아래 있었다. 하나님께서 그의 걷는 걸음마다 의와 진리로 인도해 주셨다. 선택의 길목에서 주춤거릴 때에 하나님께서 그의 손을 잡고 바른 길로 인도해 주셨다. 만일 야곱이 에서처럼 세상을 사랑하고 하나님을 떠났더라면 이스라엘 백성들은 어떻게 되었을까? 또 우리는 어떻게 되었을까? 그래서 나는 야곱이 고맙다. 하나님의 축복을 받기 위해, 하나님의 은혜 아래 머물기 위해, 천사와 씨름하고 자신과 씨름했던 그의 애처로운 수고가 참 고맙다. 훗날 하늘나라에서 그를 만나면 꼭 이 말을 들려주리라.

"야곱이여, 고맙습니다. 당신이 남겨주신 위대한 믿음의 유산을 누리다가 왔습니다."

삽화(揷畵) 한 컷

* * *

야곱의 이야기 끝나갈 무렵 이상한 사건이 하나 일어났다. 창세기는 그냥 지나가도 될 법한 이 사건에 38장 전체를 할애하고 있다. 그것도 요셉이 팔려가는 장면과 보디발의 집에서 종살이를 하는 장면 사이에 삽입하고 있다. 그만큼 중요한 사건이었을까? 사건의 개요는 이렇다.

> 그 후에 유다가 자기 형제들로부터 떠나 내려가서 아둘람 사람 히라와 가까이하니라(창세기 38:1).

'그 후에'라 함은 요셉이 애굽에 팔려간 후를 말한다. 유다는 레아가 낳은 넷째 아들이고 요셉은 라헬이 낳은 첫 아들이다. 요셉을 낳고 6년을 더 일하다가 야곱이 외삼촌을 떠났다. 유다와 요셉 사이에 여섯 명의 형제들이 있었다. 라헬의 시녀 빌하가 낳은 단과 납달리, 레아의 시녀 실바가 낳은 갓과 아셀, 그리고 레아가 마지막으로 낳은 잇사갈과 스불론이 있지만 유다와 요셉의 나이 차이는 많아 봐야 4년 정도이다. 그런데 자기가 동생 요셉을 팔아넘기는 데 앞장섰다. 그 자책감 때문에 유다가 아버지의 집을 떠났을지도 모른다.

물론 아주 멀리 떠난 것은 아니다. 헤브론에서 16km 서북쪽에 위치한 아둘람으로 떠났다. 지금의 쉬펠라(Shfela) 지역이다. 유다는 거기에서 아둘람 사람 히라와 가까이 지내면서 가나안 여자 수아의 딸과 결혼하고 아들 셋을 낳았다. 유다는 그곳에서 20여 년 가까이 살았다.

유다는 큰아들 엘을 위하여 다말이라는 며느리를 맞이했다. 그런데 엘이 하나님 보시기에 악하므로 하나님께서 그를 죽이셨다. 유다는 둘째 아들 오난을 불러 형수에게 들어가 형을 위하여 자식을 갖게 하라고 일렀다. 그러나 오난은 아버지의 말에 순종하지 않았다. 그 불순종이 하나님 보시기에 악하므로 그도 죽이셨다. 이제 어린 셋째 아들 셀라가 있는데 이 아들마저 죽을까 두려웠다. 그래서 며느리 다말에게 친정에 가서 수절하고 기다리라고 했다. 그러나 본심은 셀라를 다말에게 주지 않기 위해서였다.

신명기 25장 5-10절을 보면 역연혼(逆緣婚) 제도가 기록되어 있다.

이 혼인제도는 죽은 자의 형제가 그 미망인과 결혼하여 낳은 첫 아들을 죽은 형제의 아들로 삼아주는 제도이다. 이런 제도가 야곱의 시대에도 이미 있었다. 다말 이야기는 그런 배경을 가지고 있다.

때마침 유다의 아내가 세상을 떠났다. 유다는 자기 친구인 아둘람 사람 히라와 함께 딤나에 올라갔다. 딤나는 훗날 삼손이 불레셋 사람들의 밭을 불태웠던 바로 그 동네이다. 거기에서 유다의 목자들이 양털을 깎고 있었다. 시아버지가 딤나에 왔다는 소식이 다말에게 들려왔다. 다말은 거리의 여자처럼 옷을 입고 얼굴을 가린 채 시아버지를 기다렸다. 그렇게 행동한 동기를 성경은 "이는 셀라가 장성함을 보았어도 자기를 그의 아내로 주지 않음"이었다고 기록하고 있다. 그렇다 치더라도 다말은 대단히 당찬 여인이었다.

결국 유다는 며느리인 줄 모르고 다말에게 들어가 임신을 시켰다. 얼마 후, 수절하고 있는 며느리가 임신했다는 소문이 들려왔다. 유다는 불같이 화를 내며 소리쳤다.

"그를 끌어내어 불사르라!"

다말이 끌려 나갈 때에 몇 가지 물건을 시아버지에게 보내면서 말했다.

"이 물건 임자로 말미암아 임신하였나이다. 청하건대 보소서. 이 도장과 그 끈과 지팡이가 누구의 것이니이까?"

유다가 보니 다 자기의 물건이었다. 지난번에 그 여인에게 염소새끼 한 마리를 보낼 때까지 보증으로 맡겨두었던 것들이다. 나중에 염소새끼를 보냈지만 그 여인을 찾지 못해 포기했는데 그 여자가 바로 자기 며느리였던 것이다. 유다가 말했다.

"그는 나보다 옳도다. 내가 그를 내 아들 셀라에게 주지 아니하였음이로다."

그리고 다시는 가까이 하지 않았다. 때가 되어 다말이 출산하니 쌍태였다. 하나는 세라로 부르고 다른 하나는 베레스라고 불렀다. 이 베레스에게서 훗날 다윗과 예수님이 나셨다.

왜 이 이야기가 요셉의 이야기 사이로 비집고 들어왔을까? 우선 시간적으로 그때에 일어난 사건이었기 때문이다. 그러나 성경 전체로 보며 다말이 예수님의 특별한 조상 가운데 하나였기 때문이다. 마태는 예수님의 조상 가운데 조금씩 흠이 있는 여인 넷의 이름을 기록하고 있다. 기생 라합과 모압 여인 룻, 그리고 다말과 헷 사람 우리야의 아내 밧세바이다. 모두 흠이 있는 여인들이다.

이 이야기의 핵심은 무엇일까? 다말이 유다보다 더 의로웠다는 점이다. 유다는 막내아들을 보호하기 위하여 며느리를 버렸지만 다말은 자기 남편을 위해 충성스럽게 기다리고 있었다. 사건을 이해하고 난 유다는 공개적으로 자신의 잘못을 인정했다. 그리고 다말의 흠결을 깨끗이 지워주었다. 요즘 우리들의 사고방식으로는 이해하기 힘든 일이다. 그러나 역사를 통하여 하나님께서 다말의 의로움을 추인(追認)해 주셨다.

하나님께서는 언제나 우리들의 동기를 보신다. 그래서 다윗은 이렇게 기도했다.

하나님이여 나를 살피사 내 마음을 아시며 나를 시험하사 내 뜻을 아옵소서 내게 무슨 악한 행위가 있나 보시고 나를 영원한 길로 인도하소서(시편 139:23-24).

요셉, 은혜의 통로

아브라함은 모리아 산 위에 믿음의 깃발을 세웠다. 하나님의 약속의 말씀을 끝까지 믿다가 세운 승리의 깃발이다. 아브라함은 그의 평생에 걸쳐 하나님의 신실하심을 굳게 믿었고, 또한 그 믿음을 우리에게 유산으로 물려주었다.

야곱은 험한 인생을 영광스럽게 살았던 사람이다. 그의 삶은 미로(迷路)와 같았다. 그러나 오직 하나님만 의지함으로 갈림길을 만날 때마다 이정표를 세워 두었다. 지금 우리는 그 이정표를 손에 들고 순례의 길을 걸어가고 있다. 야곱은 "나의 출생으로부터 지금까지 나를 기르신 하나님"의 이름으로 그의 손자들을 축복했다.

이제 요셉의 이야기를 나눌 차례이다. 요셉은 갑자기 길을 잃어버린 사람이다. 깊은 정글 속에 버림을 받은 사람이다. 그러나 요셉은 그 정글을 벗어나면서 은혜의 고속도로를 열어놓았다. 요셉이 걸어가던 길은 위험천만한 벼랑 끝에 있었다. 요셉은 그 길을 오직 하나님만 의지하며 안전하게 걸어갔다. 그리고 자세한 지도 한 장을 만들어서 우리에게 유산으로 물려주었다. 고난의 길을 걸어가는 사람이 꼭 사용해야 할 보배로운 지도이다.

요셉은 흠잡을 데 없는 사람이었다. 실수도 없었다. 그러나 가장 억울하고 고통스러운 삶을 살았던 사람이다. 요셉은 어떻게 그토록 고통스럽고 절망적인 상황을 이겨낼 수 있었을까? 어떻게 포기하지 않고 끝까지 완주(完走)할 수 있었을까? 대답은 간단하다. 위를 보고 걸었기 때문이다. 벼랑길은 위를 보며 걸어가야 한다. 아래를 내려다 보면 현기증이 난다. 오금이 저려 발걸음을 뗄 수가 없다. 하나님은 위에 계신다. 요셉은 평생 동안 하나님만 바라보며 걸어갔다. 여호와를 앙망하며 달려갔다. 그것이 승리의 비결이었다. 이사야는 이런 교훈의 말씀을 남겼다.

> 너는 알지 못하였느냐 듣지 못하였느냐 영원하신 하나님 여호와, 땅 끝까지 창조하신 이는 피곤하지 않으시며 곤비하지 않으시며 명철이 한이 없으시며 피곤한 자에게는 능력을 주시며 무능한 자에게는 힘을 더하시나니 소년이라도 피곤하며 곤비하며 장정이라도 넘어지며 쓰러지되 오직 여호와를 앙망하는 자는 새 힘을 얻으리니 독수리가 날개 치며 올라감 같을 것이요 달음박질하여도 곤비하지 아니하겠고 걸어가도 피곤하지 아니하리로다(이사야 40:28-31).

이제 요셉의 삶을 네 계절로 나누어 살펴보자.

상실의 계절

* * *

그날 요셉은 북쪽에 있는 세겜을 향해 먼 길을 떠났다. 양치는 형들이 편안히 잘 있는지 보고 오라는 아버지의 심부름이었다. 헤브론 골짜기에서 세겜까지는 약 110km, 요즘 닦아놓은 아스팔트 길로 쉬지 않고 걸어가도 20시간 이상 걸리는 길이다. 요셉은 적어도 사흘에 걸쳐서 그 길을 걸어갔을 것이다. 그는 형들을 만날 수 있다는 생각에 피곤한 줄 모르고 걸어갔다. 열한 번째로 태어난 요셉은 형들에 대한 남다른 정이 있었다.

그런데 있을 법한 골짜기를 다 다녀보아도 형들과 양떼들이 보이지 않았다. 마침 그 동네 사람 하나가 귀띔을 해주었다. "그들이 여기에서 떠났느니라. 내가 그들의 말을 들으니 도단으로 가자 하더라." 도단은 오늘날의 텔 도다(Tell Dotha)인데 세겜에서 북북서 쪽으로 24km쯤 더 올라가야 한다. 그곳은 훗날 엘리사가 살았던 마을로 그의 종이 산을 둘러싸고 있는 불말과 불병거들을 보았던 곳이기도 하다.

멀리 양 떼를 치는 형들을 발견하고 요셉은 안도의 한숨을 쉬었다. 반가웠다. 목청껏 형들의 이름을 부르며 뛰어갔다. 이제 17세의 소년이다. 그런데 형들은 요셉을 보는 순간 엉뚱한 생각을 하기 시작했다. 악한 생각이 순식간에 그들을 하나가 되게 했다.

서로 이르되 꿈꾸는 자가 오는도다 자, 그를 죽여 한 구덩이에 던지고 우리가 말하기를 악한 짐승이 그를 잡아먹었다 하자 그의 꿈이 어떻게 되는지를 우리가 볼 것이니라(창세기 37:19-20).

"꿈꾸는 자", 형들은 요셉을 그렇게 불렀다. 얼마 전에 이런 일이 있었다. 온 가족이 다 모여 있는 자리에서 요셉이 형들에게 꿈 이야기를 했다(창세기 37:5-11).

"청하건대 내가 꾼 꿈을 들으시오. 우리가 밭에서 곡식 단을 묶더니 내 단은 일어서고 당신들의 단은 내 단을 둘러서서 절하더이다."

형제들 중 몇이 동시다발적으로 핀잔을 주었다.

"네가 참으로 우리의 왕이 되겠느냐? 참으로 우리를 다스리게 되겠느냐?"

아무리 철이 없어도 그렇지 어떻게 그런 말을 할 수 있단 말인가? 슬그머니 미운 마음이 들었다. 그런데 며칠 후에 요셉이 또 다른 꿈 이야기를 했다.

"내가 또 꿈을 꾼즉 해와 달과 열한 별이 내게 절하더이다."

이번에는 아버지가 나서서 요셉을 꾸짖었다.

"네가 꾼 꿈이 무엇이냐? 나와 네 어머니와 네 형들이 참으로 가서 땅에 엎드려 네게 절하겠느냐?"

왜 야곱이 요셉의 꿈 이야기를 듣고 "나와 네 어머니와 네 형들이 참으로 가서"라고 했을까? '가서'라는 단어에 우리의 눈길이 간다. 말은 그렇게 했지만 야곱은 요셉의 말을 마음에 간직해 두었다. 그러나 형들은 요셉을 더 미워했다. 싫은 사람이 헛소리를 하면 주는 것 없이 미운 법이다. 그렇잖아도 함께 양을 치던 요셉이 배다른 형들의 잘못을 아버지에게 일러바쳐서 꾸중을 듣고 난 터였다. 평소에도 야곱은 다른 아들들보다 요셉을 더 사랑했다. 그의 어머니 라헬이 일찍 세상을 떠났기 때문에, 그리고 그가 노년에 낳은 아들이었기 때문에 야곱은 그를 감싸고 돌았다. 요셉이 입은 옷만 보아도 그랬다. 값이 많이 나가는 보석들로 무늬를 놓은 특별한 옷을 입고 있었으니까….

그런데 그 요셉이 이 외딴 곳에 제 발로 찾아왔다. 형들의 눈이 악의(惡意)로 충혈 되었다. 살기(殺氣)가 서렸다. 그러나 큰형 르우벤은 이성을 잃지 않았다. 기회를 엿보아 동생들 몰래 요셉을 집으로 돌려보내려는 생각을 하며 이렇게 말했다.

> 우리가 그의 생명은 해치지 말자 르우벤이 또 그들에게 이르되 피를 흘리지 말라 그를 광야 그 구덩이에 던지고 손을 그에게 대지 말라 (창세기 37:21-22).

모두 형의 말을 따르기로 했다. 그렇게 해도 요셉은 어차피 죽을 목숨이니까. 그래서 채색 옷을 벗긴 후에 요셉을 구덩이에 던져 넣었다. 그러나 모든 일이 생각대로 되라는 법은 없다. 르우벤이 잠시 자리를 비운 사이에 일은 엉뚱한 방향으로 꼬여갔다. 유다의 제안 때문이었다.

> 우리가 우리 동생을 죽이고 그의 피를 덮어둔들 무엇이 유익할까 자

그를 이스마엘 사람들에게 팔고 그에게 우리 손을 대지 말자 그는 우리의 동생이요 우리의 혈육이니라(창세기 37:26-27).

사람들의 두뇌는 악한 일에 빠르고 선한 일에 느리다. 유다가 르우벤 형보다 먼저 "우리가 동생 죽여서 뭘 하겠는가. 용서하고 살려주자." 이렇게 말하기가 그리도 어려웠을까? 르우벤이 직접 형제들에게 "동생에게 해를 끼치지 말자. 아버지에게 돌려보내자." 그렇게 말하기가 그리도 어려웠을까? 선한 일은 즉시로 실천에 옮겨야 한다. 뒤로 미루면 선을 행할 기회가 사라진다. 물론 요셉이 애굽에 팔려가는 시나리오는 하나님의 계획 속에 있었다. 그렇지만 우리는 여기에서 악을 행하는 데 빠르고 선을 행하는 데 더딘 인간의 누추한 모습을 보게 된다.

때마침 한 무리의 이스마엘 장사꾼들이 길르앗에서 애굽으로 내려가고 있었다. 형제들은 요셉을 미디안 상인들에게 은 이십에 팔아버렸다. (28절에서 '이스마엘 사람들'과 '미디안 사람들'이 번갈아 사용되고 있다. 이스마엘은 아브라함이 여종 하갈에게서 낳은 아들이고 미디안은 아브라함이 후처 그두라에게서 낳은 넷째 아들이다. 창세기의 저자 모세는 이 두 종족을 하나로 보았다. 실제로 성경은 여러 번에 걸쳐 이 두 부족을 한 부족처럼 다루고 있다. 적어도 모세 시대의 사람들은 그렇게 생각했다.)

뒤늦게 돌아온 르우벤이 옷을 찢으며 탄식했다. 그러나 돌이키기에는 너무 늦었다. 할 수 없이 요셉의 채색 옷을 염소의 피에 적셔 가지고 집으로 돌아갔다. 피 묻은 옷을 본 야곱은 "내 아들의 옷이라.

악한 짐승이 그를 잡아먹었도다. 요셉이 분명히 찢겼도다" 하며 애통하고 슬퍼했다. 한국식으로 표현하면, "내가 죽어야 해. 나도 죽어서 요셉에게 갈 거야. 내 아들 요셉, 내 불쌍한 아들…" 하며 울었을 것이다. 애굽으로 팔려간 요셉은 그날 아버지가 얼마나 슬피 울며 몸부림쳤는지 알 수 없었다. 20여 년이 지난 후에야 그 이야기를 들었으니까….

그런데 어딘가 이상하다. 이 기가 막히는 일들이 벌어지고 있는 동안에 형제들의 목소리는 들리는데 막상 요셉의 말은 한마디도 들리지 않는다. 신음 소리도 없다. 요셉이 너무 겁에 질려서 기가 막혔는가. 우리는 그 장면을 보고 싶은데 성경은 과감히 생략한다. 성경은 생략을 통하여 우리의 영성과 감성을 터치한다. 이제는 성경에 생략된 요셉의 소리를 우리 가슴으로 들어야 할 시간이다.

요셉이 받은 충격이 얼마나 컸을까. 목이 쉬도록 울부짖었을 것이다.

"형님들, 형님들! 왜 이래요-오-오-오! 형님드-으-으-을!"

너무 다급하면 기가 막히고 말이 막힌다. 요셉의 소리가 깊은 구덩이에 묻혀 버렸다. 빠져나갈 길이 막막했다. 하늘이 뚜껑처럼 구덩이를 덮고 있었다. 형들의 말소리도 더 이상 들리지 않았다. 얼마나 시간이 지났을까. 고맙게도 형들이 요셉을 구덩이에서 건져주었다. 이제 살았다 싶었는데 그게 아니었다. 이번에는 미디안 장사꾼들에게 팔려서 애굽으로 끌려갔다. 두 손이 결박당한 채 끌려갔다. 형들의 모습이 시야에서 완전히 사라질 때까지 뒤를 돌아보며 끌려갔다. 이제는 목이 쉬어서 더 부를 수도 없다. '왜 형들이 나에게 이런 일을

할까. 도대체 무슨 일인가?'

요셉은 하루아침에 모든 것을 상실했다. 아버지의 사랑과 형제들의 우애를 잃어버렸다. 브엘세바에 있는 벗들도 다시 볼 수가 없다. 집에 둔 물건들도 다시 사용할 수 없다. 무엇보다도 자유를 잃어버렸다. 선택의 자유, 표현의 자유, 여행의 자유, 이런 자유들이 이제는 호사스러운 품목이 되고 말았다. 이제부터는 요셉은 '나의 것은 하나도 없다'는 종의 원칙 아래 살아가야 했다. 요셉이 종이 되다니, 믿을 수 없는 일이었다.

미디안 장사꾼들은 애굽으로 내려가면서 요셉에게 종의 훈련을 시켰다. 그래야 제값을 받을 수 있으니까. 아버지에게 사랑받던 아들이 순식간에 종의 신세로 전락했다. 요셉이 종의 신분에 순응하느라 얼마나 힘들었을까. 얼마나 많은 눈물을 흘렸을까. 얼마나 많은 시행착오를 경험했을까. 정서적으로 얼마나 많은 상처를 입었을까. 요셉의 상한 마음을 무슨 말로 묘사할 수 있겠는가. 상처 위에 상처가 겹쳤으리라.

미디안 상인들이 애굽에 도착할 무렵, 이미 요셉은 사람들이 욕심낼 만한 종이 되어 있었다. 그래서 바로 왕의 시위대장 보디발의 집으로 팔려갔다. 요즘 방식으로 설명하면, 최고의 선수들이 1차 지명을 받아 프로구단에 들어가듯이 당대의 세력가인 보디발이 요셉을 먼저 선택했던 것이다.

어린 시절, 호랑이에게 물려가도 정신만 차리면 산다는 말을 자주 들었다. 어머니는 조금 과장하여 "호랑이에게 열두 번 물려가도 정신만 놓지 않으면 산다"고 하셨다. 그때마다 '정신 차리고 사는 사람이 왜 열두 번씩이나 호랑이에게 물려가는가' 하고 이상하게 생각했던 적이 있다. 그러나 요셉은 열두 번 이상 물려갔다. 물려가지 않을 자유가 없었다.

요셉은 많은 것들을 잃어버렸다. 그렇다고 모든 것을 다 잃어버린 것은 아니다. 요셉이 끝까지 간직했던 몇 가지가 있었다.

먼저 살아계신 하나님에 대한 믿음을 잃지 않았다. 아브라함과 이삭과 야곱, 3대째 내려오는 하나님을 향한 믿음을 꼭 붙들었다. 다 잃어버려도 하나님만은 잃어버리지 않았다. 또 하나가 더 있다. 그가 꾸었던 꿈들이었다. 그 꿈은 언젠가 가족들을 다시 만나게 될 꿈이었다. 어떻게 그 꿈을 잃어버릴 수 있겠는가? 꿈이 있는 사람은 끝까지 살아남는다. 그 꿈이 이루어질 날을 기다리며 살아간다. 꿈이 있는 사람은 행동한다. 하나님의 살아계심을 믿을 뿐만 아니라 그 하나님을 찾아 나선다. 그것이 바로 히브리서 11장 6절의 말씀이다.

> 믿음이 없이는 하나님을 기쁘시게 하지 못하나니 하나님께 나아가는 자는 반드시 그가 계신 것과 또한 그가 자기를 찾는 자들에게 상 주시는 이심을 믿어야 할지니라.

하나님은 자기를 믿고 찾는 요셉과 동행하셨다. 창세기 39장에 '하나님께서 요셉과 함께 하셨다'는 구절이 네 번 나온다. 첫 번째는, 모세가 요셉의 형편을 묘사할 때 사용한 말이다.

여호와께서 요셉과 함께 하시므로 그가 형통한 자가 되어 그의 주인 애굽 사람의 집에 있으니(창세기 39:2).

애굽 사람의 집에서 요셉은 형통한 자가 되었다. 형통이라는 말은 하는 일마다 잘 되었다는 뜻이다. 두 번째로, 집 주인 보디발이 하나님께서 요셉과 함께 하시고 형통케 해주심을 보았다. 요셉을 들여온 후부터 집안의 모든 일이 다 풀려나갔다.

그의 주인이 여호와께서 그와 함께 하심을 보며 또 여호와께서 그의 범사에 형통하게 하심을 보았더라(창세기 39:3).

요셉의 하는 일이 얼마나 형통했으면 보디발의 눈에 띄었을까? 보디발은 요셉의 형통함이 여호와 하나님께로부터 왔다는 사실도 알게 되었다. 어떻게 알게 되었을까? 혹시 보디발이 칭찬할 때에 요셉이 이렇게 대답했을까?

"주인님, 저는 부족한 사람입니다. 다만 여호와께서 저와 함께 하셨기 때문에 그렇게 할 수 있었습니다."

하나님께서 요셉과 함께 하셨다는 기록이 창세기 39장에 두 번 더 나온다. 요셉이 감옥에 갇혔을 때에도 하나님께서 그와 함께 하셨다. 그 이야기는 조금 후에 나누도록 하자.

요셉은 많은 것들을 상실했다. 그러나 상실감 자체를 거절했다. 거절당하기를 거절했다. 다른 것들은 다 잃어버렸지만 하나님에 대한 믿음과 꿈은 끝까지 간직했다. 그랬더니 그가 하는 모든 일들이 형통하게 되었다. 집주인도 그 점을 알았다. 그래서 자기가 먹는 음식 외에는 집안의 대소사를 일체 간섭하지 않고 전폭적으로 위임했다. 이만하면 요셉은 더 이상 종이 아니고 주인이다.

상실감을 거절하고 일어선 수많은 믿음의 선배들이 있다. 그 중에 한 사람이 "내 평생에 가는 길"을 작사한 호레이쇼 게이츠 스페포드(Haratio Gates Spafford, 1828-1888)였다. 그는 유명한 변호사이자 장로이며 무디(D. L. Moody)의 친구이기도 했다. 1871년에 발생한 시카고의 대화재는 스페포드의 재산 대부분을 삼켜 버렸다. 그 무렵 네 살 된 아들도 성홍열(猩紅熱)로 사망했다. 2년 후인 1873년 11월 22일에는 대서양을 지나던 증기선이 침몰했는데 그 배에 부인 안나(Anna)와 네 명의 딸이 타고 있었다. 네 딸들은 다른 226명과 함께 목숨을 잃었고 오직 부인만 살아남았다. 영국에 도착한 부인이 전보를 보내왔다. "혼자 남음". 며칠 후에 사고 지점을 배로 지나면서 스페포드는 "내 평생에 가는 길"이라는 유명한 찬송시를 남겼다.

내 평생에 가는 길 순탄하여 / 늘 잔잔한 강 같든지
큰 풍파로 무섭고 어렵든지 / 나의 영혼은 늘 편하다
내 영혼 평안해 내 영혼 내 영혼 평안해

원래의 가사 1절을 직역하면 이렇다.

When peace, like a river, attendeth my way,

(강물 같은 평화가 나와 함께 할 때나)

When sorrows like sea billows roll;

(슬픔이 파도처럼 덮쳐 올 때나)

Whatever my lot, Thou hast taught me to say,

(내게 일어나는 일이 무엇이든지 간에, 주님은 나에게 이렇게 말하라고 가르쳐 주시네)

It is well, it is well with my soul.

(괜찮아, 내 영혼아 괜찮아.)

It is well, It is well, it is well with my soul.

유혹의 계절

* * *

세월이 지나 요셉이 20대 중반에 이르렀다. 성경은 요셉의 용모가 "빼어나고 아름다웠다"고 묘사하고 있다. 그 무렵 요셉의 용모를 욕망의 눈으로 남몰래 훔쳐보는 여인이 있었다. 보디발의 아내였다. 요셉의 외모뿐만이 아니었다. 요셉의 능력, 성품, 집사라는 신분이 종합적으로 여인의 마음을 흔들었다. 거기에 사탄도 한몫을 했다. 보디발의 아내는 마침내 요셉을 유혹하기 시작했다. 여주인의 명령을 거절할 종이 세상에 어디 있겠는가? 종은 주인의 일용품(日用品)에 불과하던 시절이다.

그러나 요셉은 단호히 거절했다.

> 내 주인이 집안의 모든 소유를 간섭하지 아니하고 다 내 손에 위탁하였으니 이 집에는 나보다 큰 이가 없으며 주인이 아무것도 내게 금하지 아니하였어도 금한 것은 당신뿐이니 당신은 그의 아내임이라 그런즉 내가 어찌 이 큰 악을 행하여 하나님께 죄를 지으리이까(창세기 39:8-9).

요셉은 하나님을 모르는 이교도 여인에게 자기 신앙을 고백했다. 그녀가 요구하는 일이 사람들뿐만 아니라 하나님 앞에서 큰 죄가 된다는 사실을 선포했다. 절대로 해서는 안 될 일이라고 강변했다. 그러나 보디발의 아내는 막무가내였다. 날마다 요셉을 유혹했다. '날마다'라니, 이 얼마나 고통스러운 일인가? 요셉은 듣지도 않았고 함께 있지도 않았다. 꼭 필요한 경우가 아니면 집 안에 들어가지도 않았다. 유혹의 마수가 뻗쳐오는 자리는 무조건 피해야 했다. 그 자리에 머물러 있으면서 유혹을 이기려고 하는 사람은 마치 방울뱀의 눈앞에서 얼쩡거리는 다람쥐처럼 어리석기 짝이 없는 사람이다.

하나님은 거룩한 자와 함께 하신다. 유혹에 넘어가 거룩함을 져버린다면 하나님과 동행할 수가 없다. 요셉은 모든 것들을 다 잃어도 하나님만은 잃어버릴 수 없었다. 그래서 보디발의 아내가 그의 옷자락을 잡고 유혹하던 날, 옷을 벗어던지고 뛰쳐나갔다. 마침 그날 집 안에는 아무도 없었다. 요셉에게 거절당한 여인은 수치심과 분노로

치를 떨었다. 여인의 찢어지는 고함소리가 석조건물 벽을 타고 구석구석으로 울려 퍼졌다.

> 보라 주인이 히브리 사람을 우리에게 데려다가 우리를 희롱하게 하는도다 그가 나와 동침하고자 내게로 들어오므로 내가 크게 소리 질렀더니 그가 나의 소리 질러 부름을 듣고 그의 옷을 내게 버려두고 도망하여 나갔느니라(창세기 39:14-15).

악한 사람은 악한 꾀를 낸다. 요셉이 자기가 아닌 '우리' 전체를 희롱했단다. 요셉 한 사람을 모두의 원수로 돌려 세웠다. 요셉을 변호해 줄 증인도 없었지만 있다손 치더라도 누가 나서서 진실을 밝혀줄 수 있겠는가? 집에 돌아온 보디발은 아내의 손에 들린 요셉의 옷을 보고 분노로 치를 떨었다. 요셉에게 확인해 볼 필요도 없었다. 그 동안 요셉을 얼마나 신뢰했던가. 은혜를 욕으로 갚는 종놈은 절대로 살려 둘 수가 없다. 즉시로 시위대장 관저 마당에 있는 왕의 죄수들을 가두는 지하 감옥에 집어던졌다. 그날 바로 죽이지 않고 감옥에 가둔 것이 다행이었다. 그러나 그냥 가두었을까? 분이 풀릴 만큼 무섭게 폭력을 가했을 것이다.

훗날 베드로는 흩어진 성도들에게 보낸 편지에서 이렇게 말했다.

> 사랑하는 자들아 너희를 연단하려고 오는 불 시험을 이상한 일 당하는 것 같이 이상히 여기지 말고 오히려 너희가 그리스도의 고난에 참

여하는 것으로 즐거워하라 이는 그의 영광을 나타내실 때에 너희로 즐거워하고 기뻐하게 하려 함이라(베드로전서 4:12-13).

요셉도 감옥에서 그렇게 즐거워하고 기뻐했을까? 알 수 없는 일이다. 그러나 한 가지 사실만은 분명하다. 유혹을 거절함으로 당하게 될 불이익을 요셉이 미리 알고 있었다면, 그럼에도 불구하고 여주인의 유혹을 일언지하에 거절했다면, 요셉은 고난을 당하면서도 분명히 기뻐했을 것이다. 왜냐하면 하나님의 거룩하신 이름을 위하여 유혹을 이겨냈으니까. 그리고 이 감옥생활은 그가 선택한 결과이기에….

절망의 계절

* * *

이제 더 내려갈 곳이 없었다. 오래전에 가족과 소유와 자유를 잃어버렸다. 오랫동안 성실하게 살아서 얻은 집사 자격도, 주인의 신망도, 모두 다 잃어버렸다. 보디발의 집에 사는 다른 종들의 존경심도 잃어버렸다. 그렇게 훌륭한 종을 두었다며 보디발을 부러워하던 상류사회의 칭찬도 잃어버렸다. 이제 남은 것은 저주와 비난과 절망뿐이었다.

물론 요셉의 억울함을 알고 있는 사람들도 더러 있을 것이다. 그러나 그들은 요셉을 도와줄 여력도 없고 의지도 없었다. 어디 하소연할 곳도 없었다. 그렇다고 고향에 계시는 부모님이 변호사를 보내주실

리도 없다. 이미 죽은 자식이라고 포기하신 지 10년도 넘었으니까. 인권위원회가 있어서 신문고(申聞鼓)를 울릴 수 있는 시절도 아니다. 설사 북을 두드린다고 해도 결과는 달라지지 않을 것이다. 요셉의 주인 보디발이 누구인가? 대 애굽 제왕의 경호실장이 아닌가. 팔은 언제나 안으로 굽는 법이다.

그러나 요셉은 그 절망감마저 거절했다. 절망이 권리를 주장하지 못하게 했다. 그때 요셉의 억울한 형편을 보고 절망하지 않는 사람은 요셉 자신밖에 없었다. 정말 그런가? 아니다. 한 분 더 계셨다. 하늘에 계신 하나님도 요셉을 포기하지 않으셨다. 다른 사람이 다 포기해도 하나님께서 포기하지 않으시면 절대로 끝이 아니다. 그 믿음 때문에 요셉은 감옥에서도 정신을 잃지 않고 살아갔다.

절망이라는 감옥에 들어가 보지 않으면 절망을 이해할 수 없다. 아무 희망도 없는 세상, 아무도 찾아오지 않는 세상, 아무도 나에게 눈길을 주지 않는 세상, 아무도 내게 말을 걸어오지 않는 세상, 아무도 내 질문에 대답해 주지 않는 세상, 이 정도는 절망이라는 감옥의 벽돌 몇 장에 불과하다. 절망을 구태여 한마디로 표현하라면 그것은 죽음이다.

2017년 말에 발간한 나의 칼럼집 《믿음과 0.2%의 가능성》에 절망에서 벗어난 어떤 사람의 이야기가 나온다.

2008년 11월 9일 주일에 나는 "끝이 아닙니다"라는 제목으로 설교했다. 본문은 누가복음 8장 49-56절에 나오는 죽었다가 살아난 회당

장의 딸 이야기였다. 2부 예배 후에 어떤 중년의 남자가 내 손을 꼭 붙잡고 "목사님께서 저를 살리셨습니다" 하고 인사했다. 내가 아는 분이 아니었다. 나는 그의 말의 의미를 이해할 수 없었다. 그래서 "하나님의 말씀이 우리를 살리십니다" 하고 평범하게 대답했다.

3개월 후, 그분과 점심 식사를 하면서 그때 왜 그런 말씀을 하셨는지 사유를 듣게 되었다. 그분은 나름대로 미국생활에 성공했다. 그러나 마지막에 승부를 걸었던 사업이 예상을 빗나가자 그의 손에는 아무것도 남지 않았다. 가정도 사라졌다. 다시 일어날 여력도 없었지만, 일어나고 싶지도 않았다. 그는 마지막 저녁을 동생네 집에서 보낸 후, 다음날 그의 삶을 끝내기로 결심했다.

그래도 그동안에 교회를 다녔으니까, 그리고 그날이 마침 주일이었으니까, 그는 깨끗하게 목욕을 한 후에 이 세상에서 미지막 예배를 드리기로 했다. 그러나 방문한 교회들마다 예배 시간이 맞지 않았다. 그는 여러 교회를 거쳐서 마침내 우리 교회에서 예배를 드리게 되었는데 그날 설교 제목이 바로 "끝이 아닙니다"였다. 주체할 수 없는 눈물을 흘리며 설교를 듣다가, 그는 "끝이 아니다"라는 성령님의 말씀에 동의하기로 했다. 그리고 자살의 충동으로부터 벗어났다.

그 후에 아주 작은 음식점을 인수했다. 하나님께서 지혜와 용기도 주셨다. "목사님, 그렇게 했더니 한 달에 5천 불의 매상이 더 올랐습니다." 그분의 얼굴에 새로운 삶에 대한 의지와 감격이 깃들어 있었다. 그리고 두 주 후에 이런 글이 적힌 카드를 나에게 보내왔다.

"목사님, 황량한 사막에 내팽개쳐진 돌덩이보다 못한 이 사람을 이렇게 따뜻한 마음과 말씀으로 품어주신 것, 진정으로 감사드립니다. 고맙습니다. 주님께서 새 생명으로 다시 나게 하신 것과 새롭게 변화된 저 자신을 보면서, 정말 기쁘고 행복하게 열심히 살고 있습니다."

그분이 우리 교회 예배에 참석하고 생명줄을 다시 붙잡은 지 1년 후에 다음과 같은 편지를 보내왔다.

"존경하는 목사님, 꼭 1년이 되었습니다. 목사님께서 전해주신 말씀으로 저도 모르게 저의 마음과 생각이, 그리고 저의 인생이 바뀌었습니다. 기억나시죠? 작년 11월 9일 대예배 설교, '이것은 끝이 아닙니다'(누가복음 8:49-56)라는 제목의 말씀 가운데 죽었던 야이로의 딸은 저의 인생이었고, 저의 사업이었고, 저의 전부였습니다. 말씀 중 끝없는 회개가 터져 나오며 잃었던 눈물이 터져 나와 창피해서 고개를 들지 못한 채…. 그러나 저는 다시 살아났습니다. 주님께서 그의 발아래 엎드린 야이로의 믿음을 저버리지 않으셨던 것처럼, 저의 포기한 인생도 이 한 말씀으로 다시 살리셨습니다. 지금도 '그 순간에 주님을 만나지 못했다면 어떻게 되었을까'를 생각하면, 소름이 끼칠 정도로 끔찍한 생각이 들곤 합니다. 그날, 말씀을 듣는 중에 저의 머릿속은 갑자기 하얀색이 되어 밝은 빛으로 꽉 찬 것을 느꼈습니다. 정말 하나님께서 저를 살리신다는 믿음이 생겼습니다. 예배 후에 목사님께서 따뜻하게 품어주시고 기도해 주신 것으로도 저는 또 한 번의 평안함을 느꼈습니다. 그리고 감격으로 북받쳐 오르는 오열 때문에 아무 말도 할 수 없었습니다.

목사님, 1년을 지나면서 새삼 감사드리고 싶어서 이렇게 두서없이 글을 올립니다. 주님 앞에 가는 그날까지, 결코 제 손으로 제 목숨을 끊는 일은 절대로 하지 않을 것을 약속드리며, 목사님의 사랑과 베풀어주신 은혜를 결코 잊지 않겠습니다. 목사님, 감사합니다. 그리고 고맙습니다." 11/15/2009

2년 전, 뜻밖의 자리에서 그분을 다시 만났다. 정숙한 믿음의 여인을 아내로 맞아 신앙생활을 잘 하고 계셨다. 생활의 의욕도 차고 넘쳤다. 그분은 하나님의 도우심으로 절망을 단호히 거절하고 물리쳤다. 누구에게나 절망을 거절할 수 있는 자유가 있다.

다시 요셉의 이야기로 돌아가 보자.

절망을 거절하면 감옥 안에도 희망이 있다. 아무것도 할 수 없는 감옥에도 열심히 살아가야 할 삶의 의미가 있다. 마침내 간수장의 눈에 요셉이 들어왔다. 그는 요셉의 죄에 대하여 합리적으로 의심할 만한(reasonable doubt) 여지가 있다고 생각했던 것일까? 우리는 모른다. 그러나 분명한 점은 "여호와께서 요셉과 함께하시고 그에게 인자를 더하사 간수장에게 은혜를 받게 하셨다"는 사실이다. 간수장은 요셉을 신뢰하고 그 감옥에 있는 죄수들의 일상을 다 맡겼다. 감옥에서도 하나님께서 요셉의 든든한 배경이 되어 주셨다. 무엇이 두려우랴.

훗날 다윗은 사울 왕의 손에서 간발의 차이로 벗어난 후에 이렇게 찬송했다.

나의 힘이신 여호와여 내가 주를 사랑하나이다.
여호와는 나의 반석이시요 나의 요새시요
나를 건지시는 이시요 나의 하나님이시요
내가 그 안에 피할 나의 바위시요
나의 방패시요 나의 구원의 뿔이시요 나의 산성이시로다
내가 찬송 받으실 여호와께 아뢰리니
내 원수들에게서 구원을 얻으리로다(시편 18:1-3).

요셉은 지혜로운 사람이었다. 그래서 감옥 내의 제반 사무를 민첩하게 처리했다. 그때부터 감옥 안에서 불평이 사라졌다. 폭력과 다툼도 사라졌다. 감옥이 변하여 천국이 되었다. (이렇게 상상한다면 너무 비약한 것일까?) 적어도 요셉에 대한 간수장의 신뢰가 점점 쌓여갔다. 성경은 통쾌한 어조(語調)로 이렇게 묘사하고 있다.

간수장은 그의 손에 맡긴 것을 무엇이든지 살펴보지 아니하였으니 이는 여호와께서 요셉과 함께 하심이라 여호와께서 그를 범사에 형통하게 하셨더라(창세기 39:23).

하루는 큰 손님 둘이 감옥에 들어왔다. 왕의 술 맡은 관리와 떡 굽는 관리가 같은 날 왕에게 죄를 범하고 들어왔다. 둘 모두 왕을 지근(至近)에서 모시던 신뢰받는 관리들이었다. 왕이 그들을 향하여 노를 발했다고 한다. 이런 위치에 있는 신하에게 왕이 노를 발했다면 그들의 죄목은 분명히 치명적이었을 것이다. 그래도 왕궁의 직전(直前) 관리들이었으므로 간수장은 요셉으로 하여금 남다른 수종을 들게 했다. 요셉은 그들을 정성껏 섬겼고, 그렇게 여러 날이 지나갔다.

어느 날 전직 신하들이 비슷한 꿈을 꾸게 되었다. 아침에 요셉이 보니 두 사람 모두 얼굴빛이 창백했다. 무슨 근심거리가 있는지 물어보았다. 술 맡은 관원이 먼저 꿈 이야기를 했다. 자기 앞에 포도나무가 있는데 그 나무에 세 가지가 있고, 가지마다 싹이 나서 꽃이 피고 포도송이가 익더란다. 그래서 그 열매로 포도즙을 만들어 바로 왕에게 드린 꿈이었다. 듣고 보니 사흘 후에 석방되고 복직될 것이 분명했다. 그렇게 해석해 주었더니 이번에는 떡 굽는 관원이 자기 꿈도 해석해 달라고 부탁했다. 흰 떡 세 광주리와 각종 구운 음식물을 머리에 이고 있는데 새들이 와서 그것들을 먹었다고 했다. 나쁜 꿈이었다. 그래서 사흘 후에 당신은 죽을 것이라고 말했다.

요셉은 살아서 나갈 술 맡은 관원에게 간곡히 부탁했다.

> 당신이 잘 되시거든 나를 생각하고 내게 은혜를 베풀어서 내 사정을 바로에게 아뢰어 이 집에서 나를 건져 주소서 나는 히브리 땅에서 끌려온 자요 여기서도 옥에 갇힐 일은 행하지 아니하였나이다(창세기

40:14-15).

꿈도 야무졌다. 종의 주제에 왕에게 선처를 호소하다니! 누군가 그 말을 들었더라면 터무니없는 소리라고 핀잔을 주었을 것이다. 그러나 하나님의 사람들이 하는 말은 절대로 땅에 떨어지지 않는다. 왜냐하면 믿음으로 하는 말이기 때문이다.

어쨌든 요셉의 말대로 한 사람은 살아 나가고 한 사람은 죽임을 당했다. 그러나 사람은 올 때 마음과 갈 때 마음이 다른 법이다. 걱정하지 말라고 다짐하던 술 맡은 관원은 자기가 했던 말까지도 까맣게 잊어버렸다. 그리고 2년의 세월이 흘렀다. 요셉의 수염만 더 길게 자랐다. 여러 죄수들이 들어오고 나갔다. 달라지지 않은 것이 있다면 감옥 내의 제반 사무를 돌보는 요셉의 성실함과 간수장의 신뢰뿐이었다.

보통 사람 같으면 벌써 체념하고 지하 감옥에 뼈를 묻을 생각을 했을 것이다. 그러나 요셉은 달랐다. 절망이 요셉을 무너뜨릴 수가 없었다. 차가운 감옥도 요셉을 파괴시킬 수가 없었다. 하나님께서 함께 하시면 절망의 계절 뒤에 반드시 영광의 계절이 찾아온다. 그것이 하나님 나라의 법칙이다.

영광의 계절

* * *

요셉의 생애 가운데 꿈 이야기가 자주 나온다. 이번에는 바로 왕이 꿈을 꾸었다. 왕궁의 여러 박사들과 술사들이 머리를 맞대고 의논했지만 그 꿈을 해석할 수가 없었다. 그때서야 술 맡았던 관원이 요셉을 기억하고 왕에게 고했다. 급히 바로 왕의 사자가 감옥으로 달려왔다.

"요셉이라는 죄수를 즉시 왕궁으로 보내라."

무슨 영문인지도 모르고 요셉은 수염을 깎고 옷을 갈아입은 후에 궁으로 들어갔다. 그리고 왕 앞에 머리를 조아리고 엎드렸다. 왕의 위엄에 넘치는 목소리가 들려왔다.

"내가 한 꿈을 꾸었으나 그것을 해석하는 자가 없더니 들은즉 너는 꿈을 들으면 능히 푼다 하더라."

"내가 아니라 하나님께서 바로에게 편안한 대답을 하시리이다."

하나님이라니, 생소한 이름이었다. 그러나 왕은 개의치 않고 꿈 이야기를 들려주었다.

내가 꿈에 나일 강가에 서서 보니 살지고 아름다운 일곱 암소가 나일 강가에 올라와 갈(대)밭에서 뜯어먹고 그 뒤에 또 약하고 심히 흉하고 파리한 일곱 암소가 올라오니 그같이 흉한 것들은 애굽 땅에서 내가 아직 보지 못한 것이라 그 파리하고 흉한 소가 처음의 일곱 살진 소를 먹었으며 먹었으나 먹은 듯하지 아니하고 여전히 흉하더라 내가 곧 깨었다가 다시 꿈에 보니 한 줄기에 무성하고 충실한 일곱 이삭이 나오고 그 후에 또 가늘고 동풍에 마른 일곱 이삭이 나더니 그 가는 이삭이 좋은 일곱 이삭을 삼키더라 내가 그 꿈을 점술가에게 말하였으나 그것을 내게 풀이해 주는 자가 없느니라(창세기 41:17-24).

과연 누가 이런 꿈을 해석할 수 있겠는가? 대충 해석했다가는 목이 달아나는 지엄(至嚴)한 자리다. 그래서 모두가 몸을 사렸다. 박사와 술사들이 술 맡은 관원의 꿈을 해석했다는 요셉을 곁눈으로 쳐다보았다. 자기들도 못하는 해석을 저 죄수가 어떻게 한다는 말인가? 앞으로 그가 받을 중벌을 생각하니 측은했다. 그때 요셉이 입을 열어 말했다.

바로의 꿈은 하나라 하나님이 그가 하실 일을 바로에게 보이심이니이다(창세기 41:25).

하나님의 이름이 다시 한 번 요셉의 입에서 나왔다. 어딘가 이상하지 않은가? 애굽에서는 바로 왕이 가장 높은 존재다. 그는 거의 신적인 존재이다. 애굽에서 일어나는 모든 일은 그의 말로부터 시작된다. 바로 위에 다른 권위자가 없다. 그런데 요셉은 바로 위에 계시는 하나님에 대해서 언급하고 있다. 장차 바로가 아니라 하나님께서 하실 일들을 설명하기 시작했다. 하나님께서 바로에게 그 일을 보이신다는 말은 바로에게 그 일을 시키시겠다는 뜻이다. 신하들이 수군거렸

다. '저 아이가 궁중의 법도를 몰라서 저렇게 말하는구나. 앞으로 이 일을 어떻게 감당하려는가?'

사람들의 생각을 아는지 모르는지 요셉은 물 흐르듯 꿈을 해석해 나갔다.

일곱 좋은 암소는 일곱 해요 일곱 좋은 이삭도 일곱 해니 그 꿈은 하나라 그 후에 올라온 파리하고 흉한 일곱 소는 칠 년이요 동풍에 말라 속이 빈 일곱 이삭도 일곱 해 흉년이니 내가 바로에게 이르기를 하나님이 그가 하실 일을 바로에게 보이신다 함이 이것이라 온 애굽 땅에 일곱 해 큰 풍년이 있겠고 후에 일곱 해 흉년이 들므로 애굽 땅에 있던 풍년을 다 잊어버리게 되고 이 땅이 그 기근으로 망하리니 후에 든 그 흉년이 너무 심하므로 이전 풍년을 이 땅에서 기억하지 못하게 되리이다(창세기 41:26-31).

듣는 사람들의 어안이 벙벙해졌다. '죄수 주제에 어떻게 저런 확신을 가지고 왕의 꿈을 해석한단 말인가? 만일 그 해석이 맞지 않으면 어떻게 할 셈인가? 그냥 감옥에 있었으면 자기 명(命)대로나 살 수 있을 터인데, 이제 일 년밖에 더 살지 못하겠구나' 이런 생각을 하는 사람들도 있었다. 그러나 요셉은 개의치 않고 말을 계속했다. 꿈을 해석하라 했더니 이번에는 문제의 해결책까지 제시하고 나섰다.

바로께서 꿈을 두 번 겹쳐 꾸신 것은 하나님이 이 일을 정하셨음이라 하나님이 속히 행하시리니 이제 바로께서는 명철하고 지혜 있는 사람을 택하여 애굽 땅을 다스리게 하시고 바로께서는 또 이같이 행하사 나라 안에 감독관들을 두어 그 일곱 해 풍년에 애굽 땅의 오분의 일을 거두되 그들로 장차 올 풍년의 모든 곡물을 거두고 그 곡물을 바로의 손에 돌려 양식을 위하여 각 성읍에 쌓아 두게 하소서 이와 같이 그 곡물을 이 땅에 저장하여 애굽 땅에 임할 일곱 해 흉년에 대비하시면 땅이 이 흉년으로 말미암아 망하지 아니하리이다(창세기 41:32-36).

궁정 안에 적막감이 무겁게 내려앉았다. 모두들 왕의 표정을 살펴보았다. 바로 왕은 이 해석을 어떻게 받아들일까? 그 순간, 왕의 입에서 믿을 수 없는 말이 나왔다.

바로가 그의 신하들에게 이르되 이와 같이 하나님의 영에 감동된 사람을 우리가 어찌 찾을 수 있으리요 하고 요셉에게 이르되 하나님이 이 모든 것을 네게 보이셨으니 너와 같이 명철하고 지혜 있는 자가 없도다 너는 내 집을 다스리라 내 백성이 다 네 명령에 복종하리니 내가 너보다 높은 것은 내 왕좌뿐이니라 바로가 또 요셉에게 이르되 내가 너를 애굽 온 땅의 총리가 되게 하노라(창세기 41:38-41).

듣고 보니 7년 풍년과 7년 흉년은 애굽 제국의 근간(根幹)을 흔들 만한 대사건이었다. 더구나 당시의 왕조(王朝)는 애굽 본토인들이 아니었다. 이런 일을 소홀히 했다가는 감당할 수 없는 재난이 왕궁에 닥칠 수도 있었다. 바로는 앞으로 다가올 사태를 심각하게 받아들였다. 그리고 이 사태를 해결할 수 있는 적임자는 요셉뿐이라고 생각했다. 요셉만큼 총명하고 사리에 밝은 지혜로운 사람이 어디 또 있겠는가? 둘러보니 신하들도 왕의 말에 동의하는 태도였다. 왕은 즉시 자기 손가락에서 인장반지를 빼어 요셉의 손가락에 손수 끼워주었다. 인장반지는 왕의 각종 조서를 내리는 데 사용하는 어인(御印)이다. 왕은 또 요셉에게 세마포 옷을 입히고 금 사슬을 목에 걸어주었다. 그것도 부족하여 자기의 두 번째 수레에 요셉을 오르게 했다. 그 순간, 사람들이 소리를 질렀다.

"모두 엎드리라!"

그래도 왕의 마음이 놓이지 않았다. 왕은 신하들의 세계를 누구보다 더 잘 알고 있었다. 음흉한 노 신하들의 권력 다툼을 요셉처럼 경험 없는 젊은 총리가 제대로 대처해 나갈 수 있을지 염려되었다. 그래서 내친 김에 한마디 더했다.

"나는 바로라. 애굽 온 땅에서 네(요셉) 허락이 없이는 수족을 놀릴 자가 없으리라."

꼭 이럴 때면 궁금증이 발동한다. 그때 보디발은 어떤 표정을 짓고 있었을까? 역시 성경은 생략하고 지나간다. 보디발은 하나님의 역사에 주연 인물이 아니었으니까…. 성경은 하나님의 말씀이지 사람들의 호기심이나 채워주는 주변잡기(周邊雜記)가 아니다. 성경은 구원의 역사를 기록할 때 절대로 핵심 줄거리에서 벗어나지 않는다. 그래도 우리가 보디발과 그의 아내의 표정을 잠깐 상상해 보는 것은 허락하실 것이다. 얼마나 두려웠을까?

바로는 요셉에게 제사장 보디베라의 딸 아스낫을 아내로 주었다. 요셉의 나이 30이었다. 요셉이 장가를 가고 자식을 낳을 수 있다는 것은 축복이었다. 종으로 살았다면 거의 불가능한 일이다. 요셉은 즉시로 애굽 전국을 순찰하기 시작했다. 7년 풍년이 들면 어디에 창고들을 짓고 곡식들을 모을 것인가 연구하기 시작했다. 마침내 풍년이 들기 시작했다. 얼마나 풍년이 크게 들었던지 첫해부터 곡식 쌓아둘 곳이 부족했다. 곡식 가마의 숫자도 셀 수 없었다.

그동안 요셉은 두 아들을 얻었다. 첫아들 므낫세를 낳고 요셉은 이렇게 말했다.

"내게 내 모든 고난과 내 아버지의 온 집일을 잊어버리게 하셨다."

요셉도 사람이었다. 그때까지는 아버지의 집을 잊을 수가 없었다. 형님들이 자기에게 저지른 잘못도 잊을 수가 없었다. 어떻게 잊을 수 있겠는가? 요셉은 둘째 아들 에브라임을 낳고 이렇게 말했다.

"하나님이 나를 내가 수고한 땅에서 번성하게 하셨다."

요셉은 종으로 살면서도 수고를 마다하지 않았다. 감옥에서도 사서 수고했다. 그랬더니 하나님께서 그의 수고를 갚아 주셨다. 하나님은 공의로우셔서 훗날 모든 사람들의 의와 불의에 대하여 반드시 심판하실 것이다.

불의를 행하는 자는 그대로 불의를 행하고 더러운 자는 그대로 더럽고 의로운 자는 그대로 의를 행하고 거룩한 자는 그대로 거룩하게 하라 보라 내가 속히 오리니 내가 줄 상이 내게 있어 각 사람에게 그가 행한 대로 갚아 주리라(요한계시록 22:11-12).

형님들, 내가 요셉입니다

7년 풍년이 지나자 즉시로 흉년이 시작되었다. 얼마나 심한 흉년이었던지 이전의 풍년이 순식간에 잊혀졌다. 주변 국가들과 백성들은 흉년으로 먹을 양식이 없었지만 다행히 애굽에는 풍년에 모아놓은 양식이 풍족했다. 2년째부터 이웃 백성들이 양식을 구입하기 위해 애굽을 찾아왔다. 그때 요셉은 그 땅 모든 백성들에게 양식을 팔고 있었다. 그 일은 총리가 할 일이 아니었다. 그러나 요셉은 기다리는 사람들이 있었다.

아니나 다를까. 얼마 후에 요셉의 형들이 나타났다. 그들은 요셉 앞에 엎드려 절했다. 20여 년 전의 꿈이 생각났다. '그때 형들이 묶은 곡식 단들이 내가 묶은 단에게 절을 했었지.' 아무도 요셉을 알아보지 못했다. 눈앞에 있는 애굽의 총리가 요셉이라고 누가 꿈에라도 생각할 수 있었으랴. 요셉이 엄한 목소리로 물었다.

"너희가 어디서 왔느냐?"

"곡물을 사려고 가나안에서 왔나이다."

"너희는 정탐꾼들이라. 이 나라의 틈을 엿보려고 왔느니라."

"내 주여, 아니니이다. 당신의 종들은 곡물을 사러 왔나이다. 우리는 다 한 사람의 아들들로서 확실한 자들이니 당신의 종들은 정탐꾼이 아니니이다."

스파이라니, 끔찍한 말이었다. 다른 지방에서 온 사람들에게는 아무 말도 하지 않고 곡물을 팔더니 왜 자기들에게만 이렇게 까다롭게 대하는지 이해가 되지 않았다. 그들이 요셉의 속마음을 어떻게 알겠는가?

"아니라. 너희가 이 나라의 틈을 엿보러 왔느니라."

"당신의 종 우리들은 열두 형제로서 가나안 땅 한 사람의 아들들이라. 막내아들은 오늘 아버지와 함께 있고 또 하나는 없어졌나이다."

또 하나는 없어졌다고? 아무리 터진 입이라고 그렇게 쉽게 말할 수는 없지. 요셉은 바짝 고삐를 더 조였다.

> 너희에게 이르기를 너희는 정탐꾼들이라 한 말이 이것이니라 너희는 이같이 하여 너희 진실함을 증명할 것이라 바로의 생명으로 맹세하노니 너희 막내 아우가 여기 오지 아니하면 너희가 여기서 나가지 못하리라 너희 중 하나를 보내어 너희 아우를 데려오게 하고 너희는 갇히어 있으라 내가 너희의 말을 시험하여 너희 중에 진실이 있는지 보리라 바로의 생명으로 맹세하노니 그리하지 아니하면 너희는 과연 정탐꾼이니라(창세기 42:14-16).

그리고 그 열 명의 형들을 사흘 동안 감옥에 가두었다. 우리는 요셉을 천사처럼 미화시키려는 경향이 있다. 성경 중에서 예수님과 가장 닮은 인물이기 때문에 그런지도 모른다. 과연 요셉은 아무런 감정도 없이 형들을 감옥에 가두었을까? 형들에 대한 섭섭한 감정이 1%도 없었을까? 잘 모르겠다. 그러나 "형님들은 내가 이 애굽 땅에서 어떤 세월을 보냈는지 아세요?" 하고 가슴속에서 울부짖으며 사흘쯤 옥에 가두었다고 치더라도 누가 요셉을 비난할 수 있겠는가? 요셉이 비록 큰 그림을 그리며 그런 연극을 꾸몄을지라도 요셉의 복잡한 감정을 조금쯤 이해해주는 편이 훨씬 더 자연스럽지 않을까?

아우 이야기를 듣고 보니 불현듯 베냐민이 보고 싶었다. '지금쯤 몰라보게 컸겠지. 어머니도 없이 어떻게 자랐을까? 이번에는 형들을 보내서 동생 베냐민을 데려오게 하자.' 약속대로 사흘 후에 요셉이 형들을 불러놓고 물었다. 아버지는 아직 살아 계시는지, 아우는 잘 있는지, 그리고 여러 친족들에 대해서도 자세히 물었다. 그리고 이렇게 말했다.

> 너희가 확실한 자들이면 너희 형제 중 한 사람만 그 옥에 갇히게 하고 너희는 곡식을 가지고 가서 너희 집안의 굶주림을 구하고 너희 막내 아우를 내게로 데리고 오라 그러면 너희 말이 진실함이 되고 너희가 죽지 아니하리라(창세기 42:19-20).

형제들끼리 서로 원망하는 말이 요셉에게 들려왔다.

"우리가 아우의 일로 말미암아 죄를 범하였도다. 그가 우리에게 애

걸할 때에 그 마음의 괴로움을 보고도 듣지 아니하였으므로 이 괴로움이 우리에게 임하도다."

르우벤이 거들었다.

"내가 너희에게 그 아이에 대하여 죄를 짓지 말라고 하지 아니하였더냐. 그래도 너희가 듣지 아니하였느니라. 그러므로 그의 핏값을 치르게 되었도다."

요셉의 가슴이 미어지는 것 같았다. 도저히 그 자리에 서 있을 수가 없었다. 요셉은 그들을 떠나가서 실컷 울다가 돌아왔다. 그리고 시므온을 감옥에 넣은 후에 다른 형제들은 양식을 가지고 아버지에게 돌아가게 했다. 돌아가는 길에 여관에서 나귀에게 곡식을 주려고 자루를 풀던 형제들은 기겁을 하고 놀랐다. 자루마다 지불했던 돈이 그대로 들어 있었기 때문이다.

돌아온 아들들로부터 전후사정을 듣고 난 야곱은 단호하게 거절했다.

"내 아들 베냐민은 절대로 못 보낸다."

얼마 후, 양식이 떨어지고 온 가족들은 굶주리기 시작했다. 더 이상 고집을 부릴 수가 없었다. 형제들이 돌아가면서 아버지를 설득했다. 그들은 며칠 후에 베냐민을 데리고 애굽으로 내려갔다. 두 번째 양식을 사러 온 형제들은 요셉의 청지기를 만나자마자 지난번 자루 속에 들어 있던 돈 문제부터 고백했다. 그 일이 가장 두려웠으니까. 그런데 청지기가 태연하게 대답했다.

"너희는 안심하라. 두려워하지 말라. 너희 하나님, 너희 아버지의 하나님이 재물을 너희 자루에 넣어 너희에게 주신 것이니라. 너희 돈은 내가 이미 받았느니라."

요셉은 정직한 사람이었다. 얼마든지 형제들에게 공짜로 양식을 줄 수 있었다. 그러나 자기가 그 양식 값을 대신 지불해 주었다. 아무도 정직한 요셉을 흠잡을 수 없었다. 부패한 지도자는 존경 받지 못하고, 존경 받지 못한 지도자는 백성을 다스릴 수가 없다. 요셉이 얼마나 정직하고 신실했던지 그 집의 청지기도 하나님의 이름을 부를 정도였다.

요셉이 베냐민을 유심히 바라보았다. 22년 만이다. 베냐민은 어머니 라헬에게서 태어난 유일한 동복(同腹) 동생이었다. 어머니는 벧엘을 지나 에브랏(베들레헴)으로 가는 길에서 베냐민을 낳다가 산고(産苦)로 세상을 떠나셨다. 베냐민은 어머니 얼굴도 보지 못하고 자란 불쌍한 동생이다. 요셉과 나이 차이도 적지 않았다. 베냐민을 보니 더 이상 견딜 수가 없었다. 또다시 급히 울 곳을 찾아 자리를 떠나야만 했다.

그 후에도 요셉과 형제들 사이에 밀고 당기는 실랑이가 있었다. 요셉은 형들의 진심을 알아보고 싶었다. 아직도 눈 하나 깜짝하지 않고 동생을 팔아먹을 수 있는지 시험해 보고 싶었다. 그래서 베냐민의 곡물자루 속에 자기가 사용하는 은잔을 몰래 넣어서 보냈다. 그리고 잠시 후에 청지기를 보내면서 이렇게 말하라고 일러두었다.

그들이 성읍에서 나가 멀리 가기 전에 요셉이 청지기에게 이르되 일어나 그 사람들의 뒤를 따라 가서 그들에게 이르기를 너희가 어찌 하여 선을 악으로 갚느냐 이것은 내 주인이 가지고 마시며 늘 점치는 데에 쓰는 것이 아니냐 너희가 이같이 하니 악하도다 하라(창세기 44:4-5).

형제들은 무슨 영문인지도 모르고 큰소리부터 쳤다.

그들이 그에게 대답하되 내 주여 어찌 이렇게 말씀하시나이까 당신의 종들이 이런 일은 결단코 아니하나이다 우리 자루에 있던 돈도 우리가 가나안 땅에서부터 당신에게로 가져왔거늘 우리가 어찌 당신의 주인의 집에서 은금을 도둑질하리이까 당신의 종들 중 누구에게서 발견되든지 그는 죽을 것이요 우리는 내 주의 종들이 되리이다(창세기 44:7-9).

그러나 청지기는 은잔을 훔쳐간 한 사람만 종으로 잡아가겠다고 했다.

그가 이르되 그러면 너희의 말과 같이 하리라 그것이 누구에게서든지 발견되면 그는 내게 종이 될 것이요 너희는 죄가 없으리라(창세기 44:10).

조사해 보니 하필 베냐민의 짐 속에서 요셉의 은잔이 나왔다. 다행히 형제들 모두가 돌아왔다. 그런데 이제 형제들은 어떤 반응을 보이려는가? 베냐민을 비난하며 종으로 팔아버리고 자기들만 아버지에게로 돌아가려나 몹시 궁금했다. 한편으로는 정말로 그런 일이 일어날까봐 두렵기도 했다. 옛날에 자기를 종으로 팔아버렸던 것처럼 내 동생 베냐민도 팔아버릴까 싶어서 두려웠다. 만일 그런 일이 일어난다면 어떻게 대처해야 하는가! 이런 생각을 하고 있는데 유다 형이 앞으로 나왔다. 형은 전후 사정을 장황하게 설명하더니 이렇게 말을 맺었다.

> 주의 종이 내 아버지에게 아이를 담보하기를 내가 이를 아버지께로 데리고 돌아오지 아니하면 영영히 아버지께 죄짐을 지리이다 하였사오니 이제 주의 종으로 그 아이를 대신하여 머물러 있어 내 주의 종이 되게 하시고 그 아이는 그의 형제들과 함께 올려 보내소서 그 아이가 나와 함께 가지 아니하면 내가 어찌 내 아버지에게로 올라갈 수 있으리이까 두렵건대 재해가 내 아버지에게 미침을 보리이다(창세기 44:32-34).

옛날에 앞장서서 자기를 애굽에 종으로 팔았던 유다 형, 그 형이 베냐민 대신에 자기가 종으로 남겠다고 한다. 그만하면 됐다. 의심의 안개가 걷혀갔다. 잃어버렸던 형들을 마침내 되찾았다. 더 이상 머뭇거릴 필요가 없었다. 요셉은 자기가 누구인가를 형제들에게 알려주기로 했다. 그렇게 말하려는 순간 통곡이 먼저 터져 나왔다. 서른아

홉 살, 젊은 요셉의 통곡 소리가 얼마나 컸던지 바로의 궁전까지 들렸다. 가까스로 울음을 삼키면서 요셉이 말했다.

"나는 요셉이라. 내 아버지께서 아직 살아 계시니이까?"

형제들이 너무 놀라서 모두 얼어붙었다. 눈앞이 캄캄했다. 아무도 대답을 할 수가 없었다. 형제들의 놀라는 모습을 한번 그려보라. 두려워하는 형들을 향해 요셉이 두 팔을 넓게 펴며 다정한 목소리로 말했다.

> 내게로 가까이 오소서…나는 당신들의 아우 요셉이니 당신들이 애굽에 판 자라 당신들이 나를 이곳에 팔았다고 해서 근심하지 마소서 한탄하지 마소서 하나님이 생명을 구원하시려고 나를 당신들보다 먼저 보내셨나이다 이 땅에 이 년 동안 흉년이 들었으나 아직 오 년은 밭갈이도 못하고 추수도 못할지라 하나님이 큰 구원으로 당신들의 생명을 보존하고 당신들의 후손을 세상에 두시려고 나를 당신들보다 먼저 보내셨나니 그런즉 나를 이리로 보낸 이는 당신들이 아니요 하나님이시라 하나님이 나를 바로에게 아버지로 삼으시고 그 온 집의 주로 삼으시며 애굽 온 땅의 통치자로 삼으셨나이다(창세기 45:4-8).

입을 다물지 못하고 서 있는 형들을 향해 요셉이 말을 계속했다.

> 당신들은 속히 아버지께로 올라가서 아뢰기를 아버지의 아들 요셉의 말에 하나님이 나를 애굽 전국의 주로 세우셨으니 지체 말고 내게로

내려오사 아버지의 아들들과 아버지의 손자들과 아버지의 양과 소와 모든 소유가 고센 땅에 머물며 나와 가깝게 하소서 흉년이 아직 다섯 해가 있으니 내가 거기서 아버지를 봉양하리이다 아버지와 아버지의 가족과 아버지께 속한 모든 사람에게 부족함이 없도록 하겠나이다 하더라고 전하소서 당신들의 눈과 내 아우 베냐민의 눈이 보는 바 당신들에게 이 말을 하는 것은 내 입이라 당신들은 내가 애굽에서 누리는 영화와 당신들이 본 모든 것을 다 내 아버지께 아뢰고 속히 모시고 내려오소서(창세기 45:9-13).

기억의 중화(中和)작용

* * *

이사야서에 이런 말씀이 있다.

나 곧 나는 나를 위하여 네 허물을 도말하는 자니 네 죄를 기억하지 아니하리라(이사야 43:25).

하나님은 우리의 허물과 죄악을 용서하시고 기억도 하지 않으신다. 그러나 우리는 우리에게 악을 행한 사람을 잊어버릴 수가 없다. 실제로 당했던 일들보다 우리 기억 속에 남아 있는 아픔이 우리를 더 괴롭힌다. 잊어버리고 싶은데 잊히지 않는다. 용서했는데도 여전히 기억에 남아 있다.

요셉도 우리와 똑같은 사람이었다. 그래서 형제들로부터 거절당한 고통의 기억을 두 아들의 이름 속에 새겨두었다. 어떻게 하면 기억 속의 아픔을 치료할 수 있을까? 원수를 갚는다고 그 기억이 사라질 수 있을까? 요셉은 특별한 방법을 선택했다. 그것은 아픈 기억들을 중화(neutralization)시키는 방법이었다. 가슴 아픈 사건이었지만 거기에서 하나님의 뜻을 찾아냄으로써 아픔을 중화시키는 방법이다.

돌이켜보면 그를 애굽으로 팔아넘긴 사람들은 형들이 아니었다. 하나님께서 그를 애굽으로 보내셨다. 무서운 기근이 있을 것을 미리 아시고 하나님께서 가족들보다 먼저 그를 애굽으로 보내셨다. 그렇다면 형제들을 원망할 이유가 없었다. 물론 종으로 팔려오던 아픈 기억을 지워버릴 수는 없었다. 그러나 기억 속의 아픔은 제거할 수 있었다. 기억의 중화반응이 일어난 것이다. 아픈 기억이 우리를 괴롭힐 때에는 그 사건과 상황 속에서 하나님의 뜻을 찾아보라. 그러면 영적 중화작용이 일어날 것이다. 아픔이 없는 밋밋한 기억으로만 남아 있게 될 것이다.

생각할수록 하나님의 선하심과 인자하심이 감사했다. 감사는 상처를 치료하는 특효약이다. 중화작용을 통하여 자기가 받은 상처를 치료받고 나자 이제는 형제들의 마음에 남아 있을 상처가 오히려 걱정스러웠다. 가해자로서 죄책감 속에 살아갈 형들이 더 측은했다. 그래서 요셉은 용서의 자유를 선포했다. 하나님께서 하신 일이니 마음에 두지 말라고 위로했다. 상처받은 요셉이 상처를 준 형들을 치료해 주었다. 소위 말하는 '상처 받은 치료자'(The wounded healer)가 되었다.

감사는 상식을 넘어선다. 감사는 계산을 넘어선다. 감사는 절망의 감정을 넘어선다. 감사는 원한을 넘어선다. 하나님의 뜻을 깨닫고 나면 반드시 감사가 따라온다.

케롤 메이홀의 "차고 넘치는 삶"이라는 책에 이런 시가 나온다. 정신 이상 된 아들과 함께 살고 있는 어느 과부의 시다.

저는 오늘 기도할 수 없습니다, 주님.
무엇을 말해야 할지 생각이 나지 않습니다.
주님, 비록 무릎을 꿇고 있지만,
주님께서 저 멀리 계시는 것 같습니다.
주님, 이 세상에서 일어나는 변화들은
제가 감당하기에는 너무나 벅찹니다
고독, 병, 슬픔, 그리고 고통,
때로는 제가 무너져 버릴 것만 같습니다.
그때 한 작은 음성이 속삭입니다.
"네 자신을 잊고 미소를 지어라.
지금까지 인생길을 걸어올 때,
너에게 임했던 모든 축복에 대하여 감사하라."
한 줄기 빛이 비치기 시작하고 있습니다.
저는 주님께서
항상 가까이 계신다는 것을 압니다.
매일을 살아갈 힘을

주님께서는 약속하셨습니다.
주님의 음성은 아주 가까이 있습니다.
언제나 주님은 우리의 피난처시오니,
우리는 홀로 걸을 필요가 없나이다.
인생의 경주가 끝날 때까지
제가 이 사실을 늘 기억하게 도우소서.

감사는 우리를 사슬로부터 풀려나게 한다. 살다 보면 여러 종류의 사슬들이 있다. 과거의 부(富)와 영광도 사슬이 될 수 있다. 과거의 가난도 사슬이 될 수 있다. 과거의 원한도 사슬이 될 수 있다. 과거의 실수에 대한 자책감도 사슬이 될 수 있다. 미래의 두려움도 사슬이 될 수 있다. 내일에 대한 염려도 사슬이 될 수 있다. 그런데 감사가 우리의 사슬을 풀어준다. 감사가 과거의 허상에서 벗어나 현재의 실상으로 들어오게 한다. 감사하는 사람만이 오늘을 값있게 살 수 있다.

요셉은 아버지의 집에서 채색 옷을 입고 지내던 과거에 얽매이지 않았다. 요셉이 하나님께 감사하고, 하나님을 바라보기 시작하자 그는 '지금, 여기'에서 신실한 삶을 살 수 있었다. 보디발의 눈에 띌 만큼 열심히 살았다. 간수의 눈에 들 정도로 성실하게 살았다. 왕이 전권을 맡길 만큼 진실하게 살았다. 온 백성들의 존경을 받을 만큼 선하고 지혜롭게 살았다.

내가 큰 민족을 이루게 하리라

요셉의 형제들이 왔다는 소문이 바로의 궁전에 들려왔다. 왕뿐만 아니라 신하들까지도 모두 기뻐했다. 왕이 요셉을 불러 말했다.

> 네 형들에게 명령하기를 너희는 이렇게 하여 너희 양식을 싣고 가서 가나안 땅에 이르거든 너희 아버지와 너희 가족을 이끌고 내게로 오라 내가 너희에게 애굽의 좋은 땅을 주리니 너희가 나라의 기름진 것을 먹으리라 이제 명령을 받았으니 이렇게 하라 너희는 애굽 땅에서 수레를 가져다가 너희 자녀와 아내를 태우고 너희 아버지를 모셔 오라 또 너희의 기구를 아끼지 말라 온 애굽 땅의 좋은 것이 너희 것임이니라"(창세기 45:17-20).

열한 명의 아들들이 무사히 돌아와서 아버지에게 경천동지(驚天動地)할 만한 소식을 전했다.

"아버지, 요셉이 지금까지 살아 있어 애굽 땅 총리가 되었더이다."

그때 어떻게 해서 요셉이 애굽에 내려가게 된 배경 설명도 했을까? 아마 그랬을 것이다. 왜냐하면 요셉으로부터 이미 용서받았으니까. 용서받은 사람은 더 이상 죄를 숨길 필요가 없다. 그래서 용서받은 사람은 행복한 사람이다. 야곱은 그들의 말을 믿지 못하다가 요셉이 보낸 수레들을 보고서야 기운이 소생했다.

"족하도다. 내 아들 요셉이 지금까지 살아 있으니 내가 죽기 전에 가서 그를 보리라."

만족은 소유에서 오지 않는다. 소유로 만족의 기준을 삼으면 아무도 만족할 수 없다. 누구도 모든 것을 다 소유할 수 없기 때문이다. 어느 순간, 인생에 맺혔던 한이 풀리는 순간, 우리는 "내게 부족함이 없다"고 생각한다. 죽었던 아들 요셉이 살아 있다는 말을 듣는 순간 야곱은 그것으로 만족했다. 우리에게도 이런 순간이 불현듯 찾아온다. 하나님께서 나를 아시고, 사랑하시고, 동행하시며, 필요를 공급해 주신다는 생각이 드는 순간이 찾아온다. 그때 우리는 "이제 족합니다" 하고 감사드린다.

바울이 그런 경험을 했다. 그의 몸에 있는 가시로 인해 고통을 당하고 있었다. 아마도 그 가시는 모든 사람들이 볼 수 있는 일종의 질병이나 육신의 연약함이었을 것이다. 바울은 그 가시가 얼마나 고통스러웠던지 "사탄의 사자"라고 불렀다. 그리고 그 가시를 제거해 주시라고 세 번이나 주님께 간구했다. 그때 음성이 들려왔다.

> 내 은혜가 네게 족하도다 이는 내 능력이 약한 데서 온전하여짐이라 (고린도후서 12:9).

그 순간 바울의 마음에 '족하다'는 생각이 들었다. 상황은 변화되지 않았지만 관점이 변화되었다.

> 그러므로 도리어 크게 기뻐함으로 나의 여러 약한 것들에 대하여 자

랑하리니 이는 그리스도의 능력이 내게 머물게 하려 함이라 그러므로 내가 그리스도를 위하여 약한 것들과 능욕과 궁핍과 박해와 곤고를 기뻐하노니 이는 내가 약한 그때에 강함이라(고린도후서 12:9-10).

요셉이 살아 있다는 말을 듣는 순간, 야곱의 마음속에 접혀 있던 주름들이 한순간에 활짝 펴졌다. '애굽의 총리가 된 내 아들 요셉, 그가 보낸 금(金) 수레를 타고 죽었다던 내 아들을 만나러 가는 날이 오리라고 누가 생각이나 했겠는가?' 야곱은 유다를 비롯하여 흩어져 살던 가족들을 헤브론으로 다 불러 모았다. 그리고 말했다.

"내일은 우리 다 함께 요셉을 만나러 가자."

야곱은 지난날들을 회상해 보았다. 돌아보니 은혜 아닌 것이 하나도 없었다. 그는 77세에 에서를 피하여 고향과 부모 친척을 떠났다. 그가 지나온 세월은 75세에 고향을 떠나셨던 할아버지 아브라함의 세월과 겹치는 부분이 많았다. 할아버지는 84세에 이스마엘을 낳았는데 자기는 85세에 르우벤을 낳았다. 하나님께서 하란에서 할아버지에게 축복을 약속하셨는데 자기에게도 벧엘에서 동일한 축복을 베풀어주셨다.

삼촌 라반의 탐욕에서 벗어나게 해주신 손길이 감사했다. 형 에서의 손에서 구원해주신 은혜도 감사했다. 세겜의 위기를 벗어나게 해주신 보호하심도 감사했다. 짧은 시간에 열두 명의 아들들을 주신 축복 또한 감사했다. 사랑하는 아들 요셉을 자기 앞서 보냈다고 포기했는데 20여 년이 지난 후에 되돌려주신 하나님의 은혜가 감사했다. 잃어버렸던 자식이 몸만 건강하게 돌아와도 감사한데 그 자식을 애굽의 총리대신이 되게 해주신 은혜가 너무 감사했다. '이처럼 혹독한 기근 중에 요셉이 온 가족들을 애굽으로 초청하다니, 그래, 그 아이는 어렸을 때부터 마음이 착했었지. 착한 내 아들 요셉….'

야곱은 브엘세바에 이르러 하나님께 희생제사를 드린 후에 하룻밤을 지냈다. 그러나 잠을 이룰 수가 없었다. 브엘세바는 그가 어렸을 때부터 할아버지 아브라함과 함께 살았던 고향이다. 브엘세바(일곱 우물)라는 지명도 할아버지가 아비멜렉과 '상호불가침 조약'을 맺으며 지으셨던 이름이다. 특히 야곱에게 있어서 브엘세바는 잊을 수 없는 땅이었다. 어머니의 재촉에 못 이겨 에서인 것처럼 위장하고 들어가서 아버지에게 축복을 받았던 곳이다. 그리고 그 일이 빌미가 되어 하란 땅으로 도망쳤던 곳이었다. 이제 다시 한 번 브엘세바를 떠나야 한다. 생전에 다시 돌아올 수 있으려나…. 그날 밤 이런 일 저런 추억으로 잠을 이루지 못하고 있을 때, 하나님께서 환상 가운데 야곱을 찾아오셨다.

"야곱아 야곱아."

"내가 여기 있나이다."

하나님은 야곱의 마음을 꿰뚫어보고 계셨다. 요셉을 만날 생각에 행복하기도 했지만 동시에 하나님께서 할아버지와 아버지에게 약속으로 주신 땅을 이렇게 온 가족을 데리고 훌쩍 떠나도 좋은지, 확신이 서지 않았다. 조금 두려운 마음도 들었다. 그런데 야곱이 오늘처럼 막다른 곳에서 망설이고 있을 때면 꼭 하나님께서 그를 찾아오시곤 했다. 그리고 바른 길로 인도해 주셨다. 이번에도 야곱에게 왜 그의 가족들이 애굽에 내려가야 하는지 그 이유를 설명해 주셨다.

> 나는 하나님이라 네 아버지의 하나님이니 애굽으로 내려가기를 두려워하지 말라 내가 거기서 너로 큰 민족을 이루게 하리라(창세기 46:3).

하나님의 말씀이 길게 여운을 남겼다.

"내가 거기서 너로 큰 민족을 이루게 하리라."

그를 하란으로 보내셔서 큰 가족과 많은 재물을 얻게 하셨다. 그런데 이번에는 애굽으로 보내셔서 큰 민족을 이루게 하시겠다고 하신다. 하나님께서 요셉을 애굽으로 미리 보내셔서 큰 민족을 이룰 터전을 마련해 놓으셨다. 그리고 때가 되자 야곱의 온 가족들을 그곳으로 인도하셨다. 훗날 이스라엘이라는 큰 민족이 될 씨앗을 하나님께서 애굽 땅에 심으셨다.

> 내가 너와 함께 애굽으로 내려가겠고 반드시 너를 인도하여 다시 올라올 것이며 요셉이 그의 손으로 네 눈을 감기리라(창세기 46:4).

"내가 너와 함께 내려가리라"(아노키 에레드 임메카). 하나님께서 옛날 벧엘에서 하신 언약이 생각났다.

내가 너와 함께 있어 네가 어디로 가든지 너를 지키며 너를 이끌어 이 땅으로 돌아오게 할지라 내가 네게 허락한 것을 다 이루기까지 너를 떠나지 아니하리라(창세기 28:15).

하나님께서 그 약속을 다 지켜주셨다. 이번에도 지켜주실 것이다. 마음에 평안이 밀려왔다. 그러나 야곱이 다 알지 못하는 하나님의 원대한 계획이 있었다. 이번 약속은 야곱이라는 개인뿐만 아니라 그의 후손 이스라엘 백성들에게 집합적으로 주시는 언약이었다. 야곱의 시신은 17년 후에 그 땅으로 올라오겠지만 그의 후손들은 400여 년이 지난 후에 큰 민족을 이루어 올라오게 될 것이다. 야곱은 거기까지 다 알 수 없었다.

요셉은 고센 땅에서 아버지 일행을 감격적으로 맞이했다. 아버지와 목을 어긋맞추고 오랫동안 서로 울었다. 요셉이 17세에 애굽에 팔려왔다면 22년 만이다. 죽었다가 살아난 아들이다. 다시는 뵐 수 없으리라고 생각했던 아버지의 얼굴이다. 요셉 자기 때문이었을까? 아버지의 얼굴이 몰라보게 수척해지셨다. 울음을 멈출 수가 없었다. 온 가족들도 함께 울었다. 야곱이 주름을 타고 흐르는 눈물을 닦으며 말했다.

"네가 지금까지 살아 있고 내가 네 얼굴을 보았으니 지금 죽어도 족하도다."

사람들은 아무 때나 죽겠다고 한다. 그러나 야곱은 17년을 더 살았다. 아무리 고통스러워도 마음대로 죽을 수 없고, 아무리 좋아도 영원히 살 수 없는 것이 인생이다. 우리의 생명은 하나님의 손에 달려 있다. 얼마나 시간이 지났을까. 울음을 멈추며 요셉이 아버지와 형제들에게 말했다.

> 내가 올라가서 바로에게 아뢰어 이르기를 '가나안 땅에 있던 내 형들과 내 아버지의 가족이 내게로 왔는데 그들은 목자들이라 목축하는 사람들이므로 그들의 양과 소와 모든 소유를 이끌고 왔나이다' 하리니 바로가 당신들을 불러서 '너희의 직업이 무엇이냐' 묻거든 당신들은 이르기를 '주의 종들은 어렸을 때부터 지금까지 목축하는 자들이온데 우리와 우리 선조가 다 그러하니이다' 하소서 애굽 사람은 다 목축을 가증히 여기나니 당신들이 고센 땅에 살게 되리이다(창세기 46:31 34).

요셉은 지혜로운 사람이었다. 아버지의 집이 다른 종족들과 떨어져서 안전하고 조용하게 살 수 있는 곳을 미리 모색해 두었다. 아니다. 요셉이 아니었다. 하나님께서 그의 백성 이스라엘을 큰 민족으로 길러내실 산실(產室)을 고센(훗날에 라암셋으로 알려진 곳)에 준비해 두셨다. 요셉이 준비한 일 같았으나 사실은 하나님께서 오래전에 계획해 놓으신 일이었다. 애굽 사람들은 목축업을 천한 직업으로 생각했다. 같이 교류할 수 없는 불가촉천민(不可觸賤民)으로 생각했다. 그런데 그 민족에서 태어난 요셉을 나라의 총리로 삼았으니 얼마나 충격적인 일인가.

애굽 사람들이 이스라엘 백성들을 멀리하면 할수록 좋은 일이었다. 그것이 하나님의 뜻이었다. 그만큼 부패한 문화와 우상숭배로부터 격리될 수 있을 테니까…. 그것이 고센 땅의 축복이었다. 더구나 고센 땅은 물이 풍부하고 풀이 많아 짐승을 기르기에 알맞은 곳이었다. 또 요셉이 사는 도시와도 가까웠다. 하나님의 백성들은 가능하면 부정한 문화와 환경에서 멀리 떨어져야 한다. 설사 함께 살더라도 섞이지 않아야 한다.

요셉은 형들 가운데 다섯을 택하여 바로 앞으로 인도했다. 왕은 그들의 청원대로 고센 땅에 머물게 했다. 그뿐만 아니라 왕의 가축을 관리하는 일도 맡겼다.

얼마 후 요셉은 아버지를 왕의 앞으로 모셔왔다. 야곱의 모습은 마치 시골에서 갓 올라온 할아버지 같았다. 그럼에도 불구하고 야곱은 당당했다. 왕의 보좌 앞에 이르자 야곱은 서슴없이 (아마도 손을 앞으로 쭈-욱 펼치면서) 바로를 축복했다. 일반적으로 축복은 더 가진 자가 덜 가진 자에게 하는 법이다. 변방의 시골 노인이 대 애굽제국의 왕에게 축복하는 일은 격에 맞지 않았다. 또 가난한 사람이 세상의 부와 권력의 정상에 앉은 사람에게 축복을 빌어 주는 일도 부자연스러웠다.

이것이 궁궐의 예에 어긋나는 행동이었을지 모른다. 그러나 야곱은 바로에게서 받을 축복이 없었다. 바로가 누리는 축복과 야곱이 누리는 축복은 그 차원이 달랐다. 적어도 야곱은 그 차이점을 잘 알고 있었다. 그래서 바로 앞에 주눅 들지 않았다. 야곱은 자기에게 있는 축복을 바로에게 나누어 주었다. 모래 위에 세운 바로의 왕국보다 하나님의 은혜 아래 세워진 영원한 왕국을 그에게 나누어 주고 싶었다.

바로가 야곱에게 물었다.

"네 나이가 얼마냐?"

왜 그런 질문을 했을까. 갑자기 축복을 받고 나서 좀 어색해서였을까?

> 내 나그네 길의 세월이 백삼십 년이니이다 내 나이가 얼마 못 되니 우리 조상의 나그네 길의 연조에 미치지 못하나 험악한 세월을 보내었나이다(창세기 47:9).

야곱은 한 번 더 바로를 축복한 후에 왕궁을 나왔다. 혹시 바로가 훗날 다시 야곱을 불러다가 그 축복의 의미를 물었을까? 정말 복 있는 사람이라면 그렇게 했을 것이다. 하나님의 사람들에게는 다른 사람들을 축복할 수 있는 특권이 있다. 우리는 그 권리를 사용해야 한다. 우리의 말이 하나님의 축복을 전하는 거룩한 도구가 되어야 한다.

요셉은 애굽을 기근에서 구해내었다. 백성들이 왕을 칭송했다. 모든 백성들이 양식을 사먹기 위해 돈과 가축들과 땅문서까지 가져왔다. 모든 땅이 왕의 소유가 되었다. 상징적으로 백성들의 몸까지도 왕의 것이 되었다. 그때부터 백성들은 왕의 땅에 농사를 지어먹고 사는 소작농(小作農)들이 되었다. 그러나 요셉은 백성들 편에 서서 일을 지혜롭게 처리했다. 한 해 농사가 끝나면 소출의 20%를 왕에게 상납하고 80%는 자기들의 몫이 되게 했다. 파격적인 결정이었다. 오늘날에도 소작농과 지주는 소출을 반씩 나누어 가진다. 그나마 농사짓는데 드는 비용은 소작농의 몫이다. 그런데 왕에게 20%만 상납하라니, 아마 인류역사상 가장 자비로운 소작 제도였으리라.

가나안을 잊지 말라

* * *

야곱이 애굽 땅에 거한 지 17년, 그의 나이 147세가 되자 조상에게로 돌아갈 날이 가까이 다가왔음을 느꼈다. 하루는 야곱이 요셉을 불러서 말했다.

> 이제 내가 네게 은혜를 입었거든 청하노니 네 손을 내 허벅지 아래에 넣고 인애와 성실함으로 내게 행하여 애굽에 나를 장사하지 아니하도록 하라 내가 조상들과 함께 눕거든 너는 나를 애굽에서 메어다가 조상의 묘지에 장사하라(창세기 47:29-30).

요셉이 공손히 대답했다.

"내가 아버지의 말씀대로 행하리이다."

요셉의 말을 듣고 야곱이 침대 위에서 하나님께 경배했다. 얼마나 장엄한 장면인가? 그 당시에 중요한 맹세를 할 때에는 상대방의 허벅지 아래, 궁둥이 가까운 곳에 손을 넣고 했다. 옛날 아브라함의 종이 이삭의 신붓감을 찾아 하란으로 떠날 때에 무슨 일이 있어도 이삭을 하란으로 데려가지 않겠다고 아브라함의 허벅지 밑에 손을 넣고 맹세했다.

야곱은 자기의 시체를 애굽에 묻지 말고 조상의 묘지에 장사하라고 부탁했다. 이 유언을 통하여 야곱은 그의 자손들이 장차 어디에 살아야 할지를 명확히 해주었다. 그곳은 애굽이 아니고 가나안 땅이었다. 야곱의 유언은 자손들의 머릿속에 선명하게 새겨졌다.

야곱은 죽기 전에 열 두 아들들을 모아놓고 축복과 책망을 했다. 야곱의 말 한마디 한마디가 그들의 자손을 향한 예언이 되었다. 특히 첫아들 르우벤에게 한 야곱의 말이 듣는 이들의 가슴을 저몄다.

> 르우벤아 너는 내 장자요 내 능력이요 내 기력의 시작이라 위풍이 월등하고 권능이 탁월하다마는 물의 끓음 같았은즉 너는 탁월하지 못하리니 네가 아비지의 침상에 올라 더럽혔음이로다 그가 내 침상에 올랐었도다(창세기 49:3-4).

그것은 야곱의 가족 사이에 가장 수치스러운 비밀이었다. 르우벤이 라헬의 시종으로서 야곱의 아내가 된 빌하와 불륜의 관계를 맺은 적이 있었다. 그것도 라헬이 베냐민을 낳다가 죽어갈 무렵에…. 아무도 그 일을 입 밖에 내지 않았다. 그러나 야곱이 임종의 자리에서 그 일을 책망했다. 그 순간 르우벤은 얼마나 부끄럽고 후회스러웠을까? 훗날 하나님께서 우리들의 숨은 잘못을 책망하실 때에 우리는 얼마나 두려울까? 하나님께서 회개하고 돌아서는 자들의 죄를 기억하지 않으시겠다고 하신 말씀이 얼마나 고마운가?

야곱은 시므온과 레위가 세겜 사람들을 죽였던 일에 대해서도 책망했다. 그 예언 때문에 레위는 이스라엘 중에 흩어진 지파가 되었을까? 유다에 대한 예언도 적중했다. 그 중에서 다윗 왕과 그의 후계자들이 나왔으니까…. 무엇보다도 예수님께서 만왕의 왕으로 다윗의 줄기에서 나셨다. 스불론이 해변에 거하리라는 예언도 응하였다. 다른 아들들에 대한 예언들도 놀랍게 다 성취되었다.

마침내 야곱의 임종(臨終)이 다가왔다. 그가 자식들에게 유언했다.

> 내가 내 조상들에게로 돌아가리니 나를 헷 사람 에브론의 밭에 있는 굴에 우리 선조와 함께 장사하라(창세기 49:29).

그리고는 힘을 다하여 두 발을 침대 위에 가지런하게 모았다. 얼마나 아름다운 장면인가? 마치 스스로 죽음을 통제하고 있는 것 같았다. 그리스도의 사람들은 야곱과 같은 임종을 맞이하기 위해 기도해야 한다. 잘 살다가 편안하게 죽는 것이 가장 큰 축복이다.

야곱의 장례가 성대하게 진행되었다. 애굽의 의사들이 야곱의 몸을 향으로 처리하는 기간만 사십 일이나 걸렸다. 그리고 애굽 사람들은 야곱을 위하여 70일 동안 곡(哭)을 했다. 야곱이 요셉 때문에 특별한 대우를 받았다. 아들들은 아버지의 유지를 받들어 유해를 가나안 땅으로 옮겨다가 안장했다. 야곱이 애굽에 내려갈 때와 비교하면 천지 차이였다. 바로의 모든 신하들과 원로들이 애굽의 병거와 기병을 대동하고 함께 가나안으로 올라왔다. 그러나 장례를 어떻게 치르느냐가 죽은 사람에게 무슨 의미가 있겠는가? 장례식보다 더 중요한 것은 야곱의 유언이 주려고 했던 메시지였다.

"너희들도 꼭 가나안 땅으로 다시 올라가야 한다."

형들은 아버지가 돌아가신 후에 혹시라도 요셉의 마음이 변해서 옛 원수를 갚을지도 모른다며 두려워했다. 그래서 장례가 끝나자마자 아버지의 유언이라고 둘러대며 다시 한 번 요셉의 용서를 구했다.

> 당신의 아버지가 돌아가시기 전에 명령하여 이르시기를 '너희는 이같이 요셉에게 이르라 네 형들이 네게 악을 행하였을지라도 이제 바라건대 그들의 허물과 죄를 용서하라' 하셨나니 당신 아버지의 하나님의 종들인 우리 죄를 이제 용서하소서(창세기 50:16-17).

요셉이 그 말을 듣고 또 울었다. 왜 울었을까? 울음 속에는 언제나 복잡한 감정이 담겨 있다. 40여 년 전 도단 성에서 미디안 상인들에게 팔렸던 때로부터 사랑하는 아버지를 장사지내는 일까지 벼랑의 좁고 위험한 길을 걸어왔던 모든 긴장이 그 울음 속에 녹아 있었다. 울음은 막힌 담을 허문다. 통곡은 얼음덩어리를 녹여낸다. 통곡 속에는 용서와 놓아줌이 있다. 특별히 요셉의 통곡 속에는 감사가 담겨 있었다.

감사하는 사람은 자신뿐만 아니라 다른 사람도 자유하게 한다. 감사는 다른 사람의 실수와 허물을 용서할 뿐만 아니라 그 사람의 실수와 허물을 선용하시는 하나님의 지혜도 깨닫게 도와준다. 감사하는 사람은 역사의 방향을 바꿀 수 있다.

"요셉, 그때 우리가 왜 그런 일을 했는지, 정말 미안하다. 용서해다오."

"아닙니다. 그때 그렇게 하지 않으셨다면 오늘의 우리가 있겠어요? 다 하나님께서 형님들의 실수까지도 선용하셨습니다."

감사하는 사람만이 다른 사람을 행복하게 할 수 있다. 그래서 진정한 지도자는 감사하는 사람이다. 감사하는 사람은 베풀어 주는 삶을 산다. 하나님께 감사하며 사는 사람들을 살펴보라. 많은 사람들에게 베풀고 나누어 주는 모습을 보게 될 것이다.

> 두려워하지 마소서 내가 하나님을 대신하리이까 당신들은 나를 해하려 하였으나 하나님은 그것을 선으로 바꾸사 오늘과 같이 많은 백성의 생명을 구원하게 하시려 하셨나니 당신들은 두려워하지 마소서 내가 당신들과 당신들의 자녀를 기르리이다(창세기 50:19-21).

삶을 하나의 원으로 비유하면 모든 사람들에게는 그 원을 그리는 구심점이 있다. 어떤 사람에게는 재물이 구심점이 되고 어떤 사람에게는 명예가 구심점이 된다. 어떤 사람에게는 쾌락이 구심점이 되고 어떤 사람에게는 서러운 한(恨)이 구심점이 된다. 어떤 사람에게는 선행이 구심점이 되고 어떤 사람에게는 악행이 구심점이 된다. 어떤 사람에게는 훈장(勳章)이 구심점이 되고 어떤 사람에게는 부끄러운 일이 구심점이 된다. 어떤 사람에게는 가족이 구심점이 되고 어떤 사람에게는 친구가 구심점이 된다. 모든 사람은 구심점을 가지고 살아간다. 그 구심점을 파악하고 나면 그 사람의 행동양식을 이해할 수 있고 그 사람의 미래를 예측할 수 있다.

요셉은 처음부터 끝까지 하나님에게 중심을 두었다. 하나님의 돌보심 밖으로 나가본 적이 없다. 그의 역할은 하나님의 나라에서 언제나 조연(助演)에 불과했다. 조각 그림의 작은 조각이었다. 그런 자기이해가 요셉에게는 편안하고 행복했다. 그래서 한 번도 주연급으로 자신을 자천(自薦)해본 적이 없었다. 만일 그에게 하나님이 계시지 않았다면 벌써 궤도를 이탈했을 것이다. 요셉은 종으로 팔려갔을 때나, 감옥에 갇혔을 때나, 애굽제국의 2인자가 되었을 때나 전혀 변함이 없었다. 인생의 타원형을 그려본 적이 없었다. 삶이 반듯했다. 하나님에게 연결된 사랑의 줄, 위로와 소망의 줄이 그를 굳게 붙들고 있었다. 그래서 아름다운 원을 그리며 여기까지 왔다. 이제 와서 형들에게 원수를 갚을 사람이었다면 벌써 오래전에 그렇게 했을 것이다. 요셉은 결코 그런 사람이 아니었다.

아버지가 세상을 떠나신 지도 어느새 64년의 세월이 흘러갔다. 그리고 이제는 요셉이 세상을 떠날 차례가 되었다. 나이는 110세, 아버지 야곱에 비하면 아직도 젊은 나이였다. 아마도 요셉이 그의 형들보다 좀 더 일찍 세상을 떠났을지도 모른다. 임종을 앞두고 요셉은 형제들에게 특별한 부탁을 하며 맹세하게 했다.

요셉이 그의 형제들에게 이르되 나는 죽을 것이나 하나님이 당신들을 돌보시고 당신들을 이 땅에서 인도하여 내사 아브라함과 이삭과 야곱에게 맹세하신 땅에 이르게 하시리라 하고 요셉이 또 이스라엘 자손 에게 맹세시켜 이르기를 하나님이 반드시 당신들을 돌보시리니 당신 들은 여기서 내 해골을 메고 올라가겠다 하라(창세기 50:24-25).

요셉은 하나님의 계획을 알고 있었다. 애굽은 그의 가족들이 살 땅이 아니었다. 하나님께서 아브라함에게 약속하신 땅으로 올라가야 했다. 그래서 형제들에게 그날이 오면 자기의 유골도 가나안에 있는 조상의 묘로 옮겨가라고 부탁했다. 요셉은 수년 혹은 수십 년 내에 형제들이 가나안 땅으로 올라가리라고 생각했을 것이다. 그러나 하나님께서는 그들이 큰 민족을 이룰 때까지 거기에서 살게 하셨다. 그 동안 이스라엘 백성들은 요셉의 유언을 대를 물려가며 기억했다. 하나님의 약속에 대한 야곱과 요셉의 믿음이 이스라엘 백성들에게 "언젠가 우리는 가나안 땅으로 올라가리라"는 정신적 유산이 되었다. 그리하여 훗날 하나님께서 이스라엘 백성을 애굽에서 인도해나가실 때, 한밤중에 갑작스럽게 민족 대이동이 시작되었을 때, 모세는 가장 먼저 요셉의 유골부터 챙겼다.

히브리서 기자는 순례자들의 삶을 이렇게 묘사했다.

이 사람들은 다 믿음을 따라 죽었으며 약속을 받지 못하였으되 그것들을 멀리서 보고 환영하며 또 땅에서는 외국인과 나그네임을 증언하였으니 그들이 이같이 말하는 것은 자기들이 본향 찾는 자임을 나타냄이라(히브리서 11:13-14).

히브리서 기자는 한 걸음 더 나아가서 이 땅에 있는 본향이 아닌 하늘에 있는 본향을 언급한다.

> 그들이 나온바 본향을 생각하였더라면 돌아갈 기회가 있었으려니와 그들이 이제는 더 나은 본향을 사모하니 곧 하늘에 있는 것이라 이러므로 하나님이 그들의 하나님이라 일컬음 받으심을 부끄러워하지 아니하시고 그들을 위하여 한 성을 예비하셨느니라(히브리서 11:15-16).

야곱과 요셉은 가나안 땅을 사모했다. 그러나 그들이 진실로 사모한 곳은 가나안이 아니고 하나님께서 계신 나라였다. 그렇다면 우리가 사모하고 있는 곳은 어디인가? 우리 주님이 계신 천국 아닌가?

어떤 사람은 인생의 낮은 지점에서 하나님을 잊어버린다. 고통이나 가난이나 절망이 다가올 때에, 고통스러운 질병을 앓고 있을 때에, 그 인생의 골짜기에서 사람들은 하나님을 잊어버린다. 하나님보다 고통을 가져다주는 일들이 더 커 보이기 때문이다.

어떤 사람은 세상의 유혹이 밀려올 때에 하나님을 잊어버린다. 하나님께서도 내 죄를 발견할 수 없으리라는 망상에 사로잡혀 하나님을 떠나고 죄 가운데 살아간다. 이런 사람은 미래를 생각하지 않는다. 그러나 하나님의 심판대 앞에서 자기의 살아온 삶을 자기 입으로 이실직고(以實直告)할 날이 반드시 올 것이다.

어떤 사람들은 인생의 높은 지점에서 하나님을 잊어버린다. 모든 일들이 잘 될 때, 즐길 일들이 산적해 있을 때, 사람들이 와서 자신의 부와 권력 앞에 머리를 조아릴 때, 신앙인들조차 잠시 하나님을 잊어버린다. 하나님보다 그것들이 더 커 보이기 때문이다.

그러나 요셉은 하나님을 잊어본 적이 없었다. 고통스러운 날들, 유혹을 받던 나날들, 절망의 날들, 그리고 애굽의 2인자로 살던 그 어느 날도 하나님을 잊어본 적이 없다. 요셉은 나면서 죽을 때까지 하나님과 동행했던 거룩한 사람이었다.

창세기에 등장하는 하나님의 사람들은 모두 하나님의 역사에 있어서 크고 작은 기여를 했다. 그래서 그들의 삶은 가치가 있었다. 하나님과 동행하고, 명하신 일에 충실하며, 자기 이전 세대와 자기 이후의 세대 사이에서 자기 사명을 잘 감당했다.

이 책의 마지막 나오는 부록은 창세기적 삶을 살았던 내 작은어머니에 대한 간단한 회고록이다. 그분의 이야기를 이 책에 기록할 수 있어서 나는 참 감사하고 행복하다.

부록

권종덕 집사 이야기

창세기를 읽을 때마다 내 마음속에 떠오르는 이름이 있다. '권종덕', 내 작은어머니의 이름이다. 창세기에서 은혜와 회복, 복의 근원, 구속의 역사, 이런 주제들을 대할 때마다 권종덕 집사님, 그분이 항상 내 곁으로 다가오신다. 이제 그분의 이야기를 나누려고 한다.

나의 할아버지는 독자였다. 그리고 아들, 딸, 아들, 딸, 이렇게 4남매를 두셨다. 나는 그 중에 장남이신 아버지의 막내로 이 세상에 태어났다. 내 위로는 누이들이 다섯이나 있었다. 첫째 고모님은 16세에 출가하셨다가 19세에 홀로 되신 후 친정인 우리 집에서 사시다가 87세에 내 품에서 돌아가셨다. 작은아버지는 결혼하셨으나 자녀가 없으셨다. 그리고 둘째 고모님은 얼굴을 뵌 적이 없다. 그래서 나는 세 가정의 하나뿐인 아들이 되었다.

우리 집은 첫째 고모님이 먼저 예수님을 믿으셨다. 젊어서 담배를 피우시고 간혹 아편도 하시던 고모님이 44세에 예수님을 구주로 영접하시고 전혀 다른 새 사람이 되셨다. 강한 성품 탓인지 신앙생활도

똑 부러지게 하셨다. 50대 후반에 여전도사님이 되셔서 전라남도 영암읍교회 전도사님으로 칠팔 년 섬기시다가 65세에 은퇴하시고 다시 우리 집으로 돌아오셨다. 그때 나는 초등학교 4학년이었다.

그때부터 고모님과 나는 한 방에서 함께 살았다. 새벽 4시면 나를 깨우셔서 가정예배를 인도하게 하셨는데 그때는 보통 고역이 아니었지만 지금 생각하면 아름다운 추억이며 또한 축복이다. 그분의 하루는 시계처럼 돌아갔다. 아침 식사 후에는 1시간의 기도와 1시간의 성경 읽기, 그리고 잠깐 동안의 낮잠, 점심 후에는 다시 2시간의 기도와 1시간의 성경 읽기, 그리고 읍내 아니면 동네 나들이, 저녁 식사 후에는 일찍 잠드셨다가 밤 12시부터 새벽 4시까지 기도, 거의 이런 식으로 사셨다. 고모님은 나에게 큰 믿음의 유산을 남겨주셨다.

어머니는 43세에 나를 낳으셨다. 음력 12월 23일, 눈보라가 치던 날 아침, 동네에서 좀 떨어진 외딴 집에서 나를 낳으셨다. 아무도 돌봐주는 사람 없이 다섯 살과 일곱 살짜리 어린 딸들이 보는 앞에서 단칸방과 부엌 사이에 있는 문틀을 발로 밀면서 나를 낳으셨다. 다행히 아들이었다. 당시만 해도 노산(老産)이어서 젖이 넉넉지 않았다. 생활도 넉넉지 않았다. 성품이 강하신 고모님은 6개월 만에 나를 작은아버지의 집으로 데려다가 쌀뜨물로 젖을 대신하여 기르셨다. 그리고 뒤늦게 아들을 본 아버지는 어머니를 데리고 돈을 벌기 위해 고향과 타향 사이를 오가며 사셨다. 아버지는 내가 초등학교 6학년 때 돌아가셨고 그 이후로 나는 아예 작은집에서 살았다.

작은집도 가난하기는 마찬가지였다. 그러나 우리 집보다는 조금 나은 편이었다. 그때 작은아버지는 51세, 작은어머니는 41세였는데 자식이 없었다. 작은어머니는 전라남도 완도군 금일읍 소랑도에서 태어난 섬 소녀였다. 학교를 다닌 적이 없었기 때문에 한글도 깨우치지 못하셨다. 숫자도 1에서 10까지는 셀 수 있는데 10 이상은 세지 못하셨다. 아무리 가르쳐 드려도 허사였다. 그러나 10개를 10개씩 묶고 다시 100개를 10개씩 묶어서 돈은 백만 원, 천만 원 단위까지 얼마든지 계산하셨다. 참 독특하신 분이셨다.

작은어머니는 2km 정도 떨어진 교회로 매일 새벽기도를 다니셨다. 당시 구역예배에서 '권종덕 집사님' 하고 호명하면 요절을 한 절 외우는 제도가 있었는데, 그분의 요절은 눈이 오나 비가 오나 항상 동일했다. "예수 그리스도는 어제나 오늘이나 영원토록 동일하시니라." 그러나 히브리서 13장 8절이라는 말씀은 한 번도 붙여보신 적이 없었다.

작은어머니는 키가 크신 편이었다. 늘 논밭에서 일하셨기 때문에 얼굴은 검붉은 구릿빛이었다. 내 기억으로는 한 번도 크림(당시에는 '구리무'라고 일본식으로 불렀다)을 바르는 것을 본 적이 없다. 얼굴은 광대뼈가 약간 튀어나오고 각이 진 네모 형이었다. 얼굴이 너무 말라서 그렇게 보였을지 모른다. 얼굴뿐만 아니라 온몸에 군살이 없으셨다. 너무 일을 많이 하셨기 때문이다. 옷도 여성스럽게 입으신 적이 없었다. 나일론 저고리에 나일론 치마가 전부였다. 겨울이면 국방색 담요로 만든 몸빼(일본어로는 '몬페'라고 불리던 펑퍼짐한 바지) 위에 홑치마 둘을 껴입는 것이 전부였다. 여성의 멋이라고는 어디에서도 찾아볼 수 없는 분이셨다.

내가 중학교에 다닐 무렵 우리 집은 마을에서 중농(中農)에 속했다. 논이 열세 마지기, 밭이 열 마지기, 그리고 반듯한 초가삼간이 동네 가운데 있었으니까…. 그러나 작은어머니가 시집오실 때에는 거의 아무 것도 없는 빈농(貧農)이었다고 들었다. 순전히 작은어머니의 수고와 노력으로 그렇게 집안이 일어났던 것이다. 고모님의 하루 일과가 기도와 말씀과 오수(午睡)였다면 작은어머니의 일과는 새벽기도, 밥짓기, 그리고 들녘의 일들이 전부였다. 그렇게 바쁘게 들녘에서 일하시다가도 점심때가 되면 꼭 집에 들어오셔서 남편과 시누이를 위해 따뜻한 밥을 지어 내셨다.

작은아버지는 일찍이 만주사변 때에 일본군의 부역을 나가셨다. 전쟁이 한참일 때 군인들의 참호를 파는 작업을 하셨는데 땀과 흙먼지가 눈으로 들어가 동공을 상하셨다고 했다. 그리고 60세에 전주에 있는 예수병원에 한 번 다녀오셨지만 그때 이후로 실명을 하셨다. 치료받으시기에 너무 늦었다고 들었다. 그때 나는 초등학교 5학년이었다. 그 이후로 작은아버지는 한 번도 집 밖을 나가지 않으시고 칩거하시다가 20년 후인 80세에 세상을 뜨셨다.

작은어머니는 머리카락이 아주 적은 편이었다. 비녀 하나도 지탱할 수 없을 만큼 적어 늘 비녀가 목 위에 걸려 있었다. 너무 오랫동안 직사광선 아래에서 일하셨기 때문이다. 한여름이면 독이 없는 뱀에게 한두 번씩 손을 물리시곤 하셨다. 작은어머니는 가능하면 품꾼을 사지 않으셨다. 논일이든 밭일이든 혼자 다 하셨다. 그렇게 해서 재산을 조금씩 늘려가셨다. 동네사람들이 "뭐하려고 그렇게 일만 하느냐"고 핀잔을 주어도 "응? 아니-" 하시면 그만이셨다. 동네 사람들의 말 앞에 "자식도 없는데…"라는 말이 생략되었다는 사실을 나는 그때 알고 있었다. 아무리 내가 '작은'을 빼고 '어머니'라고 불러도, 그리고 아무리 작은어머니가 나를 친자식처럼 길러도, 동네 어른들의 눈에는 역시 작은 어머니와 시댁 조카 사이로만 보였다.

작은어머니는 대단히 인색하신 분이었다. 무슨 일이 있어 돈을 좀 타내려고 하면 항상 하시는 말씀이 "나한테 돈 찍어내는 기계가 있냐?"였다. 전라남도 강진에서 태어난 나는 강진 중앙국민학교, 강진중학교, 그리고 강진 농업고등학교(지금은 이름이 바뀌었지만)를 다녔다. 고등학교를 졸업할 무렵까지 나는 내 손으로 운동화를 사 본 적이 없다. 항상 작은어머니가 아침 시장에서 사가지고 오셨다. 그리고 학교 가는 길에 나를 기다리고 계시다가 손수 신겨 주셨다. 사춘기를 지나고 있던 나는 그 장면이 부끄럽고 속상했다. 더구나 반대편에는 여학생들이 지나가고 있는데…. 그때마다 나는 툴툴거리며 새 운동화를 꿰어 신고 아이들 틈으로 사라졌다. 혹시 그때 내 뒷모습을 보시면서 "내가 낳은 자식 아니라고…" 하시며 눈물이라도 짓지는 않으셨는지, 지금 생각하면 죄송하기 짝이 없다.

시골에서 미래에 대한 꿈도 없이 학교와 교회 사이를 오가며 지내다가 고등학교 졸업을 코앞에 둔 늦가을이었다. 농사철이 끝난 시골의 늦가을은 언제나 한가했다. 옆집에 사시는 할머니가 나를 불러 옆에 앉히시고 이렇게 말씀하셨다.

"이눔아, 정신 똑바로 채려. 너 고등핵교 졸업하고 뭐할래? 저 재산니 작은엄니가 너 줄 것 같으냐? 어림도 없다. 완도에 있는 친정 조카들에게 주지 왜 너한테 주냐? 정신 채려 이놈아."

그런 생각은 처음 해보았다. 갑자기 모든 것들이 현실이 되고 제자리로 돌아가는 것 같았다. 할머니의 말씀이 맞았다. 생각해보니 고등학교까지 보내주신 것만도 감사했다. 그럼 앞으로 뭘 해야 하지? 갑자기 앞이 막막했다. 그리고 두 주 후에 동네의 다른 할머니로부터 똑같은 내용의 말씀을 들었다. 그때서야 혹시 작은어머니께서 그런 말씀을 할머니들과 나누신 것은 아닐까 하는 의구심이 들었다.

그러던 어느 날이었다. 학교에서 돌아오니 작은어머니가 툇마루에서 나를 기다리고 계셨다. 이제 그 말씀을 하시려나 보다 하고 마음을 단단히 준비하고 곁에 앉았다. 그런데 작은어머니는 내가 전혀 기대하지 못한 천만 뜻밖의 말씀을 하셨다.

"영길아, 서울에 있는 신학대학 가거라."

"예-에? 어디에 가요?"

그때까지 나는 광주에 있는 조선대학교의 문학 백일장에 참석하기 위해 광주에 올라가 본 일이 전부였다. 서울은 내 평생에 올라갈 일이 없을 것 같은 머나먼 별천지였다. 작은어머니가 말씀을 계속했다.

"네가 태어날 때부터 지금까지 나는 하나님께 너를 세계적인 주의 종이 되게 해주시라고 기도해 왔다. 서울로 신학 공부하러 가라. 유 전도사님에게 물어보니까 서울에 한국신학대학이 있다고 하더라."

그 당시에 한국신학대학을 다니시다가 3학년 때쯤 내가 다니는 강진읍교회에 잠시 내려오셔서 교육부를 섬기고 계시던 유기문 전도사님이 계셨다. 그분 말씀을 하는 것 같았다. 전혀 뜻밖의 말씀에 나는 좀 혼란스러웠다. 그렇지만 나는 대수롭지 않게 대답했다.

"에이, 어머니도, 대학교는 아무나 가요? 모르시니까 그러지 대학 갈려면 돈 많이 들어요. 그런 말씀 마세요."

"돈은 걱정하지 마라. 내가 다 준비해 뒀다."

거슬러 올라가서 초등학교에 다닐 때의 기억 한 토막을 먼저 나누어야겠다. 어렸으니까 악의는 없었지만 그래도 몹시 부잡(浮雜)스러운 시절을 보냈다. 그래서 작은아버지가 나 때문에 가끔 동네 어른들로부터 불편한 말씀을 들으시는 경우가 있었다. 그런 날이면 작은아버지는 어김없이 작대기를 들고 "저놈 가만 놔두지 않겠다"면서 나를 쫓아다니셨다. 앞뒤 마당을 몇 차례 돌면서 쫓고 쫓기다 보면 작은어머니가 부엌에서 뛰쳐나오셔서 우리 사이를 가로막고 하셨다. 그러면서 꼭 하시는 말씀이 있었다.

"그냥 놔둬요. 사람은 열두 번 되는 거예요."

언제나 그 한마디로 상황은 종료되었다. 내가 태어날 때부터 "세계적인 주의 종이 되게 해주시라"고 기도하셨기 때문일까? 어릴 때의 모습으로는 목사가 될 소지가 전혀 안 보이는데도 열두 번 변화되다 보면 반드시 목사가 되리라고 믿고 계셨기 때문일까? 나는 70세가 되도록 작은어머니의 예언처럼 여러 번 변화되고 있다. 앞으로도 서너 번은 더 변화될 것이다. "사람은 열두 번 된다"는 작은 어머니의 말씀이 나의 생애에 때로는 용기와 위로와 소망을 주었고, 때로는 책망과 회초리와 회한이 되기도 했으며, 때로는 기쁨과 감사와 평화의 원천

이 되기도 했다. 그분은 배움이 없었지만 누구보다도 더 지혜로우신 분이었다.

본래 이야기로 다시 돌아가 보자.

"돈은 걱정하지 마라. 내가 다 준비해 뒀다."

알고 보니 작은어머니는 오랫동안 나를 목사 만드시기 위해 준비하고 계셨다. 모든 화폐는 가장 단위가 높은 돈으로 바꾸셔서 뒤주 속에 넣어놓고 계셨다. 그 안에 그 많은 돈이 있으리라고 누가 상상이나 했겠는가? 나는 그분의 성화에 못 이겨 책 몇 권 싸들고 십여 리 떨어진 기도원으로 들어갔다. 그리고 3월 초에 한국신학대학에 입학하게 되었다. 처음 타보는 기차에 처음 대하는 도시환경이었다. 수유리에 있는 한국신학대학에서 1년을 마친 다음 나는 큰 결심을 하고 작은어머니에게 편지를 보냈다. 1년 정도 서울 구경도 했고 대학에도 다녀보았으니 이제는 시골로 내려가서 노인들 모시고 살겠다는 내용이었다. 그때 60이 넘은 노인들이 생모님, 고모님, 작은아버지와 작은어머니, 모두 네 분이나 되셨다. 그분들을 뒤에 두고 서울생활을 한다는 것이 내내 마음에 걸렸다.

그러나 작은어머니에게서 온 소식은 간단하면서도 단호했다. 내려올 생각하지 말고 계속 공부하라는 말씀이었다. 그렇게 해서 한국신학대학을 졸업했다. 그리고 연세대학교의 교육대학원도 마쳤다. 모든 학비를 작은어머니가 꼬박꼬박 보내주셨다. 그리고 7-8년의 세월이 흘렀다.

1977년 12월 29일, 작은아버지가 세상을 떠나신 지 아직 석 달이 채 되지 않은 날이었다. 두 분 사이에 자식은 없었지만 금실이 좋으셔서 그랬을까. 갑자기 작은어머니가 감기를 앓으시다가 세상을 떠나셨다. 그 겨울에 논밭과 집을 다 처분하고 서울로 모셔와 함께 살기로 했었는데, 도저히 믿어지지가 않았다. 급히 고향으로 내려가 차가운 시신 위에 엎드려 "하나님, 이렇게 어머니를 데려가실 수는 없습니다" 하고 울부짖었다. 무엇보다도 세계적인 주의 종이 되게 해주시라고 기도하며 한평생을 바치셨는데 나이 30이 다 된 나는 목사 되기를 아직도 주저하고 있었다. 죄송한 마음 때문에 숨도 쉴 수가 없었다. 그때 잔잔한 음성이 들려왔다.

"지금 내 딸은 나와 함께 있다. 내 딸이 다시 너에게로 돌아가면 이만큼 행복하게 해줄 수 있겠니?"

물론 나 혼자의 생각이었을지도 모른다. 그런데 눈물이 그치고 마음에 평안이 찾아왔다. 나는 한 가지 결심을 하면서 한겨울 추위 속에서 서럽고 서러운 장례를 치렀다.

"어머니, 훗날 목사가 되어서 꼭 어머니의 기도가 이루어지는 모습을 보여드리겠습니다."

그 후 1981년 3월 초에 미국 풀러 신학대학원으로 유학을 왔고, 다시 2년 뒤인 1983년 3월 12일에 목사 안수를 받았다. 하나님의 부르심을 더 이상 외면할 수가 없었다. 그리고 사흘 뒤인 3월 15일 주일에 LA순복음중앙교회 창립예배를 드렸다. 8년 후에 교회 이름을 감사한인교회로 바꾸었고, 지난 35년 동안 한 교회에서 목회를 해왔다. 6년째 되던 해에 60만 달러를 주고 처음 교회 건물을 구입했는데 그 중에 3만 달러는 작은어머니가 평생에 모으신 재산이었다. 감사한인교회는 세 가정으로 시작했지만 지금은 1000여 세대가 넘었다. 그 동안 하나님의 은혜로 한 번도 분열이나 파열음이 없는 평안한 교회로 성장해 왔다. 천국에 계신 작은어머니의 기도도 한몫을 했을 것이다.

내 나이 70이 되는 2018년 5월 20일 주일에 나는 은퇴하고 하나님께서 예비하신 구봉주 목사님께서 2대 담임목사님으로 취임하게 된다. 이 모든 일이 다 하나님의 은혜다.

지난 35년 동안 목회를 하면서 내가 가장 자주 생각하고, 마음으로 격려와 조언을 받은 분이 바로 작은어머니이셨다. 장대한 뜻을 세우시고 묵묵히 걸어가신 어머니, 한 번도 자신의 꿈을 가볍게 내비치지 않으셨던 신중하신 어머니, 그의 삶 속에서 영원불변하신 하나님을 끝까지 사랑하신 어머니, 자식 없는 설움을 한 번쯤은 토로하실 법도 한데 내색도 보이시지 않던 어머니, 살을 깎는 추위에도 변변한 옷 한 벌 없이 아끼고 아껴 내 학자금을 모으셨던 어머니, 학업을 포기하려고 할 때에 한석봉의 어머니처럼 단호하셨던 어머니, 무엇보다도 그의 삶을 통하여 어제나 오늘이나 영원히 동일하신 예수님을 사랑하셨던 어머니, 그 어머니가 나의 목회여정에 동행하여 오셨다. 나는 중요한 결정을 내릴 때마다 혼자서 묻곤 했다.

'어머니 같으면 이런 때 어떻게 하셨을까?'

그때마다 두 편의 일화(逸話)가 생각나곤 했다. 두 번 다 내 아내에게서 건네 들은 이야기다.

우리 부부는 결혼한 지 6년이 지나도록 아이가 없었다. 부모님들이 계신 집에 내려오면 노인 네 분의 눈들이 모두 아내의 배만 쳐다보았다. 물론 아무도 아이에 대한 이야기는 하지 않으셨다. 며느리에게 부담을 주고 싶지 않으셨기 때문이다. 그래도 아내는 미안한 마음이 갈수록 깊어졌다. 그러던 어느 날 부엌에서 밥을 짓고 계시던 작은어머니가 아내를 불러 옆에 앉히고 이렇게 말씀하셨다.

"얘야, 걱정도 하지 마라. 이 집에 애 없는 여자는 나 하나로 족하다. 내가 새벽마다 너를 위해 기도하고 있다. 하나님께서 꼭 너에게 자식을 주실 것이다."

한번은 고향교회의 사찰 집사님이 이런 이야기를 나에게 들려주셨다.

"김 선생, 작은어머니를 잊지 마세요. 새벽마다 교회에 오셔서 김 선생을 위해 기도하십니다. 어떤 때는 밤 12시 통금 사이렌을 새벽 4시 통금 해제 사이렌 소리로 잘못 알아들으시고 일찍 나오셔서 머리에 허연 눈을 뒤집어쓰고 종각 아래 앉으셔서 기도하신 적도 있습니다. 그분을 절대 잊지 마세요."

분명히 어머니의 기도 때문이었을 것이다. 그 이듬해에 하나님께서 첫딸 은영이를 우리에게 주셨으니까…. 작은아버지를 묘지에 묻고 내려오시면서 5개월 된 은영이를 등에 업고 젊은이처럼 산길을 내려오시던 작은어머니의 모습이 아직도 눈에 선하다.

또 하나의 일화는 눈이 많이 내리던 아침에 있었던 일이다. 작은아버지를 장사지내고 다시 고향에 내려가서 85세의 고모님을 먼저 서울로 모셔왔다. 그리고 그 겨울에 살림을 다 정리하면 초봄에 작은어머니도 모셔오기로 했다. 그날 아침에는 굵은 함박눈이 내리고 있었다. 나는 고모님을 담요로 덮어드리면서 먼 길 갈 채비를 하고 있었다. 그때 내 아내가 작은어머니의 손을 꼭 잡고 걸으면서 그동안 궁금했던 것 하나를 물어보았다.

"어머니, 저렇게 성격이 까다로우신 고모님을 그동안 어떻게 모셨어요?

고모님은 신앙에 있어서는 다니엘 다음 가라면 서러울 정도로 대쪽 같으신 분이셨다. 그런데 그렇게 기도하셔도 자기 성격은 이기시지 못하셨다. 사소한 일이라도 일단 속이 뒤집어지고 화가 나면 정신을 잃고 사나흘씩 누워계시다가 일어나시곤 했다. 그래도 작은어머니는 고모님을 시어머님처럼 극진히 모셨다. 하루 세 끼 식사를 언제나 더운 음식으로 대접했고, 고모님이 입으시는 옷은 다듬이질을 하셔서 주름 하나 없이 대령하셨다. 내 아내에게 그 일이 궁금했던 모양이다. 그 눈보라 사이에서 들려주신 작은어머니의 대답이 지금까지도 내 아내를 감동시키고 있다.

"얘야, 그런 말 하지 마라. 고모님 때문에 우리 집안이 예수님 믿게 되었다."

나는 작은어머니 권종덕 집사님에게서 아브라함의 믿음과 이삭의 온유함, 야곱의 신실함과 요셉의 결단력을 본다. 권종덕 집사님은 내 인생에 하나님의 은혜를 전해주신 복의 근원이 되셨다. 그리고 그분 때문에 나는 자주자주 나의 삶을 조정(調整)해 왔다. 이렇게 스스로 질문하면서 말이다.

'나는 지금 누구에게, 그리고 어떻게, 축복의 근원이 될 수 있을까?'

훗날 천국에서 어머니를 뵐 때 그동안에 있었던 이야기를 이렇게 시작하리라.

"부족한 아들이 어머니의 축복하신 말씀대로 살다가 왔습니다."

가슴으로 읽는 성경 1 GENESIS

은혜와 회복

저자 김영길

김영길은 한국신학대학과 연세대학교 교육대학원, 그리고 Fuller Theological Seminary에서 M.div.를 졸업했으며 서울 기독대학교에서 Ph.D.를 마쳤다. 그는 1983년 35세 되던 해에 로스앤젤레스 시에서 개척한 감사한인교회를 35년간 담임목사로 섬기다가 2018년 5월 20일에 은퇴했다. 그는 은퇴 후에 평소 꿈꾸어 오던 저술활동을 시작했으며 그 첫 번째 작품이 《은혜와 회복》이다. 그는 "가슴으로 읽는 성경"이라는 부제로 성경 이야기들을 앞으로 계속 출간할 계획을 가지고 있다. 청년시절에 동화작가가 되고 싶어 했던 그는 아이들과 같은 순전한 마음으로 성경을 다시 읽어내려고 한다. 현재 미국 캘리포니아 오렌지카운티 Buena Park 시에서 아내 김정자와 함께 살고 있으며 이메일 주소는 youngkimgamsa@gmail.com이다.

가슴으로 읽는 성경 1 창세기

은혜와 회복

1판 1쇄 인쇄 _ 2018년 4월 6일
1판 1쇄 발행 _ 2018년 4월 20일

지은이 _ 김영길
펴낸이 _ 이형규
펴낸곳 _ 쿰란출판사

주소 _ 서울특별시 종로구 이화장길 6
편집부 _ 745-1007, 745-1301~2, 747-1212, 743-1300
영업부 _ 747-1004, FAX 745-8490
본사평생전화번호 _ 0502-756-1004
홈페이지 _ http://www.qumran.co.kr
E-mail _ qrbooks@gmail.com / qrbooks@daum.net
한글인터넷주소 _ 쿰란, 쿰란출판사
등록 _ 제1-670호(1988.2.27)
책임교열 _ 김유미·김영미

 ISBN 979-11-6143-144-4 94230
979-11-6143-143-7 (세트)

책값은 뒤표지에 있습니다.